中国世界文化遗产
2019年度保护状况总报告

中国文化遗产研究院　著

图书在版编目（CIP）数据

中国世界文化遗产 2019 年度保护状况总报告 / 中国
文化遗产研究院著 . —— 北京 : 文物出版社 , 2020.12
ISBN 978-7-5010-6892-0

Ⅰ . ①中…　Ⅱ . ①中…　Ⅲ . ①文化遗产—保护—研究
报告—中国— 2019　Ⅳ . ① K203

中国版本图书馆 CIP 数据核字（2020）第 231496 号

审图号：GS（2020）7418 号

中国世界文化遗产 2019 年度保护状况总报告

著　　者：中国文化遗产研究院

责任编辑：李　睿
封面设计：王文娴
责任印制：苏　林

出版发行：文物出版社
社　　址：北京市东直门内北小街 2 号楼
邮政编码：100007
网　　址：http://www.wenwu.com
邮　　箱：web@wenwu.com
经　　销：新华书店
印　　刷：北京京都六环印刷厂
开　　本：787mm×1092mm　1/16
印　　张：15.25
版　　次：2020 年 12 月第 1 版
印　　次：2020 年 12 月第 1 次印刷
书　　号：ISBN 978-7-5010-6892-0
定　　价：180.00 元

序

1985 年 12 月 12 日，中国正式加入联合国教科文组织《保护世界文化和自然遗产公约》，两年后，长城、莫高窟、北京故宫、秦始皇陵及兵马俑坑、周口店北京人遗址、泰山 6 项遗产列入《世界遗产名录》，成为我国首批世界文化遗产。截至 2020 年，中国已经拥有 55 项世界遗产，其中包括 37 项文化遗产及 4 项文化和自然混合遗产。这 41 项世界文化遗产（含文化和自然混合遗产）分布在广阔的神州大地，见证了华夏文明上下 5000 年的灿烂辉煌，也让世界领略了中华文明独特的魅力。与此同时，中国的文化遗产保护事业不断和国际接轨，在吸收和借鉴国外先进理念与实践经验的同时，也为世界提供了中国经验，保护管理工作水平不断提高，队伍不断壮大，制度不断完善。

进入 21 世纪后，以过程管理和预防性保护为核心的"世界遗产监测"这一概念逐渐被国人认识和接受，并用来指导我国世界文化遗产保护管理工作实践。2012 年，国家文物局在中国文化遗产研究院设立了中国世界文化遗产监测中心（后文简称"监测中心"），作为我国世界文化遗产监测、保护的国家研究中心和总平台。监测中心在充分调研我国世界文化遗产地现状的基础上，建设了中国世界文化遗产监测预警总平台（后文简称"总平台"），建立了中国世界文化遗产监测预警体系，成为我国世界文化遗产保护管理工作的重要抓手。2015 年，经国家文物局批复同意，监测中心（即中国世界文化遗产中心）正式作为中国文化遗产研究院的二级机构开展工作，成为国家级世界文化遗产管理研究与专业技术咨询机构。数年来，监测中心依托遗产专员和总平台建设工作，与各世界文化遗产地建立了紧密的联系，并通过各遗产地填报的监测年度报告积累了大量可贵的监测数据。各遗产地通过编制监测年度报告，对本遗产地的了解不断加深，工作也更加有的放矢。

从 2015 年开始，监测中心每年对遗产地的监测年度报告数据进行汇总、评估并形成我国世界文化遗产年度保护状况总报告。积年以往，中国世界文化遗产保护管理工作的整体面貌已经逐渐清晰起来。

党和政府历来重视文化遗产保护工作。党的十八大以来，以习近平同志为核心的党中央对包括世界遗产在内的我国文化遗产保护利用与传承工作给予了空前的关注与重视。世界文化遗产是我国文化遗产中最为精华的部分，世界文化遗产保护管理工作的水平也应成为我国文化遗产保护管理工作水平的代表。自 1985 年加入《保护世界文化和自然遗产公约》以来，中国世界文化遗产保护管理工作取得了长足的进步，经过全体遗产保护工作者的努力，在资源投入、队伍建设、制度建设等方面都已经达到或接近了世界先进水平。但不可否认的是，由于我国世界文化遗产数量大，分布广，种类多，各遗产地价值特色鲜明，仍然存在保护管理水平参差不齐、理论研究不足、国际话语权有待提升、基层力量薄弱、展示利用手段单一、社会影响力和认识度不高、遗产保护与经济社会发展的关系有待协调等一系列突出问题。

在这一背景下，为了更好传播世界文化遗产保护管理科学理念，扩大世界文化遗产工作的传播力和影响力，促进社会力量参与，我们决定将《中国世界文化遗产 2019 年度保护状况总报告》(后文简称《2019 年总报告》)以专著的形式正式出版，力图全面、详实、客观、准确地将 2019 年度中国世界文化遗产保护管理工作情况呈现在广大遗产保护工作者和社会公众面前。

我们希望《2019 年总报告》能够为各世界文化遗产地的保护管理工作提出真问题和切实可行的解决方案，也希望中国世界文化遗产年度保护状况总报告系列能够不断总结规律，提高水平，进行理论方法创新，成为我国世界文化遗产工作的有效指导文件，并具有普世参考价值，也成为中国世界文化遗产保护管理、研究的品牌。

2020 年，新冠疫情突然来袭。我国世界文化遗产保护管理工作和《2019 年总报告》的编写工作也不可避免受到了影响。然而我们欣慰地看到，中国人民在党的领导下团结抗疫，在全球率先走出了疫情的阴影，监测中心报告编写组的青年专家们也克服了居家隔离、实地调研不便等困难，完成了庞杂的数据整理与校核工作，确保《2019 年总报告》在 2020 年内完稿付梓，在这里，我也要向他们表示感谢与祝贺。

党的十九届五中全会提出了到二〇三五年基本实现社会主义现代化远景目标。全会提出，繁荣发展文化事业和文化产业，提高国家文化软实力。坚持马克思主义在意识形态领域的指导地位，坚定文化自信，坚持以社会主义核心价值观引领文化建设，加强社会主义精神文明建设，围绕举旗帜、聚民心、育新人、兴文化、展形象的使命任务，促进满足人民文化需求和增强人民精神力量相统一，推进社会主义文化强国建设。要提高社会文明程度，提升公共文化服务水平，健全现代文化产业体系。

我国的世界文化遗产是中国文化最好的"名片"，更是重要的公共资源。世界文化遗产保护不但是中国软实力的重要指标，也应当并且必须惠及民生，我们相信，在全体中国文化遗产人的共同努力下，一定能够走出一条遗产保护与经济社会可持续发展相统一的康庄大道，为决胜全面建成小康社会和实现二〇三五远景目标贡献文明的力量。

千里之行，始于足下，《2019 年总报告》无疑将是我们在这一进程中迈出的重要步伐。

柴晓明

2020 年 12 月 12 日

目 录
CONTENTS

全文概要

　　根据《保护世界文化和自然遗产公约》(以下简称《世界遗产公约》)及《实施〈保护世界文化和自然遗产公约〉的操作指南》(以下简称《操作指南》)的要求，监测是世界遗产保护管理机制的核心内容之一。基于《世界遗产公约》框架，为履行缔约国承诺，提升我国世界文化遗产的保护管理能力，2006年国家文物局制定了《中国世界文化遗产监测巡视管理办法》，并于2015年起组织编制、发布我国世界文化遗产年度保护状况总报告[1]，为及时掌握我国世界文化遗产的总体保护状况提供了可能。《中国世界文化遗产2019年度保护状况总报告》(以下简称《2019年总报告》)是综合反映2019年我国世界文化遗产总体保护状况的"蓝皮书"，也是我国世界文化遗产年度保护状况总报告系列的第6本。

　　《2019年总报告》[2]由正文、附录两部分组成。其中，正文部分延续了"世界文化遗产事业国内外发展形势"、"我国世界文化遗产保护管理状况分析"以及"总结与建议"的体例。一方面，通过梳理、总结2019年世界文化遗产事业发展的最新国际动态，概述联合国教科文组织世界遗产中心对世界文化遗产的最新要求和最新主张；另一方面，通过整理、分析我国世界文化遗产在承诺事项履行、机构与能力建设、遗产本体保存、遗产影响因素、保护项目及相关研究等主要保护管理工作的核心数据，总结我国世界文化遗产保护管理的状况及变化规律；最后，在充分考虑世界文化遗产国际发展环境以及我国世界文化遗产保护管理特点的情况下，为下阶段各级文物行政管理部门、保护管理机构的保护管理策略提出有针对性的建议。附录部分包括2019年我国世界文化遗产监测年度报告提交情况、监测年度报告中主要保护管理工作的数据情况、2019年舆情监测分析报告以及我国世界文化遗产基本信息等内容。

　　《2019年总报告》指出，2019年世界文化遗产事业总体发展形势主要体现在对世界遗产保护管理要求更加精细、全球战略的侧重点更加明确、可持续发展理念更加突出等方面。第一，通过不断更新《操作指南》的具体内容来填补程序机制上的现有漏洞，严格应用遗产影响评估和《濒危世界遗产名录》等手段敦促缔约国履约；第二，持续推动全球战略、非洲优先等事项，以平衡遗产类型和地区分布不均衡；第三，进一步推进可持续发展在世界遗产保护管理领域的具体化、

---

[1]　受国家文物局委托，中国文化遗产研究院中国世界文化遗产监测中心负责每年对各遗产地提交的监测年度报告进行统计、分析，编写中国世界文化遗产年度保护状况总报告。

[2]　数据来源主要包括遗产地2015~2019年监测年度报告、中国世界文化遗产监测预警总平台专项监测(舆情监测和遥感监测)、中国世界文化遗产监测预警总平台基础数据库等内容。2019年，共计40项遗产(含36项世界文化遗产、4项世界文化和自然混合遗产)、108处遗产地在中国世界文化遗产监测预警总平台上编写并提交了2019年监测年度报告，提交率为97.3%(拉萨布达拉宫历史建筑群—大昭寺、土司遗址—唐崖土司城址和武夷山—武夷山景区3处遗产地未提交)，较2018年增长9.8%；监测年度报告通过省级文物部门审核率为100%，较2018年增长6.1%。监测年度报告统计不包含澳门历史城区。

常态化；第四，通过"文化—自然融合"项目的实践，重新认识文化、自然与社会价值的关联特性；第五，通过培训、工作坊、图书等方式持续推进文化遗产灾害风险管理能力的提高。

2019年，我国严格履行《世界遗产公约》缔约国应承担的各项责任和义务，持续从技术和管理层面维护我国世界文化遗产的真实性、完整性，致力于保存、保护、展示和传承我国世界文化遗产的突出普遍价值。按照申遗文本、申遗补充材料、大会决议等文件中提及的缔约国应实施的各项具体工作要求，截至2019年底，99%的承诺事项已履行完成或按要求正在履行中。

2015-2019 年我国世界文化遗产承诺事项的履行情况

具体工作特点体现在以下方面：

一、我国世界文化遗产突出普遍价值总体保持稳定。总体格局、遗产要素单体、遗产使用功能绝大部分未发生负面变化。各遗产地通过主动实施环境整治工程、本体保护工程、展示工程等项目，进一步改善了遗产周边环境、恢复了历史格局，修复了本体残损、排除了安全隐患，丰富了展示内容、提升了展示质量，更加有益于我国世界文化遗产突出普遍价值的维护和传承。

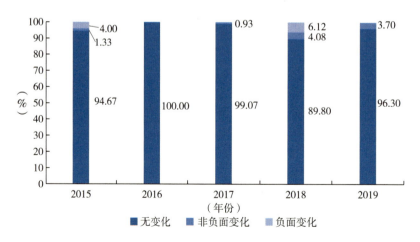

2015-2019 年我国世界文化遗产总体格局变化情况

2015-2019 年我国世界文化遗产要素单体变化情况

2015-2019 年我国世界文化遗产使用功能变化情况

二、文物领域顶层设计力度明显加大，文物工作的各项保障更加完善。受文旅机构改革的影响，近三成遗产地的保护管理机构发生变化，但从业人员总数基本保持不变。随着国家财力的增强和发展观的转变，中共中央和国务院对文物保护利用重视程度持续提高，文物工作受到的重视程度呈现"跨越式提高"的势头，保护管理总经费逐年增加，2019 年保护管理总经费同比增长 15.38%。从经费来源看，伴随总经费大幅增长的是各地文物财政投入的显著提高。2019 年投入我国世界文化遗产保护管理工作的地方财政经费占比高达 73.53%，相较上年增长 14.16%，充分说明了地方人民政府对世界文化遗产保护管理工作的重视程度。从项目类型看，环境整治工程经费占比上升明显，本体保护工程经费占比逐年下降，2019 年环境整治工程经费占比达 32.9%，已成为第一大经费支出类型，这充分体现了《国家文物事业发展"十三五"规划》提出的"由注重文物本体保护向文物本体与周边环境、文化生态的整体保护"的文物工作理念转变。

2015—2019年我国世界文化遗产保护管理总经费与平均经费情况

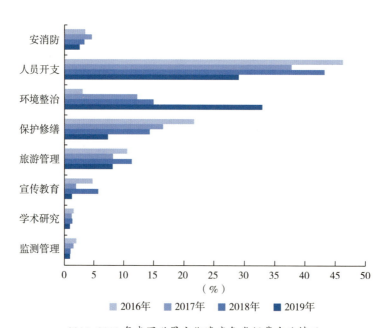

2016—2019年我国世界文化遗产各类经费占比情况

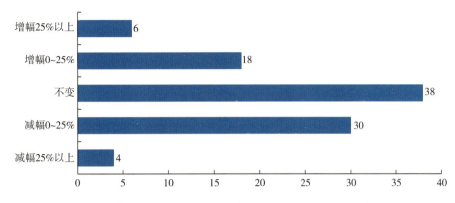

2019 年我国世界文化遗产保护管理机构人数增幅或减幅情况

2018-2019 年我国世界文化遗产各类培训主题的次数占比情况

三、各项保护管理工作稳步推进。2019 年，我国世界文化遗产现场实施了各类工程项目 206 项，其中本体保护工程 127 项、环境整治工程 23 项、监测工程 17 项、展示工程 16 项、保护性设施工程 10 项及其他工程 13 项。相对而言，古建筑、石窟寺及石刻、文化和自然混合遗产、文化景观类遗产的现场工程以本体保护工程为主；古村落、历史城镇和中心、古遗址和古墓葬类遗产以环境整治工程为主；展示工程在古遗址和古墓葬、文化景观类遗产中开展较多。此外，本年度还实施安消防工程 82 项，除了利用智能系统、物联网、移动巡查等先进技术以外，还通过进一步完善文物安全防控和安全检查督察等制度标准、加强文物安全宣传与执法检查、开展消防培训和消防演练等工作提升遗产的安全防范能力。近半数遗产地采用了游客预约制度，在一定程度上缓解了游客量超载压力，并改善了游客参观体验。

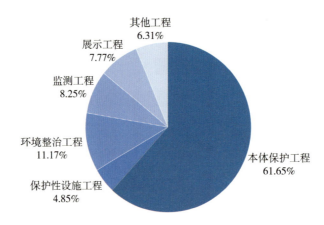

2019 年我国世界文化遗产地实施的各类文物保护工程情况

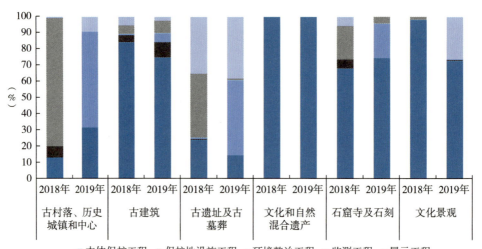

2018-2019 年不同类型遗产地实施的文物保护工程情况

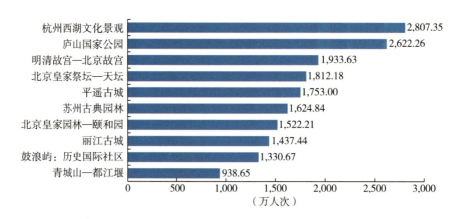

2019 年游客量排名 TOP10 的遗产地

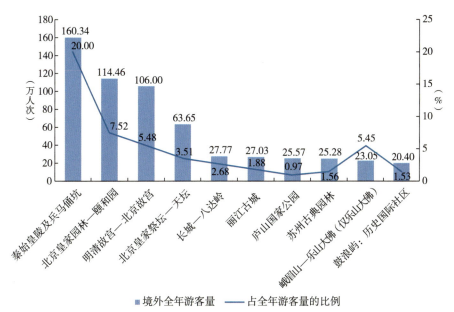

2019 年境外游客量排名 TOP10 的遗产地

四、缺乏保护管理规划、频发安全事故、违法违规建设、不文明游客行为、自然灾害、人为破坏等影响因素对我国世界文化遗产的威胁仍不可小觑。近半数遗产地缺乏经省级人民政府公布的保护管理规划，保护管理工作缺乏法律保障和技术指导；连续 5 年每年均发生安全事故，我国世界文化遗产安全形势依然严峻；少数遗产地存在未经文物部门同意的建设项目，对总体格局等突出普遍价值特征的保存造成一定威胁；17 处遗产地存在日游客量超载现象，规范游客管理、保护遗产安全、提升游览体验仍是部分遗产地亟待解决的问题；另外，13 处遗产地受暴雨、台风影响，本体受到一定程度的损坏，8 处遗产地遭受人为破坏，加强自然环境因素监测和人为因素监测也是部分遗产地需重点关注的内容。

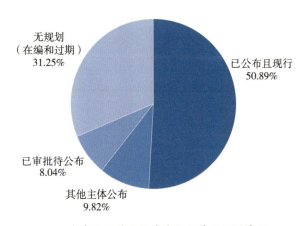

2019 年我国世界文化遗产保护管理规划情况

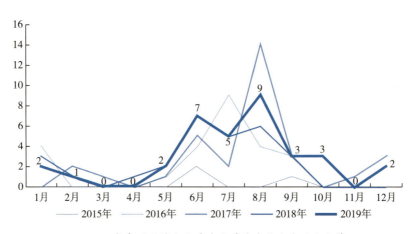

2015-2019 年我国世界文化遗产地遭受自然灾害的次数情况

最后，《2019 年总报告》对我国世界文化遗产下阶段的工作提出以下几点建议：加强对承诺事项的关注度和重视度，严格按照国际组织的要求履行各承诺事项；加强建设项目监测，保护总体格局等价值特征；加强自然灾害、病害及人为破坏行为监测，保护遗产要素等价值特征；进一步优化遗产使用功能，提升展示和阐释能力；落实遗产保护管理规划"编审管用"；加强日常巡查和养护工作，规范文物保护工程管理；建立完善遗产安全长效机制；加强科学研究，促进成果转化等。

Summary

Based on the requirements of Convention Concerning the Protection of the World Cultural and Natural Heritage (hereinafter referred to as World Heritage Convention) and Operational Guidelines for the Implementation of the World Heritage Convention (hereinafter referred to as Operational Guidelines), monitoring is one of the core components in the world heritage protection and management mechanism. Based on the framework of World Heritage Convention, National Cultural Heritage Administration (hereinafter referred to as NCHA), in 2006, worked out Methods of World Cultural Heritage Monitoring and Inspection Management in China to honor the commitments as State Party and enhance the protection and management ability of the world cultural heritage in China. NCHA has organized and promulgated the general report on situation of annual protection of world cultural heritage in China since 2015 [1], making it possible for China to timely examine the general conservation situation of its world cultural heritage. The 2019 Annual Report on the State of Conservation of World Cultural Heritage in China (hereinafter referred to as 2019 Annual Report) is the "Blue Book" which comprehensively reflects the general situation of conservation of world cultural heritage in China. It is the 6th volume of a serial general report on the issue.

The 2019 Annual Report [2] consists of two parts: the main body and appendix. The main body continues to follow the three-part style of "Domestic and International Progress of World Cultural Heritage", "Situation Analysis of World Cultural Heritage Conservation and Management in China" and "Summary and Suggestions". On the one hand, the report summarizes the latest

---

[1] Commissioned by the National Cultural Heritage Administration, China World Cultural Heritage Monitoring Center of Chinese Academy of Cultural Heritage is responsible for the statistics and analysis to the annual monitoring reports submitted by different heritage sites and compiling the General Report on Situation of Annual Protection of World Cultural Heritage in China.

[2] The source of data mainly includes monitoring annual reports between 2015 and 2019 from the heritage sites, special monitoring (public opinion and remote sensing monitoring) and basic database of the monitoring and early warning general platform of world cultural heritage in China. In 2019, reports of 40 heritages (including 36 world cultural heritages and four world cultural and natural mixed heritages) and 108 heritage sites were compiled at the monitoring and early warning general platform of world cultural heritage in China and the 2019 annual monitoring reports on these heritages were submitted. The submission rate reached 97.3% (three heritage sites of Jokhang Temple of the Potala Palace Historical Complex in Lhasa, the Tangya Tusi of Tusi Sites and Mount Wuyi scenic spot of Mount Wuyi failed to submit reports), up 9.8% compared with that in 2018; All the monitoring annual reports passed the examination of provincial cultural relics departments, up 6.1% compared with that in 2018. The monitoring annual report does not include the Historic Centre of Macao.

requirements and opinions of UNESCO World Heritage Center about world cultural heritage by combing and summarizing the latest international trend of the development of world cultural heritage; on the other hand, by collecting and analyzing the core data of major conservation and management work such as the commitments, institution and capacity building, heritage preservation, heritage impact factors, protective projects and related studies of the world cultural heritage in China, the 2019 Annual Report summarizes the current situation and changing pattern of world cultural heritage conservation and management in China; finally, taking full considerations of world cultural heritage international development environment and the characteristics of the world cultural heritage conservation and management in China, the 2019 Annual Report proposes targeted suggestions for the conservation and management strategies of cultural heritage administrative departments and conservation and management organizations at various levels in the next stage. The appendix includes the submission of China's 2019 world cultural heritage monitoring annual report, major conservation and management data of monitoring annual report, 2019 public sentiment monitoring and analysis report and basic information of world cultural heritage in China.

The 2019 Annual Report points out that the general situation of the world cultural heritage work in 2019 mainly reflects in the aspects of more meticulous management requirements for world heritage conservation, clearer points of focus of global strategy, and more emphasis on sustainable development concept. First, by continuous upgrading the contents of the Operational Guidelines to fill the existing loopholes in the procedural mechanism, it urges State Party to implement the convention by means of strictly applying heritage impact assessment and by using the List of World Heritage in Danger; second, it continues to push forward items of global strategy and Priority Africa to balance the imbalance of type and regional distribution of heritage; third, it further pushes forward the concretion and normalization of sustainable development in the field of world heritage protection and management; fourth, by realizing "culture-nature connecting practice" projects, it once again recognizes the correlation characteristics of culture, nature and social value; fifth, by means of training, workshops and publications, it sustainably pushes forward the enhancement of ability of cultural heritage disaster risk management.

In 2019, China strictly fulfilled various responsibilities and duties it held as a State Party of the World Heritage Convention; and continued safeguarding the authenticity and integrity of China's world cultural heritage from technological and managerial aspects. It is dedicated to the preservation, protection, presentation and inheriting the outstanding universal value of the world cultural heritage in China. According to the detailed work requirements mentioned in the nomination dossier, supplemental materials of nomination dossier, decisions adopted during sessions of the World Heritage Committee and other documents that the State Party should implement, by the end of 2019, 99% of the commitments have been fulfilled or are being implemented according to the requirements.

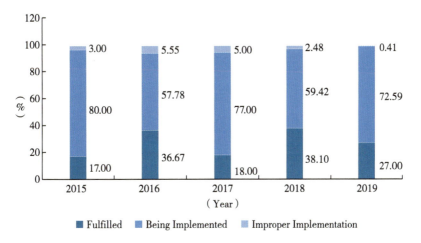

Implementation of commitments of world cultural heritage in China between 2015 and 2019

Detailed work characteristics are reflected in the following aspects:

I. Outstanding universal value of world cultural heritage in China is generally kept in a steady state. The general layout, heritage elements and components, use and functions are not negatively affected. Different heritage sites further improved the surrounding environment, restored the historical layout, repaired the damaged parts, and investigated and removed safety hazards, carried out environmental improvement, conservation interventions, presentation and interpretation projects, enriched the exhibition and enhanced the presentation quality, which better benefited the maintenance and inheritance of outstanding universal value of the world cultural heritage in China.

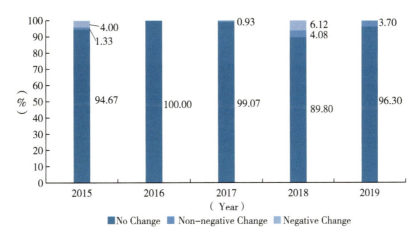

Changes in general condition of world cultural heritage in China between 2015 and 2019

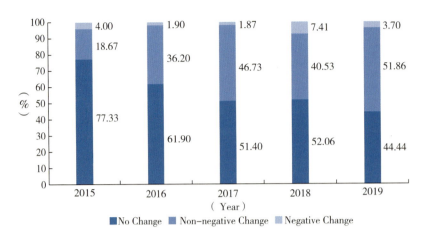

Changes in heritage element of world cultural heritage in China between 2015 and 2019

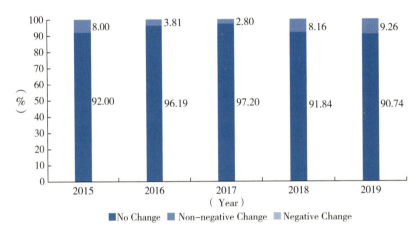

Changes in use and function of the world cultural heritage in China between 2015 and 2019

II. Top-level design in the cultural heritage sector has been distinctively strengthened and various supports for the work of cultural relics gained further improvements. Affected by the reform of culture and tourism administrations, changes took place in nearly 30% of the heritage site protection and management institutions. However, the number of employee in the sector remained unchanged. With the economic growth of the nation and the changes in its outlook on development, the Central Committee of the Communist Party of China and the State Council are paying more and more attention to the protection and use of the cultural relics. Attention to the work of cultural heritage conservation gained the "leapfrog" momentum. Total expenditure on the protection and management increased year by year. In 2019, total expenditure for the protection and management increased by 15.38% year-on-year. From the source of the expenditure, budgetary input from various cultural relics financial department increased considerably along with the big-margin growth of the total expenditure. In 2019, local financial expenditure on world cultural heritage protection and management in China accounted for as high as 73.53% of the total, an increase of 14.16% compared with that in 2018, which fully demonstrated that local people's governments attach great importance to the protection and management work. From the type of projects, the proportion of expense on environmental improvement increased considerably, that on the protection of heritage decreased year by year. In 2019, environmental improvement project expenses accounted for 32.9%, making it the top expense among others. This fully reflected the change in the concept of cultural heritage conservation "from stressing on cultural heritage protection to the protection of the surrounding environment and the integrated conservation of cultural ecology" proposed in the 13th Five-Year Plan for the Cause of Cultural Relics Protection in China.

Total expenditure and average expenditure for protection and management of world cultural heritage in China between 2015 and 2019

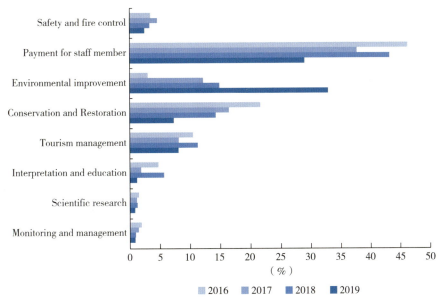

Proportion of various expenditures for world cultural heritage in China between 2016 and 2019

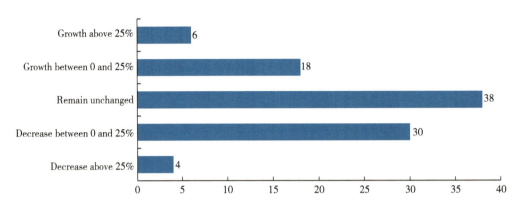

Growth and decrease of staff member in the protection and management organization for world cultural heritage in China in 2019

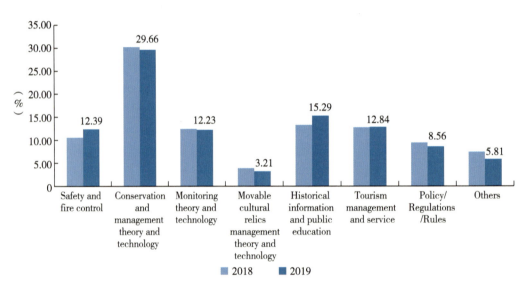

Number of training and their proportion in world cultural heritage in China in 2018 and 2019

III. All conservation and management work proceeds steadily. In 2019, China carried out 206 projects at the sites of world cultural heritage. Among them, 127 projects were for heritage protection, 23 for environmental improvement, 17 for monitoring, 16 for presentation and interpretation, 10 for protective facilities and 13 for other related projects. Comparatively, at the sites of ancient architecture, grottoes and stone carving, culture and nature mixed heritage, and cultural landscape, the projects were mainly for the protection of the heritage; at ancient villages, historical towns and centers, ancient ruins and tombs, the projects were mainly for the environmental improvement; the presentation and interpretation projects were mainly for ancient ruins and tombs and cultural landscapes. In addition, 82 safety and fire control projects were carried out in the year. Apart from the advanced technologies such as intelligent system, internet of things and mobile inspection, these projects further improved system standards for cultural relics safety control and safety inspection supervision and strengthened the work in safety popularization and law-enforcement inspection, fire-fighting training and drills to enhance the safety and prevention capability. Nearly half of the heritage sites adopted the reservation system for tourists, which, to a certain extent, relieved the stress for over-capacity of tourism and improved the visiting experience of the tourists.

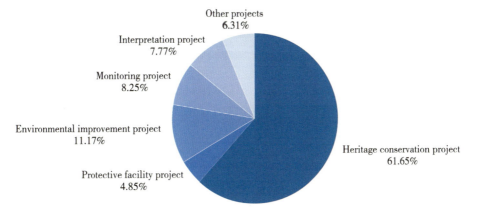

Protection projects for various culture relics carried out at the sites of world cultural heritage in China in 2019

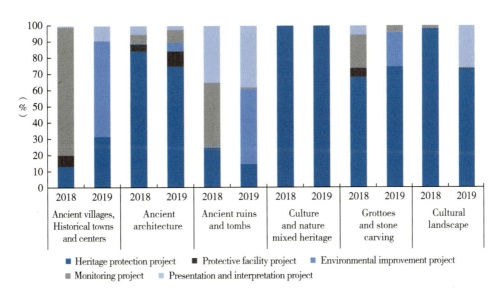

Culture relics protection projects at various sites between 2018 and 2019

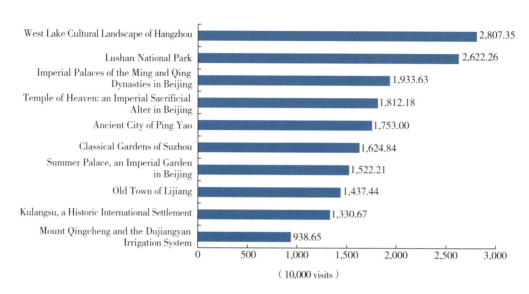

Top 10 heritage sites in terms of number of visits in 2019

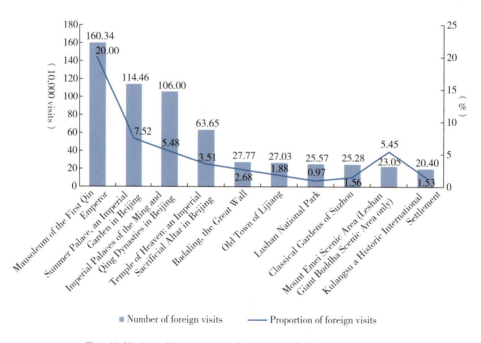

Top 10 Heritage Sites in terms of number of foreign visits in 2019

VI. Threat from affecting factors such as lack of conservation and management plan, frequent safety incident, illegal construction, visitor's improper behavior, natural disaster, and human destruction to the world cultural heritage in China should never be underestimated. Nearly half heritage sites were in lack of conservation and management plans issued by the provincial people's government. The conservation and management work was lack of legal support and technological instruction; safety incidents happened every year during the past five years, posing a severe situation to the safety of world cultural heritage in China; in some heritage sites, construction projects were carried out without the consent of cultural heritage administrations, producing certain threats to the preservation of the outstanding universal value attributes including general layout; 17 heritage sites witnessed over-capacity tourism, making it an urgent issue to regulate tourist management, guarantee the safety of heritage and enhance tourism experience. Besides, 13 heritage sites were affected by storms and typhoon, causing some damages to the heritage. Eight heritage sites suffered from human vandalism, which make it a key attention to strengthen the monitoring of natural environment and human behavior.

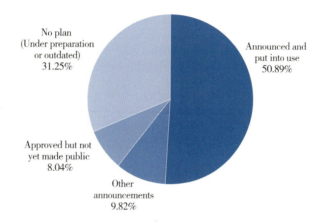

Conservation and management plan of world cultural heritage in China in 2019

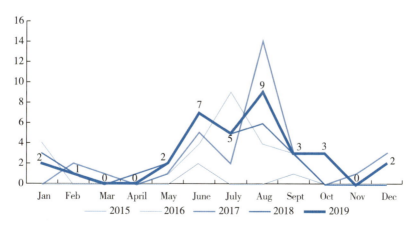

World cultural heritage sites in China suffering natural disasters between 2015 and 2019

In the end, the 2019 Annual Report proposes some suggestions to the work on world cultural heritage sites in the next stage in China: To increase the degree of attention and importance to the committed issues and strictly follow the commitment required by the international organizations; to strengthen monitoring on major projects and protect all value attributes such as general layout; to strengthen the monitoring to the destructions caused by natural disaster, pests and diseases, and human behavior to protect all heritage components and elements; to further optimize function and use of the heritage and enhance the presentation and interpretation; to carry out the "compiling, examination, management and use" of the conservation and management plans; to strengthen routine inspection and maintenance work to standardize the management of cultural heritage conservation interventions; to set up improved heritage safety long-term mechanism; to strengthen scientific studies and promote the transformation of research findings.

第 1 章　绪论

1.1　我国世界文化遗产事业发展背景

1972 年，第 17 届联合国教科文组织全体会议通过《世界遗产公约》，旨在保护对全人类具有突出普遍价值的文化和自然遗产，鼓励世界各国共同努力，确认、保护和传承对全人类具有突出普遍价值的文化和自然遗产，避免这些遗产受到变化中的自然、社会、经济条件影响而形成难以恢复的损害或破坏。截至 2019 年底，全球世界遗产数量达 1121 项，分布在 167 个缔约国，其中文化遗产 869 项、自然遗产 213 项、文化和自然混合遗产 39 项。

《世界遗产公约》强调了文化和自然遗产对于人类社会发展的重要意义，提出了以突出普遍价值为基础的保护思想，建立了由《世界遗产公约》缔约国共同组成的世界遗产委员会、世界遗产中心和专业咨询机构，致力于世界文化和自然遗产保护的国际治理体系，使和平建设、文化间对话和可持续发展，成为影响文化和自然遗产保护发展方向的核心因素。《世界遗产公约》要求缔约国认定、保护、展示和传承本国文化和自然遗产，"为此目的竭尽全力，最大限度地利用本国资源，必要时利用所能获得的国际援助和合作"。

随着我国 20 世纪 80 年代外交、文化、经济的发展和一系列政策调整，在我国政府、专家学者和国际组织的多方努力下，1985 年 11 月 22 日，第六届全国人民代表大会常务委员会第十三次会议批准加入《世界遗产公约》；外交部于 1985 年 11 月 26 日向联合国教科文组织通告我国政府的决定。1985 年 12 月 12 日，在向联合国教科文组织交存批准书后，我国成为《世界遗产公约》缔约国。

对于我国这样一个历史文明悠久、文化底蕴深厚、遗产类型丰富的文明古国，加入《世界遗产公约》，有助于向世界展示我国文化和自然资源的多样性和丰富性，有利于我国尽快借鉴吸收国际先进的遗产保护理念、提升文化遗产保护管理水平；同时，加入《世界遗产公约》也意味着我国加入了世界遗产的国际管理体系，既要严格遵循《世界遗产公约》的相关要求，履行加入公约时的庄严承诺，又要积极发挥我国作为遗产大国在国际世界遗产事业中的重要作用，为推动世界遗产事业的发展、保护传承好人类共同的文化和自然遗产贡献出中国智慧和中国方案。

1987 年 12 月 11 日，在联合国教科文组织世界遗产委员会第 11 届会议上，北京故宫、秦始皇陵及兵马俑坑、莫高窟、周口店北京人遗址、长城和泰山 6 项遗产首批列入《世界遗产名录》。这 6 项遗产在全世界范围内早已享有盛名，是突出反映我国历史文化特征、体现我国古代文明辉煌成就、并最具代表性的不可移动的实物遗存。这 6 项遗产的列入，为我国世界文化遗产事业发展迎来了成功开局，为奠定我国作为名副其实的世界遗产大国打下了坚实基础，受到世界遗产委员会乃至整个联合国教科文组织的欢迎和赞许。

以此为开端，我国世界文化遗产事业经历了起步、加速、转型、创新四个阶段，世界遗产从无到有，由少变多，发展迅速。从古代遗产到近现代遗产，从静态遗产到活态遗产，从单点小规模遗产到跨区域跨国境的巨型文化遗产等，走出了一条艰辛而辉煌的道路。至2019年底，我国已拥有世界遗产55项，是世界遗产数量最多的国家之一。

1.1.1 起步摸索阶段（1985年至1994年）

1985年至1994年，是我国世界文化遗产事业的起步期。这一阶段，我国刚刚接触世界遗产领域，在不断摸索世界遗产相关理念、标准、规则和程序的过程中，我国世界文化遗产事业逐渐步入正轨。

在世界遗产申报方面，1987年、1990年、1992年和1994年，除首批6项以外，我国又先后有黄山，武当山古建筑群，拉萨布达拉宫历史建筑群，承德避暑山庄及其周围寺庙，曲阜孔庙、孔林和孔府等5项文化遗产以及文化和自然混合遗产陆续列入《世界遗产名录》，反映出我国已经基本掌握了世界遗产申报工作规律。

在这一时期，我国开始在世界遗产国际事务中崭露头角。1991年，我国首次当选世界遗产委员会委员国。1992年、1993年，我国连续两次担任世界遗产委员会会议副主席。

1.1.2 加速推进阶段（1995年至2005年）

1995年至2005年，我国世界文化遗产事业进入迅速发展时期。世界遗产数量快速增长，新增16项文化遗产以及文化和自然混合遗产，包括庐山国家公园，峨眉山—乐山大佛，平遥古城，苏州古典园林，丽江古城，北京皇家园林—颐和园，北京皇家祭坛—天坛，大足石刻，武夷山，皖南古村落—西递、宏村，明清皇家陵寝，龙门石窟，青城山—都江堰，云冈石窟，高句丽王城、王陵及贵族墓葬，澳门历史城区。

此外，我国世界文化遗产类型不断丰富，出现历史城镇和城镇中心（丽江古城）、系列遗产（苏州古典园林）、文化景观（庐山国家公园）等新类型的文化遗产。

在世界遗产国际事务方面，我国也开始发挥重要作用。2003年，我国首次当选世界遗产委员会主席国。2004年、2005年，我国陆续主办联合国教科文组织世界遗产委员会第28届会议和国际古迹遗址理事会第15届大会等重要国际会议，在国际文化遗产保护领域的影响力与日俱增。

在管理体制方面，2002年国务院对我国世界遗产管理工作进行了明确分工，在国家文物局文物保护与考古司设立世界遗产处，统筹全国世界文化遗产申报、保护、管理等工作，体现我国政府对世界遗产工作的高度重视，管理政策思路日渐明晰。

1.1.3 反思转型阶段（2006年至2011年）

2006年至2011年，我国世界文化遗产事业在挑战中转型。二十一世纪以来，世界遗产委员会对申报名额、申报条件和保护的要求逐渐严格，促使我国世界文化遗产申报策略的转变。在此阶段，殷墟、开平碉楼与村落、福建土楼、五台山、登封"天地之中"历史建筑群以及杭州西湖文化景观6项文化遗产列入《世界遗产名录》。2001年以后，世界遗产委员会多次对世界遗产申报政策作出重大调整，至2007年确定了每年各国限申报2项且不受种类限制的政策，同时加大世界遗产保护状况审查力度。为顺应这一转变，国家文物局积极反思、主动调整工作策略。一方面，制定出台申报项目审核管理规定，精心遴选申报项目，提升准备工作水平，大胆尝试新申报类型，确保每年成功申报一项世界文化遗产，并培养出一批专业技术团队，标志着我国世界文化遗产申报已经进入成熟阶段；另一方面，针对部分地方"重申报、轻管理"问题，我国政府按照"世界一流的遗产，世界一流的保护、管理和服务"标准，在世界文化遗产保护管理方面开展了一系列工作：2006年，颁布《世界文化遗产保护管理办法》以及《中国世界文化遗产监测巡视管理办法》等规范性文件；2011年，中央财政首次设立世界文化遗产保护专项经费，实施了一批世界遗产保护修缮项目；启动世界文化遗产监测试点及监测标准、规范制定等研究工作；组织无锡论坛等系列专题学术活动，探讨新型遗产保护理念等。

在世界遗产国际事务方面，2007年和2008年先后主办"东亚文物建筑保护理念与实践国际研讨会"和"古代木结构建筑彩画保护国际研讨会"，形成国际共识文件；国际古迹遗址理事会西安国际保护中心（IICC-X，2006年）、联合国教科文组织亚太地区世界遗产培训与研究中心（WHITRAP，2008年）、国际自然与文化遗产空间技术中心（HIST，2011年）相继在我国成立；国家文物局与国际文化财产保护与修复研究中心（ICCROM）合作开展文化遗产保护培训。

在这一时期，我国世界文化遗产事业进入申报与保护并重、数量与质量同步提升的成熟阶段。

1.1.4 创新发展阶段（2012年至今）

2012年至今，党中央高度重视文化遗产保护工作，我国世界文化遗产事业迎来历史性的发展机遇。

党的十八大以来，文物保护利用和文化遗产保护传承得到了党中央、国务院以及有关部门的高度重视和大力支持。习近平总书记等党和国家领导人多次就文化遗产保护，特别是世界文化遗产的申报、保护、展示和传承，作出了一系列重要指示、批示，指出世界文化遗产工作要有利于突出中华文明历史文化价值、有利于体现中华民族精神追求、有利于向世人展示全面真实的古代中国和现代中国，要"让收藏在博物馆里的文物、陈列在广阔大地上的遗产、书写在古籍里的文字都活起来，让中华文明同世界各国人民创造的丰富多彩的文明一道，为人类提供正确的精神指引和强大的精神动力"。这些重要指示、批示为我国世界文化遗产事业提出了目标，指明了路径，提供了依据，使我国世界文化遗产事业迎来了前所未有的历史性发展机遇。按照习近平总书记的明确要求，我国文物工作者潜心致力于世界文化遗产的申报、保护、展示和传承工作，使世界文化遗产保护管理水平进一步显著提升。

在世界文化遗产申报方面，我国更新了《中国世界文化遗产预备名单》，制定出台了《世界文化遗产申报工作规程（试行）》，确保元上都遗址、红河哈尼梯田文化景观、"丝绸之路：长安—天山廊道的路网"、大运河、土司遗址、左江花山岩画文化景观、"鼓浪屿：历史国际社区"、良渚古城遗址等8项遗产申遗成功，实现了我国世界文化遗产申报连续14年成功。

在世界文化遗产保护方面，2012年国家文物局文物保护与考古司加挂世界文化遗产司牌子，成为中央、国家机关设立的首个专门负责世界遗产管理的司局级部门；组织实施了长城保护、承德避暑山庄及其周围寺庙保护、大足石刻千手观音造像抢救性保护修复等一批重大文化遗产保护项目，显著改善了世界文化遗产保存状况；设立了中国世界文化遗产监测中心，逐步摸索、建立了世界文化遗产监测预警体系，确定了12处监测试点单位并取得一系列实践经验；完成了第二轮世界遗产定期报告。

在世界遗产国际事务方面，2012年国际古迹遗址理事会顾问委员会会议在我国成功举办；2017年，我国再度当选联合国教科文组织世界遗产委员会委员国，任期为2017年至2021年；我国世界文化遗产保护理念和技术的发展也日益受到国际的认可，我国文化遗产保护机构参与国际文化遗产保护项目逐渐增多。柬埔寨茶胶寺、尼泊尔加德满都杜巴广场九层神庙、乌兹别克斯坦花剌子模州历史文化遗迹修复等我国援助保护修复项目取得阶段性进展。

从总体上看，在以习近平同志为核心的党中央正确领导下，通过我国文物保护工作者的不懈努力，世界文化遗产在增强文化自信和国家认同、改善遗产地生态环境和民生、推动遗产地经济社会发展、服务国家"一带一路"倡议、大运河文化带建设等国家战略的能力日渐提升，我国已经逐步探索出一条符合国情的世界文化遗产保护之路。

1.2 我国现有世界文化遗产情况概述

1.2.1 我国世界遗产的数量及分布情况

截至2019年12月，中国已有55项[1]世界遗产，其中文化遗产37项，自然遗产14项，文化和自然混合遗产4项（图1-1），总数与意大利并列世界第一。

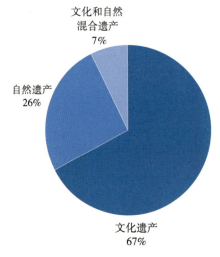

图1-1 我国世界遗产的遗产类型比例（截至2019年）

从行政区划来看，我国世界遗产分布在28个省、自治区、直辖市及特别行政区内，分布较广，但分布不均衡（图1-2）。其中，北京市数量最多，拥有7处，其次是河南省、四川省和云南省，各拥有5处，河北省、江苏省、浙江省、福建省、江西省、湖北省和贵州省各有4处，山西省、辽宁省、安徽省、山东省、湖南省和甘肃省各有3处，广东省、广西壮族自治区、重庆市、陕西省、新疆维吾尔自治区各有2处，天津市、内蒙古自治区、吉林省、西藏自治区、青海省、澳门特别行政区各有1处。

―――――――――

〔1〕　世界遗产（项）计数方法是按照一个申报项目予以整体计算。按照世界遗产地计算，中国世界遗产地（处）总数远高于申报项目总数。

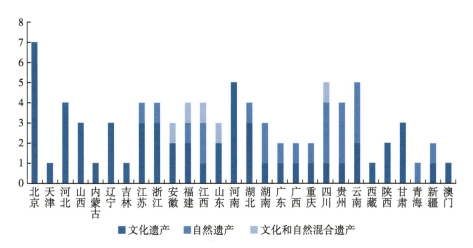

图 1-2　我国世界遗产所在行政区划统计（截至 2019 年）

从地理区划分布来看，我国世界遗产在华北、华东、华中和西南地区[2]分布较为集中，华南、西北和东北地区数量较少。具体到文化遗产，其分布以华北地区数量最多，共12处，华东和华中地区数量次之，分别有10处和8处，西南和西北地区数量居中，分别有6处和4处，而东北地区和华南地区数量较少，均为3处。这说明，我国世界文化遗产主要在东部、北部分布较为集中，中部次之，南部和西部最为稀疏。而自然遗产及文化和自然混合遗产在西南地区共有9处，数量远多于其他地区，占到了全国总数的一半，其余自然遗产及文化和自然混合遗产则零星分布在华东、华中、华南和西北地区，分别有6处、3处、2处和2处，而华北和东北地区尚无自然遗产及文化和自然混合遗产（图1-3）。

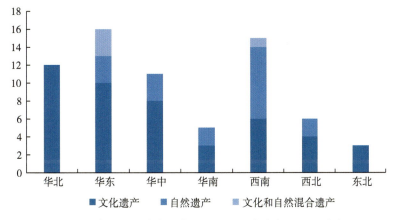

图 1-3　我国世界遗产所在地理区划统计（截至 2019 年）

〔2〕　按照中国地理大区划区分，华北地区指北京市、天津市、河北省、山西省、内蒙古自治区；华东地区指上海市、江苏省、浙江省、山东省、安徽省、江西省、福建省；东北地区指辽宁省、吉林省、黑龙江省；华中地区指河南省、湖北省、湖南省；华南地区指广东省、广西壮族自治区、海南省；西南地区指四川省、重庆市、贵州省、云南省、西藏自治区；西北地区指陕西省、甘肃省、青海省、宁夏回族自治区、新疆维吾尔自治区；港澳台地区指香港特别行政区、澳门特别行政区、台湾省。

从遗产列入时间上看，1987年至1995年，共列入14项，1987年列入数量高达6项，1988年、1989年、1991年、1993年、1995年则没有申报世界遗产。显然，在我国加入《世界遗产公约》的第一个十年，对于世界遗产及相关程序尚不熟悉，还处在对世界遗产的重要性和保护方法认识、理解、学习的过程当中。1996年至2005年，共列入17项，除2000年有4项列入以外，其他年份的列入数量都稳定在1-3项（其中文化遗产14项，自然遗产1项，文化和自然混合遗产2项），这也是我国世界遗产数量增长最快的一个时期。这表明我国加入《世界遗产公约》十年之后，对世界遗产申报程序更加熟悉，工作水平明显提高。2006年至2019年，在"苏州—凯恩斯决议"每年每个国家限报2项的规定影响下，共列入24项，增长速度趋于平稳，每年为1-2项。在文化遗产申报方面，从2004年开始，保持了连续14年每年成功申报1-2项的稳步推动的状态，这反映了我国在申报世界遗产工作方面已处于非常成熟的水平（图1-4）。

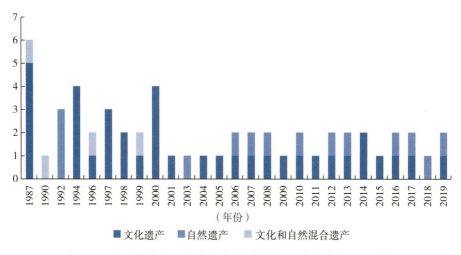

图 1-4　我国每年成功申报世界遗产的数量统计（截至 2019 年）

1.2.2　我国世界文化遗产的价值及类型特点

从列入的价值标准上看，我国37处世界文化遗产和4处世界文化和自然混合遗产中，符合标准 I 的有17项，符合标准 II 的有28项，符合标准 III 的有32项，符合标准 IV 的有27项，符合标准 V 的有9项，符合标准 VI 的有22项。我国世界文化遗产及文化和自然混合遗产作为中国文化与文明某一时期特殊见证的遗存占主流，其次是反映中国古代传统文化、艺术、建筑水平的建筑物、纪念物，反映中国传统居住或使用地的杰出范例的遗存相对较少（图1-5）。

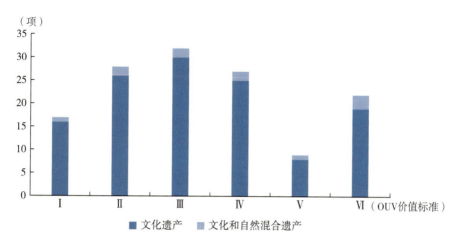

图 1-5 我国世界文化遗产的列入价值标准统计（截至 2019 年）

　　我国世界文化遗产类型齐全，以古建筑，古遗址及古墓葬，古村落、历史城镇和中心等三个类型为主，共有 26 项，占比 63.41%（图 1-6）。

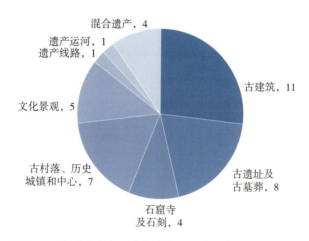

图 1-6 我国世界文化遗产的类型分布（截至 2019 年）

第 2 章　世界文化遗产事业国内外形势

2.1　国际世界文化遗产事业发展动态

世界遗产是联合国教科文组织为保护属于全人类的具有突出普遍价值的遗产而实施的旗舰项目。《世界遗产公约》运行体系自其诞生之日起一直处在不断发展的过程中，近年来表现出对缔约国和遗产地保护管理要求愈发严格的趋势，这既是对近年来政治因素影响专业决策的有力回应，也是为呼应联合国层面提出的可持续发展目标。在缔约国层面，世界遗产委员会一方面通过修订《操作指南》来填补程序机制上的现有漏洞，严格应用遗产影响评估和《濒危世界遗产名录》等手段敦促缔约国履约；另一方面持续推动全球战略，加强发展中国家、特别是非洲国家的能力建设。在遗产地层面，世界遗产委员会和专业咨询机构在可持续发展框架下，持续推进文化和自然遗产融合、社会福祉和利益相关者参与等议题，并通过遗产风险管理培训、定期报告、反应性监测等手段不断引导遗产管理者提升遗产价值认知和保护管理水平。

2.1.1　公约体系自身变化与完善趋势

2.1.1.1　*履约要求越发严格*

缔约国的履约

按《操作指南》（第 169、172 条[3]）《世界文化遗产影响评估指南》[4]要求执行遗产影响评估（Heritage Impact Assessment），并将评估报告提交世界遗产委员会审议，已成为世界遗产委员会考察缔约国履约情况的重要事项。虽然有学者认为，遗产影响评估过度关注遗产静态化的突出普遍价值，忽视了遗产动态化和多样性的特质，但它至少是目前衡量遗产保护管理状况的准绳。

2019 年，在阿塞拜疆首都巴库召开的第 43 届世界遗产委员会会议（简称"第 43 届世界遗产大会"）上，遗产影响评估被提及数十次，可见世界遗产委员会愈发将其作为了解

---

[3]　第 172 条原文为："如《世界遗产公约》缔约国将在受《世界遗产公约》保护地区开展或批准开展有可能影响到遗产突出普遍价值的大规模修复或建设工程，世界遗产委员会促请缔约国通过秘书处向委员会转达该意图。缔约国必须尽快（例如，在起草具体工程的基本文件之前）且在做出任何难以逆转的决定之前发布通告，以便委员会及时帮助寻找合适的解决办法，保证遗产的突出普遍价值得以维护。"

[4]　中国古迹遗址保护协会（ICOMOS China）. 世界文化遗产影响评估指南（中文版）[EB/OL]. (2020-06-03) http://www.icomoschina.org.cn/download.php?class=108.

缔约国履约情况的重要参照。为避免被世界遗产委员会强制要求开展遗产影响评估而陷入被动，缔约国应按照《世界文化遗产影响评估指南》的评估程序、评估方法、报告体例等要求，在建设有可能影响到遗产突出普遍价值的大规模修复或建设工程之前进行遗产影响评估工作，以便确定项目的可行性，避免不必要的损失。

第三方国家的履约

伴随着全球化发展和国际交流的日益密切，一国遗产受第三方国家（即非遗产地所在国）行为影响甚至破坏的情况时有发生[5]。这种由于第三方国家未履约导致遗产受损的情况多发于自然遗产，但随着自然遗产和文化遗产的日趋融合，特别是文化景观类型遗产的发展，这种现象变得愈发普遍，应引起警惕。对于我国而言，一方面要加强对在华外国企业和组织的监管，避免不当行为对我国世界遗产的损毁；另一方面，我国企业和组织在"走出去"开展合作和援助工程时，应充分尊重当地的传统习惯和生活环境。

2.1.1.2　程序的挑战与应对措施

为尽量减少在申报过程中产生重大问题，世界遗产委员会自2011年起开展上游程序[6]试验，2015年这种工作模式正式写入《操作指南》修订版中[7]。目前关于上游程序的探索仍在继续，其内涵和外延也在发展之中，在2019年《操作指南》修订版中已经把上游程序拓展至预备名录阶段，并新增"上游程序申请表"，使缔约国争取申请上游支持的机制更加规范。

除通过上游程序从咨询机构和国际专家获得帮助外，世界遗产委员会也鼓励缔约国加强自身能力建设。为帮助缔约国在工作过程中采取恰当的政策措施开展本国世界遗产工作，第43届世界遗产大会还发布了线上检索平台——世界遗产政策百科（Policy Compendium）[8]。这个平台收录了自《世界遗产公约》施行以来的历次世界遗产委员会会议和缔约国会议上通过的重要政策性文件，也收录了与世界遗产相关的其他重要国际政策文件。这个平台面向对象包括缔约国政策制定者、学者、遗产工作者、利益相关者以及广大的公众爱好者，将有利于加强上述群体对于世界遗产政策的查询、理解和掌握，提升自身能力。

2.1.1.3　"全球战略"和非洲优先

受限于世界遗产诞生初期人们对于遗产的认知程度，早期世界遗产存在过度侧重"西方精英主义"的现象，因此世界遗产委员会自1994年以来开始推行"全球战略"，以平衡

---

[5]　如苏丹的"博尔戈尔山和纳巴塔地区"，由于对外国采矿企业监管不力等一系列原因而被世界遗产委员会给予列入《濒危世界遗产名录》的警告；墨西哥的"加利福尼亚湾群岛及海岸"，则因鱼类非法捕捞被列入《濒危世界遗产名录》，而捕捞的鱼类最终流向也是国际市场。

[6]　上游程序指在遗产申报初期，甚至在更早的预备名录阶段，由缔约国提请咨询机构和国际专家开展技术指导的一种工作模式。具体方法包括主题研究、研讨会、专家指导等多种方式，核心在于建立更加深入和完善的突出普遍价值阐述，并提前解决关乎遗产保护管理的现存问题，以便在遗产列入后能够得到更加良性、有效和可持续的保护。

[7]　钟乐，徐知兰. 世界遗产上游程序历程回顾与发展分析[J]. 自然与文化遗产研究，2020（2）.

[8]　World Heritage Center. ABOUT THE COMPENDIUM[EB/OL]. (2020-06-03) http://whc.unesco.org/en/compendium/?action=about.

遗产类型和地区分布上的不均衡。2004年至2010年期间，亚太地区的世界遗产数量显著增加，但非洲国家的世界遗产数量的占比却从1994年的10%下降到2010年的8.5%[9]。2018年世界遗产大会期间针对"全球战略"的评估和反思认为，通过限制申报数量等手段使申报难度和标准提高，对财力和技术相对薄弱的国家反而越发难以成功申报，最终导致了不平衡性加剧。

"非洲优先"在第43届世界遗产大会上被作为一项专门议题提出。该议题一定程度上可以看作是对"全球战略"的延续，同时施策也更加精准。"非洲优先"并不仅限于遗产申报，而是全面适用于世界遗产的各个方面。需要明确的是，这种"优先"并非是降低标准和遗产准入门槛，而是通过全面提升非洲的世界遗产能力建设，使其获得自身造血和可持续发展的能力。比起单纯对申遗的支持政策，"非洲优先"更是一种以世界遗产为抓手的可持续发展治理手段。但受限于多边外交和繁琐的国际援助程序，在全球范围内人力、物力、财力总量有限的情况下，举全球之力的"非洲优先"是否能达到预期效果，目前尚不明朗[10]。双边合作或将成为未来更有效的国际遗产合作模式[11]。

与此前的"全球战略"相比，"非洲优先"的提出意味着亚太地区无法获得"优先"的红利，但是我国仍可以通过双边遗产合作交流，树立我国在国际遗产界的形象。2019年6月，国家文物局副局长宋新潮在出席"联合国教科文组织—中国—非洲世界遗产能力建设与合作论坛"时，为加强合作、推动非洲世界遗产保护提出了"在经济社会发展中切实加强世界遗产保护、尽快提升世界遗产保护水平、开展考古研究强化世界遗产价值认定、打击文物犯罪防范世界遗产安全风险以及深化社区参与使世界遗产惠及民生"[12]等五点建议，为未来中非遗产合作指明了方向。

2.1.2 关键议题和事件的发展情况及分析

2.1.2.1 可持续发展

联合国于2015年制定了"可持续发展目标"，旨在2030年实现17个不同维度的可持续发展。同年11月，《世界遗产公约》缔约国第20届大会通过了《将可持续发展愿景融入世界遗产公约进程的政策》[13]，该文件是目前指导世界遗产可持续发展工作的核心文件之一。

将世界遗产与可持续发展结合起来，意味着除了关注传统意义上的突出普遍价值和遗产保护外，还要在不损害遗产价值的前提下充分发挥世界遗产的固有潜力，促进遗产地在社会层面、经济层面以及环境层面的发展。其关键在于拓宽视野，通盘考虑在整个社会生态系统中文化、自然和社会环境之间的关系，统筹兼顾所有利益相关者，充分调动跨部门

---

[9] World Heritage Center. INF.9A : Final report of the Audit of the Global Strategy and the PACT initiative[EB/OL]. (2020–06–03) https://whc.unesco.org/archive/2011/whc11-35com-INF9Ae.pdf.

[10] 2019年非洲新列入《世界遗产名录》的遗产仅一项，为"布基纳法索古冶铁遗址"。

[11] 杨爱英. 濒危世界遗产：理论与实践的困局 [J]. 中国文化遗产，2019（6）.

[12] 国家文物局. 联合国教科文组织—中国—非洲世界遗产能力建设与合作论坛在巴黎开幕 [EB/OL]. (2020–06–27) http://www.ncha.gov.cn/art/2019/6/4/art_722_155292.html.

[13] World Heritage Center. WHC-15/20.GA/INF.13[EB/OL]. (2020–06–03) https://whc.unesco.org/archive/2015/whc15-20ga-inf13-en.pdf.

资源推进可持续发展这一共同目标。在具体工作层面，需要在执行《世界遗产公约》的同时考虑环境可持续性、包容性社会发展和包容性经济发展。

在 2019 年发布的《操作指南》修订版中，全文共有 20 多处关于可持续发展的修订，重点关注当地居民、社区参与、性别平等、文化多样性等内容。近年来，教科文组织的文化部门一直在推动建立一套文化对可持续发展贡献作用的评估体系，而世界遗产的定期报告工作将是这一体系的重要组成[14]。在过去一年中，《操作指南》的修订、线上政策百科的发布、定期报告、反应性监测、保护状况报告、公众宣传和能力建设等工作，都是世界遗产贡献于联合国可持续发展战略所做的努力。

2.1.2.2 文化与自然融合

为弥合《世界遗产公约》诞生之初文化与自然的区隔，从文化和自然混合遗产到文化景观，国际遗产界一直在尝试将两者有机结合起来，但效果不甚理想。为进一步推动该项工作，国际古迹遗址理事会和世界自然保护联盟于 2013 年联合发起"文化—自然融合"实践项目，该实践项目共分三期，第二期融合实践报告于 2019 年度发布。该报告着重考察了遗产自然、文化与社会价值的关联特性，指出遗产的价值通常是非常复杂且难以严格拆分开的，在遗产申报过程中存在为了符合申报条件而刻意强调一部分价值，忽视另一系列同等重要价值的情况。同时，在国家层面也存在遗产保护称号侧重某一方面而导致对其他价值的保护覆盖不全的现象。报告认为，关注价值之间的相互联系可以在整体上加深对遗产的理解，而不仅仅是个体的总和[15]。在合理评估遗产价值的基础上，需要运用综合性的管理方法，整合文化和自然管理机构，避免机构利益冲突带来的彼此牵制，统筹考虑管理中涉及的各方面问题。

2019 年，一些国际专家也就文化与自然融合的问题表达了观点。国际古迹遗址理事会文化旅游委员会主席弗格森·麦克拉伦教授（Fergus Maclaren）在接受采访时表示，文化和自然融合需要拓宽思路，不局限于某一遗址、建筑物或自然景观，而是从整个城市或区域范围的角度考虑环境问题、本地社区情况以及社会的经济环境要素[16]。国际古迹遗址理事会非物质遗产科学委员会原主席苏珊·麦金太尔教授（Susan McIntyre-Tamwoy）则从非物质的层面提出了建议，她认为人类在生产和生活过程中发展出的非物质文化遗产常常体现着人们对于自然的认知理解和利用方式，特别是在文化景观中[17]。非物质文化遗产是联结文化、自然和人类社会的重要纽带，将物质与非物质融合起来将有助于文化与自然融合，并使遗产迸发更加强大的生命力。

2.1.2.3 灾害风险

2019 年，多处世界遗产遭遇火灾，引发大众对遗产安全的担忧。4 月 15 日，修复中的

〔14〕 World Heritage Center. WHC/19/43.COM/5C [EB/OL]. (2020-06-16) https://whc.unesco.org/archive/2019/whc19-43com-5C-en.pdf.
〔15〕 ICOMOS. [EB/OL]. (2020-06-03) http://openarchive.icomos.org/1841/13/ConnectingPractice_2_Report_CN.pdf.
〔16〕 张柔然，王家宁，李越 . 推动文化与自然融合 实现可持续发展—对话国际古迹遗址理事会文化旅游委员会主席弗格森·麦克拉伦教授 [N]. 中国旅游报 . 2019-04-12.
〔17〕 张柔然，王紫逸，钟映秋 . 文化与自然融合：世界遗产管理与研究的新方向—对话苏珊·麦金太尔教授 [N]. 中国文物报 . 2019-04-12.

法国巴黎圣母院失火，造成尖塔过火倒塌、木质屋架全部烧毁。据调查结果显示，当日的中控值守人员缺乏灾害处置相关培训经历，错误地判断了起火位置，导致火情处置延误[18]。10月，日本冲绳县那霸市首里城琉球王宫失火，导致王宫主体建筑全部焚毁。根据初步调查结果，火灾可能是由于电力系统短路故障导致。11月30日，奥地利小镇哈尔施塔特也发生火灾，灾情源自于一间湖畔木屋，接着蔓延至棚子及两间住宅，最终导致至少四间房屋严重受损。

遗产安全问题伴随文化遗产工作的始终，在第43届世界遗产大会期间，国际文化财产保护与修复研究中心（以下简称"ICCROM"）召开"文化遗产的灾害风险管理"主题边会，介绍了近年来该组织在灾害风险管理方面所做的努力，形式包括开展培训、举办工作坊和出版图书，其中，"急救与复原"是培训的旗舰课程。同时，近期ICCROM和加拿大保护研究所（Canadian Conservation Institute, CCI）也联合发布了《文化遗产风险管理指南》[19]，从灾害的识别、分析、评估、处置和监测等几个方面介绍文化遗产风险管理的具体方法，为遗产地管理者提供了风险防控手段的参考。

2.1.2.4 第三轮定期报告

继阿拉伯地区和非洲地区之后，亚太地区的第三轮定期报告填报工作也将于2020-2021年开展。2019年4月，韩国信托基金支持的"亚太地区第三轮定期报告前置能力建设"工作获准实施，该项目将配合教科文组织区域办公室和二类中心，面向重点区域和次区域的利益相关者开展理论和实践培训，以便他们将最新经验和理念带回自己国家，帮助本国有针对性地开展定期报告工作[20]。能力建设培训工作坊预计开展5期，将持续到2021年4月[21]。

第三轮定期报告依然以问卷的形式收集世界遗产委员会关切的各个方面内容。问卷分为两部分，缔约国问卷和遗产地问卷，前者用于评估国家层面对于《世界遗产公约》的执行情况，关注政府层面的立法和行政措施；后者用于了解该国各世界遗产地的保护状况。

定期报告作为世界遗产保护管理体系框架中的一项监测手段，对于反映世界遗产管理工作的现状和问题，勾画世界遗产的发展方向和区域性关键议题具有重要作用。在第二轮定期报告结束后的回顾工作［Reflection on the Periodic Reporting Exercise（2015-2017）］中，遗产专家对填报信息和填报过程中反映出的问题进行了总结反思，第三轮定期报告的内容和方式在此基础上均有提升。这些变化一方面表现在将2030可持续发展目标的理念引入世界遗产中，另一方面也更加注重世界遗产与其他重要国际公约的对接工作，此外本次问卷还增加了更多指导性解读，有利于提升填报效率和准确性。目前中国文化遗产研究院已经将缔约国和遗产地问卷、关键术语表以及遗产地管理者手册等重要文件翻译成中文，为正

---

〔18〕 Le Monde. A Notre-Dame, les failles de la protection incendie[EB/OL]. (2020-06-22) https://www.lemonde.fr/culture/article/2019/05/31/a-notre-dame-les-failles-de-la-protection-incendie_5470055_3246.html.

〔19〕 ICCROM. Guide de gestion des risques appliqué e au patrimoine culturel[EB/OL]. (2020-06-27) https://www.iccrom.org/sites/default/files/publications/2019-04/french_risk_management_web.pdf.

〔20〕 World Heritage Center. WHC/19/43.COM/5C [EB/OL]. (2020-06-16) http://whc.unesco.org/archive/2019/whc19-43com-10B-en.pdf.

〔21〕 World Heritage Center. WHC/19/43.COM/5C [EB/OL]. (2020-06-16) https://opendata.unesco.org/project/XM-DAC-41304-526RAS4022.

式启动第三轮定期报告填报工作做好了准备[22]。

2.1.2.5　反应性监测

反应性监测是指由世界遗产中心、联合国教科文组织其他部门和咨询机构出面评估并向世界遗产委员会提交保护状况报告的行为。当世界遗产地出现异常或缔约国即将开展可能影响遗产突出普遍价值的行为时，特别是在面对突发的严重事件或是在缔约国长期未能履约的情况下，世界遗产委员会便可能要求开展反应性监测。

2019年，世界遗产委员会对30个缔约国的42项遗产[23]开展了反应性监测，其中文化遗产27项，自然遗产13项，文化和自然混合遗产2项。其中，8个缔约国有2项（含）以上的世界遗产被要求开展反应性监测，占比约27%，这些缔约国多为亚洲和非洲国家，可见国家经济发展水平、国际和区域局势对遗产保护理念和遗产保护水平有一定的影响。

2.2　国内世界文化遗产事业发展动态

国家文物局局长刘玉珠在总结2019年文物工作时指出，本年度文物系统贯彻落实习近平总书记重要指示批示精神和中央决策部署有力有效，文物保护利用改革初见成效，服务大局创新出彩，革命文物工作实现突破，文物安全长效机制不断健全，文物保护工作稳扎稳打，"让文物活起来"蔚然成势，流失文物返还亮点纷呈，对外和对港澳台文物交流合作稳中有进，文物依法行政能力不断提升[24]。

2.2.1　我国世界文化遗产体系建设与发展情况

2.2.1.1　履约情况

保护工程

本年度，我国世界文化遗产地现场各类保护工程继续有序开展。

2月至10月，明清故宫—沈阳故宫太庙建筑群开展了修缮工程，主要解决了墙体歪闪及裂缝、屋面渗漏、结构歪闪变形、基础不均匀沉降等问题。工程期间配套开展了文物保护工程公共示范和观摩体验活动，让民众看得见、能参与，了解文物工程的施工工艺等，充分发掘和利用在工程施工阶段文物的教育功能。

6月29日，大足石刻宝顶山卧佛、小佛湾造像保护修缮工程正式启动。该项目是继千手观音造像保护修复工程之后的又一重大文物保护工程，将主要解决渗水、本体风化及变形破坏、彩绘（贴金）风化破坏三大方面八大类病害。在保护修复项目的整个实施过程中，

〔22〕　中国世界文化遗产中心 . 第三轮定期报告—中文版 [EB/OL]. (2020-06-03) https://www.wochmoc.org.cn/home/upload/file/202003/
　　　　1584692015884021089.pdf.

〔23〕　根据第43届世界遗产大会决议整理统计。

〔24〕　国家文物局 . 守正创新 统筹谋划—奋力推进文物事业改革发展 [EB/OL]. (2020-06-03) http://www.ncha.gov.cn/art/2019/12/30/
　　　　art_722_158107.html.

将持续开展考古与艺术价值研究、微环境与可溶盐影响评估、材料应用效果评价等，保证保护修复效果。

6月至11月，国家文物局委托第三方对承德避暑山庄及其周围寺庙建筑区保护工程进行竣工验收，共涉及文物本体保护、文物科技保护、安消防三类98个保护技术工程。验收工作分为技术验收及财务检查两部分，经检查，各参建单位总体上做到了工程管理规范、施工组织有序、工程档案齐全，大部分文化遗产得到了良好的保护，工程质量效果基本良好，三防系统运行正常，资金支出基本符合《国家重点文物保护专项补助资金管理办法》《国家文物保护专项资金管理办法》的要求。

本年度，既往优秀保护工程案例喜报频传。

经联合国教科文组织世界遗产中心和国家文物局批准的周口店北京人遗址第1地点（猿人洞）保护建筑工程荣获2019年亚洲建筑师协会保护类建筑金奖。该保护工程采用空间单层网壳钢结构，以覆盖所需最小面积及高度进行体量设计，以最小化对遗址本体的干预，通过内外两层屋面的叠合设计隔绝雨、雪、冰雹、阳光等自然因素对遗址本体的直接作用。工程还原山体原貌，与自然环境融为一体。在对猿人洞进行有效保护的同时，确保建筑设计与遗址环境相协调。

土司遗址—海龙屯海潮寺修缮项目入选"全国优秀古迹遗址保护项目"。该项目在"最小干预现状、最大化保存历史信息"方面表现突出，并形成了一套具有地方特色的古建筑保护方法。施工过程中，工程相关方及时沟通协调，在严格遵照文物保护原则、贯彻保护理念方面达到高度统一，并通过施工前详勘、施工中对隐蔽部位设计方案及时准确调整，使得海潮寺修缮项目在短时间内得以优质、高效、顺利完成（图2-1）。

海潮寺西立面施工前　　　　　　　　　　海潮寺西立面施工后

图2-1　海龙屯海潮寺修缮前后对比（数据来源于贵州海龙屯海潮寺修缮项目组）

遗产保护管理状况

在第43届世界遗产大会期间，世界遗产委员会审议了澳门历史城区、长城、杭州西湖文化景观[25] 3 项遗产的保护状况报告，基本认可报告内容，但也在此基础上提出新的建议和要求（表 2-1），主要与新建项目的遗产影响评估、游客管理相关。须要上述遗产地提交新的保护状况报告，并将于第 45 届世界遗产大会期间审议。

根据 2018 年第 42 届世界遗产大会决议，左江花山岩画文化景观、武当山古建筑群、拉萨布达拉宫历史建筑群和丝绸之路：长安—天山廊道的路网的保护状况报告将于第 44 届世界遗产大会期间审议[26]（表 2-2）。目前这 4 项遗产的保护状况报告已提交世界遗产中心。

表 2-1　第 43 届世界遗产大会新增的决议内容（节选）

遗产	主要决议内容
澳门历史城区	1. 要求缔约国在通过并实施澳门历史城区管理规划前，应将完整版的规划文本呈递世界遗产中心，以便咨询机构审查，缔约国应将该工作作为优先事项。 2. 重申新建项目可能会对遗产的突出普遍价值产生影响，要求缔约国在实施新的城区总体规划的过程中，与世界遗产中心和咨询机构保持密切联系，确保持续依照操作规程开展遗产影响评估，研究新建项目的潜在影响。 3. 提醒缔约国在开展任何对遗产突出普遍价值具有潜在影响的活动前或在作出此类不可逆的决策前，应依照《操作指南》第 172 条规定，向世界遗产中心提交相关信息，并接受咨询机构审查。 4. 鼓励缔约国开展相关工作，提升公众对遗产历史、价值和相关规定的认知，以便更好地保存遗产的突出普遍价值。
长城	1. 鼓励缔约国继续更新法律和管理框架体系，以便各层次的法规都能顺畅实施，同时鼓励缔约国在《长城保护总体规划（2018-2035）》批准生效后实施。 2. 提醒缔约国应依照《操作指南》第 172 条规定，等候反馈意见并回应这些意见，在此之前应避免开展任何会导致不可逆结果的决策或工作。 3. 鼓励缔约国继续使用恰当的材料和工艺开展保护工程，鼓励缔约国将这些工作的信息和成果作为优秀实践案例，在世界遗产中心网站进行分享。 4. 鼓励缔约国继续为参与保护工程、遗产宣教和社区的人们提供参加常规培训的机会。 5. 鼓励缔约国分享遗产保护管理过程中的总体指导性原则，以及囊括了所有利益相关者且易于施行的法律和管理框架。 6. 认为缔约国应在时机成熟时，提供有关中英合作的信息，作为优秀实践案例分享在世界遗产中心网站。 7. 缔约国没有按要求说明新建八达岭火车站对于游客量已经高度饱和的长城可能带来的影响，以及相关应对措施，因此敦促缔约国： a) 确保将解决不断增加的旅游压力作为制定遗产可持续旅游管理策略的一部分； b) 采取一切必要措施减轻大规模旅游给遗产造成的影响； c) 采取一切必要措施减少旅游设施给遗产突出普遍价值造成的累积影响，尤其是从长城俯瞰其他地方和从其他地方观赏长城的视线； 8. 世界遗产中心和咨询机构已做好准备，如有需要，将为缔约国提供此方面的相关支持，特别是通过可持续旅游项目给予支持。

〔25〕 World Heritage Center. State of Conservation[EB/OL]. (2020-06-03) https://whc.unesco.org/en/soc/?action=list&id_search_state=34&soc_start=2019&soc_end=2019.

〔26〕 World Heritage Center. State of Conservation[EB/OL]. (2020-06-03) https://whc.unesco.org/en/soc/?action=list&id_search_state=34&soc_start=2018&soc_end=2018.

遗产	主要决议内容
杭州西湖文化景观	1. 重申该遗产列入时的建议： a) 加强游客管理。 b) 保持朝东看时南北的山峦天际线，并确保从湖面看不到山峦后面的城市侵蚀，所有相关开发项目都要进行遗产影响评估，考虑其对遗产突出普遍价值的影响。 c) 确保适当的保护措施在实践中得到充分应用，以确保增量变化不会影响遗产景观的整体和谐。 2. 建议缔约国确保该遗产的城市环境管理反映教科文组织2011年关于历史城市景观的建议，并确保在遗产的管理框架中反映对游客影响的监测。

表 2-2 须在第 44 届世界遗产大会上审议保护状况报告的遗产的影响因素情况

遗产	影响因素
武当山古建筑群	旅游和游客影响、管理工作、管理体系和规划
拉萨布达拉宫历史建筑群	管理体系和规划、商业开发、蓄意破坏遗产、地面交通建设、房屋建设、游客食宿和配套设施
丝绸之路：长安—天山廊道的路网	旅游和游客影响、管理体系和规划、地面交通建设、房屋建设
左江花山岩画文化景观	管理工作、管理体系和规划、林业开发和伐木、土地功能变化、法律体系、畜牧和放牧活动、地表水污染

2.2.1.2　申报及培育情况

良渚古城遗址

7月6日，在第43届世界遗产大会期间，"良渚古城遗址"成功列入《世界遗产名录》，成为我国第37项世界文化遗产和第55项世界遗产。良渚古城遗址展现了一个距今5000年前、存在于中国新石器时代晚期的以稻作农业为经济支撑、并存在社会分化和统一信仰的早期区域性国家形态，印证了长江流域对中国文明起源的杰出贡献。至此，我国世界遗产总数达到55项，与意大利一起位居世界第一（图2-2）。

图 2-2　2019 年 7 月良渚古城遗址列入《世界遗产名录》
（数据来源于良渚古城遗址监测预警系统建设项目组）

预备名单

2019 年，国家文物局将万里茶道、济南泉·城文化景观、海宁海塘潮文化景观、西汉帝陵、唐帝陵、石峁遗址 6 项遗产列入国内的《中国世界文化遗产预备名单》[27]。

普洱景迈山古茶林、海上丝绸之路·中国史迹、西夏王陵、江南水乡古镇、钓鱼城遗址、北京中轴线等一批预备名单项目稳步推进。

古泉州（刺桐）史迹项目在被"要求补报"后，经历了新一轮的研究和准备工作，对价值论述进行了调整，新增若干遗产点，并更名为"泉州：宋元中国的世界海洋商贸中心"。该项目将在第 44 届世界遗产大会期间审议。

2.2.1.3　第 44 届世界遗产大会准备

第 44 届世界遗产大会原计划 2020 年在我国福州举办，大会主席将由我国教育部副部长、中国联合国教科文组织全国委员会主任田学军担任，他在当选致辞中表示"中国政府高度重视遗产保护传承工作，是《世界遗产公约》的积极践行者、世界遗产保护事业的重要参与者和世界遗产全球治理的坚定推动者。此次世界遗产委员会一致决定在中国福州举办第 44 届世界遗产大会是对中国遗产保护工作的充分肯定。中方将努力办好这次会议，为推动文明交流互鉴，推动人类社会的可持续发展，推动构建人类命运共同体作出自己的贡献"。

这将是我国第二次举办世界遗产大会，上一次是在苏州举办的第 28 届世界遗产大会，会上通过了关于加强青少年遗产教育的《苏州宣言》等一系列丰硕成果。作为第 44 届世界遗产大会的主席国和委员国，在可持续发展等关键议题迸发深化之时，在国际局势以及缔约国与咨询机构关系愈发微妙之际，我国将以何种方式和姿态引导缔约国开展讨论，将怎样勾画世界遗产的蓝图，将成为关注的重点[28]。

2.2.2　重要议题

2.2.2.1　莫高精神

8 月，习近平总书记在敦煌研究院考察时发表重要讲话，对敦煌文化保护研究工作表示肯定。75 年以来，几代敦煌人在敦煌文化遗产保护、研究、弘扬的实践中共同创造凝练了"坚守大漠，甘于奉献，勇于担当，开拓进取"的"莫高精神"，成为激励文博人不断奋进的源泉和动力，是讲好中国故事，促进文明交流互鉴的强大精神力量。在新中国成立 70 周年之际，敦煌研究院名誉院长樊锦诗荣获"文物保护杰出贡献者"国家荣誉称号。

2.2.2.2　长城、大运河国家文化公园和大运河文化带建设

2019 年，中共中央办公厅和国务院办公厅印发《大运河文化保护传承利用规划纲要》

---

[27]　截至 2019 年年底，《中国世界文化遗产预备名单》共有 45 项遗产。

[28]　受 2020 年新型冠状病毒的影响，第 44 届世界遗产大会推迟至 2021 年。

和《长城、大运河、长征国家文化公园建设方案》，文化和旅游部、国家文物局联合印发《长城保护总体规划》，文物保护专项规划纳入国土空间规划体系，文物保护顶层设计加强，国家对超大规模系列遗产的保护和利用愈发重视，力度也持续加大。

《大运河文化保护传承利用规划纲要》是深入贯彻落实习近平总书记重要指示批示精神，充分挖掘大运河丰富的历史文化资源，保护好、传承好、利用好大运河这一祖先留给我们的宝贵遗产，是新时代党中央、国务院作出的一项重大决策部署。纲要强调，大运河沿线各省（市）是推进大运河文化保护传承利用的主体，要切实承担主体责任，创新工作思路和方法，整合优化各类资源，加强分工协作，加强规划衔接。

《长城、大运河、长征国家文化公园建设方案》强调要以长城、大运河、长征沿线一系列文物和文化资源为主干，生动呈现中华文化的独特创造、价值理念和鲜明特色，促进科学保护、世代传承、合理利用，积极拓展思路、创新方法、完善机制，切实将方案中部署的各项建设任务落到实处。

《长城保护总体规划》提出要在保护修复方面遵循原址保护、原状保护的总体策略；强调要在落实政府主导的基础上，完善社会力量参与相关政策和措施，鼓励各地探索设立长城保护员公益岗位，鼓励志愿者、社会团体、企事业单位参与长城公益服务，不断拓宽经费渠道，营造全社会共同参与的良好氛围；同时明确了各级长城保护规划实施情况的时间要求，第一轮针对规划实施情况的监测及评估应于2021年6月30日前完成，2021年以后，至少每5年对各级长城保护规划中远期目标实施情况进行定期监测及评估。

2.2.2.3 粤港澳大湾区世界遗产工作

2月，中共中央办公厅、国务院办公厅印发《粤港澳大湾区发展规划纲要》[29]，在战略定位中明确提出要将粤港澳大湾区作为"一带一路"建设的重要支撑和内地与港澳深度合作示范区。其中澳门作为四大中心城市之一以及区域的发展引擎，要打造成为"以中华文化为主流、多元文化共存的交流合作基地"。

2019年恰逢澳门回归祖国20周年。为保护澳门历史城区这一宝贵遗产，增进内地与澳门在文化遗产保护和监测领域的深入合作，在国家文物局的指导下，在与澳门特别行政区政府文化局的密切合作下，中国文化遗产研究院和国信司南（北京）地理信息技术有限公司联合研发了专为澳门历史城区定制的监测云系统。该系统将服务于遗产巡查过程中的信息获取和记录等工作，为澳门历史城区的保护、管理和监测提供技术支撑（图2-3）。

---

〔29〕 中共中央 国务院印发《粤港澳大湾区发展规划纲要》[EB/OL]. (2020–06–18) http://www.gov.cn/xinwen/2019–02/18/content_5366593. htm#1.

图2-3　澳门历史城区监测云主要界面（数据来源于澳门历史城区监测云项目组）

11月，"海上丝绸之路国际学术研讨会"在澳门举办，来自英国、日本、韩国、印尼、新加坡等国家，以及包括14个海上丝绸之路申遗联盟城市在内的内地、香港、澳门的文化遗产主管机构、科研院所、高校等共计100余位专家和代表参加。会上国家文物局副局长顾玉才与澳门特别行政区政府社会文化司司长谭俊荣签署《国家文物局与澳门特区政府社会文化司关于推动海上丝绸之路文化遗产保护与申报世界遗产的协议》，标志着内地与澳门在文化遗产保护合作，特别是海上丝绸之路文化遗产的保护研究、展示利用、监测管理、宣传推广和合作交流方面的工作得到进一步深化（图2-4）。

图2-4　海上丝绸之路国际学术研讨会（数据来源于中国文化遗产研究院海上丝绸之路项目组）

2.2.2.4　文物安全

2019年，文物安全形势依然严峻，4月24日福建土楼洪坑片区缓冲区内的庆源楼因年久失修和暴雨原因垮塌，5月30日平遥古城武庙失火焚毁，10月11日明孝陵神烈山碑遭人恶意描红。

11 月，国家文物局和应急管理部联合印发《关于进一步加强文物消防安全工作的指导意见》，系统总结文物消防工作经验做法，提高灾害防范和应急处置能力，并配套开展了全国博物馆和文物建筑消防安全大检查、文物火灾隐患整治专项行动。

2.2.2.5　其他重要事项

世界遗产国际合作进一步深化

4 月，我国及中东欧国家的近百位政府官员和专家学者出席第二届中国—中东欧国家文化遗产论坛，各国代表围绕"世界文化遗产申报与管理、考古研究和文物保护"等主题，从自身国情和工作实践出发，开展了深入交流。

6 月，"中国—非洲世界遗产能力建设与合作论坛"在巴黎联合国教科文组织总部举行。会议涉及"世界遗产与可持续发展、世界遗产保护工具和机制、世界遗产与社区、共同保护中国和非洲的遗产"等议题。

10 月，中巴签署《中华人民共和国国家文物局与巴基斯坦伊斯兰共和国国家遗产部关于加强文化遗产领域交流与合作的协议》，提出双方在世界遗产申报、保护、管理、监测等诸多方面开展合作。

11 月，在习近平总书记和马克龙总统的共同见证下，国家文物局局长刘玉珠和法国文化部部长里斯特在京签署《关于落实双方在文化遗产领域合作的联合声明》，为双方开展巴黎圣母院修复和秦始皇陵及兵马俑坑保护研究合作作出框架安排。

2019 年，既往开展的国际合作项目也在继续深入推进。中英双方在第 43 届世界遗产大会期间举办了中国长城和英国哈德良长城保护管理合作的"双墙对话"主题边会，11 月双方在金山岭长城又举办了专题研讨会（图 2-5）。中柬合作柬埔寨吴哥古迹王宫遗址考古和保护项目、中尼合作加德满都杜巴广场九层神庙修复项目、中乌合作乌希瓦古城历史文化遗迹修复项目、中塞合作巴契申报世界遗产项目、中缅合作妙乌申报世界遗产项目也在稳步推进。

图 2-5　中英"双墙对话"专题研讨会期间与会代表考察金山岭长城
（数据来源于中国文化遗产研究院官网）

哈尼梯田开展文化与自然融合实践

作为文化与自然融合联合实践计划第三期所选定的遗产地之一，红河哈尼梯田文化景观于 2019 年 11 月迎来了世界遗产专家工作组。工作组深入阿者科传统村落、大鱼塘稻鱼鸭养殖基地、坝达、多依树片区、垭口村、东观音山自然保护区等地实地调研，了解哈尼古歌、木刻分水以及传统农耕方式等，并召开了如何加强遗产的社会生态恢复能力、世界遗产与全球重要农业文化遗产、遗产管理体系等主题座谈，共同探讨红河哈尼梯田最有效的支持和维持传统管理的方法。

第3章 我国世界文化遗产保护管理状况分析

本章将从承诺事项履行、机构与能力建设、遗产本体保存、遗产影响因素、保护项目及相关研究、遥感监测及舆情监测七方面分析 2019 年我国世界文化遗产的保护管理状况。

3.1 承诺事项[30]履行

3.1.1 99% 的承诺正常履行

截至 2019 年年底，我国世界文化遗产共有承诺事项 726 项，涉及 108 处遗产地、40 项遗产，其中 64.46% 来源于申遗文本及申遗补充文件，35.54% 来源于联合国教科文组织世界遗产委员会决议。数据显示，我国世界文化遗产承诺事项已完成 196 项，占比 27%；正在履行527 项，占比 72.59%；非正常履行仅为 3 项，共涉及 3 处遗产地。超过 99% 的承诺事项处于正常履行状态（含正在履行和已完成），这说明我国世界文化遗产承诺事项总体履行情况较好。

近 5 年数据显示，我国世界文化遗产正常履行的承诺事项比例呈逐年增长的趋势（图 3-1），反映了各遗产地严格按照《世界遗产公约》的要求，持续履行作为缔约国的责任和义务，有效保护和管理我国世界文化遗产。

图 3-1 2015—2019 年我国世界文化遗产承诺事项的履行情况[31]

---

[30] 承诺事项是指通过联合国教科文组织世界遗产委员会审核的申遗文本、申遗补充材料以及大会决议等材料中涉及的遗产地承诺完成的具体工作。

[31] 2015—2016 年统计的承诺事项由遗产地提供。2017 年及以后的承诺事项由中国文化遗产研究院中国世界文化遗产监测中心统一整理。

3.1.2　新完成 21 项承诺

2019 年，第 43 届世界遗产大会审议通过了关于杭州西湖文化景观及长城保护状况报告的决议，新增 9 项承诺事项。其中，杭州西湖文化景观新增"确保西湖景观协调、天际线不受破坏以及游客监测和管理"等 5 项承诺；长城新增"制定可持续旅游管理策略、减少旅游措施对突出普遍价值造成的影响、实施《长城总体规划》"等 4 项承诺。

2019 年，各遗产地新完成承诺事项共计 21 项，涉及武当山古建筑群、北京皇家园林—颐和园、杭州西湖文化景观等 9 项遗产。其中，《武当山古建筑群保护与管理规划（2019-2035）》已编制完成，兑现了联合国教科文组织第 22 届、37 届、38 届及 42 届世界遗产大会决议等 7 项承诺事项，如将可持续旅游发展战略纳入保护管理规划中，以确保场地文化和历史背景的完整性得到保护；敦促缔约国采取积极的遗产管理办法，将其作为一种文化景观进行管理，以便在整个景观环境中保护 62 个组成部分的突出普遍价值；要求尽快完成规划编制工作，并提交给世界遗产中心审查。2018 年 10 月，杭州西湖文化景观遗产区内的杭州香格里拉饭店承租期满，杭州市人民政府立即组织景观分析评估、制定拆降实施方案、开展降层工作。至 2019 年 3 月初，杭州香格里拉饭店东楼建筑降层全部完成，兑现了联合国教科文组织第 33 届世界遗产大会决议要求的 1 项承诺事项，保护了西湖自然山水的真实性、完整性，维护了杭州西湖文化景观的突出普遍价值（图 3-2）。

降层前　　　　　　　　　　　　　　　降层后

图 3-2　2019 年杭州西湖文化景观履行完成香格里拉饭店降层承诺
（数据来源于杭州西湖世界文化遗产监测管理中心）

3.1.3　保护管理规划、建设控制等相关承诺须重点关注

从内容上看，我国世界文化遗产的承诺事项主要分为三类：第一类为遗产日常保护管理工作需要长期遵守的原则、要求或需要长期进行的事项，如加强保护与研究、加强展示与宣传、加强部门管理与协调等，这类承诺事项占四成左右；第二类为遗产地需要实施的一般具体事项，如新建或改建保护管理机构、开放展示空间、调整道路交通等，这类承诺事项占三成左右；第三类为遗产地需要限时实施的或者对保护管理工作非常重要的具体事

项，如提交保护状况报告，编制、修订、实施保护管理规划，调整缓冲区范围，提交建设项目影响评估报告，建立或加强监测体系等，这类承诺事项占三成左右。

据初步统计分析，目前我国世界文化遗产仍在履行的第二类一般具体承诺和第三类重点具体承诺占全部承诺事项的31%。主要涉及如下内容：要求提交或更新保护管理规划，实施规划措施，将保护管理规划相关措施纳入城市规划体系等；调整缓冲区界线，执行潜在项目的遗产影响评估及报备程序、整治不和谐建筑，制定并严格执行管理要求，严控房地产开发和工业企业等。另外，遗产监测、旅游压力控制、法规制度建设、能力建设、社区参与、公众宣传、可持续发展等相关内容也在承诺事项中出现得较为频繁。第二类承诺和第三类承诺是针对保护管理工作的具体事项，特别是第三类承诺，一般有实施期限，也是世界遗产委员会持续关注的内容，建议遗产地按时、按要求地重点履行。

3.1.4 3项承诺处于非正常履行状态

2019年，我国世界文化遗产非正常履行的承诺事项仅为3项，内容包括村庄搬迁、公布执行保护管理规划、维护监测系统等。上述承诺在实施中容易产生问题的原因是多方面的。主观上，部分遗产地或当地人民政府对承诺事项存在关注不够、重视不足，甚至不了解自身承诺事项的情况。客观上，此类承诺的兑现也确实存在一系列困难。如村落搬迁类工作往往涉及住建、规划等多部门之间的沟通、协调、部署及实施，工程量较大，耗时较长；保护管理规划从开始编制到最后省级人民政府公布实施，环节众多，投入巨大，往往需要经历一个漫长的编制、修改和审批过程；维护监测系统不仅需要持续的人力、资金的投入，还需要健全的监测机制，使基于监测系统的各项监测工作充分融入到遗产地实际保护管理工作中，这样才能持续保证系统稳定、有序地运转。履行承诺事项是我国作为《世界遗产公约》缔约国应尽的责任和义务，遗产地及所在的地方人民政府应努力克服各类主客观因素，提高对承诺事项的重视程度，严格按照国际要求履行各项承诺事项，展现我国作为世界遗产责任大国的形象。

3.2 机构与能力建设

3.2.1 三成遗产地的保护管理机构发生变化

截至2019年年底，我国世界文化遗产地设有保护管理机构136个，覆盖我国所有世界文化遗产。2019年，13项遗产、33处遗产地的保护管理机构发生变化，占遗产地总数的30.56%，相较上年（5.1%）增长25.46%。其中，4处（12.12%）遗产地的保护管理机构上级单位变更为地方人民政府，如龙门石窟的日常保护管理机构——龙门石窟研究院，由龙门石窟世界文化遗产园区管理委员会的下属单位变更为洛阳市人民政府直属事业单位，进一步优化了保护管理机制、提高了管理效能；2处（6.06%）遗产地的保护管理机构经费来源发生变化，如明清故宫——北京故宫由财政全额拨款变更为财政差额拨款；27处（81.82%）遗产地受文旅机构改革的影响，机构名称或上级机构名称发生变化，如曲阜孔庙、孔林和孔府的保护管理机构由曲阜市文物管理委员会变更为曲阜市文物保护中心，登封"天地之中"历史建筑群的保护管理机构由登封市文物管理局变更为登封市文化和旅游局等。

从行政级别来看，我国世界文化遗产地保护管理机构的行政级别相对较低，其中处级（含副处级）及以上的保护管理机构仅占53.68%，处级以下保护管理机构占比42.65%（图3-3），机构权力配置不够仍是我国世界文化遗产保护管理工作有心无力的制度成因之一。从上级管理单位来看，文物（文化和旅游）部门和地方人民政府是我国世界文化遗产地保护管理机构上级管理单位的主体，极少数机构（如北京皇家园林—颐和园、北京皇家祭坛—天坛、明清皇家陵寝—清昭陵）的上级管理单位是园林部门或城建部门。

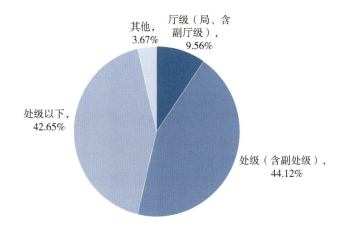

图3-3　2019年我国世界文化遗产地保护管理机构行政级别占比情况

监测是我国世界文化遗产地保护管理机构的日常工作之一。截至2019年年底，我国世界文化遗产地已有近半数保护管理机构设立了专职监测机构，如明清故宫—北京故宫、莫高窟、苏州古典园林、丽江古城、大足石刻等，为我国世界文化遗产实施规范化、精细化的监测工作提供了一定的机构保障。

3.2.2　从业人员总数保持稳定，专业技术人员占比仍较低

人才资源是提升遗产保护、利用和管理水平的关键所在，是促进文化遗产事业发展、确保文化强国战略目标实现的战略性资源。2019年，我国世界文化遗产地共有从业人员36,173人。相较2018年[32]，我国世界文化遗产地保护管理机构的人员总数增长0.06%，总体保持稳定。从单个遗产地来看，35.42%的遗产地人员减少，25%的遗产地人员增加（图3-4）。

---

〔32〕　涉及2018年、2019年两年均填报的有效数据，共计96组。

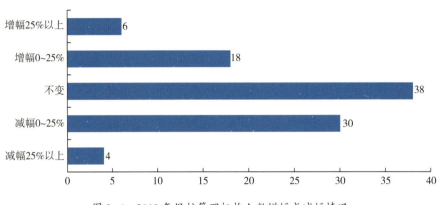

图3-4 2019年保护管理机构人数增幅或减幅情况

2019年，在我国世界文化遗产地从业人员中，拥有专业技术的人员共有8,419人，占比仅为23.27%。参照《关于加强我国世界文化遗产保护管理工作的意见》，仅有34处（31.48%）遗产地满足"专业人员达到职工总数40%以上"的要求，相比去年增长近2个百分点。参照《全国文博人才发展中长期规划纲要（2014-2020年）》提到的"专业技术人才占人才总量的比重达到45%以上"的要求，仅有33处（30.56%）遗产地满足专业技术人才占比要求，这表明我国世界文化遗产地专业技术人才占比仍然较低。2019年，从事监测工作的人员共计1,363人，占从业人员总数的3.77%。其中，专职从事监测工作的有626人，即平均每个遗产地约6位专职监测人员。

受地方人民政府重视程度、经济发展水平、保护管理机构行政级别的影响，我国世界文化遗产地从业人员数量相差悬殊，如明清皇家陵寝—清永陵仅有43人，明清皇家陵寝—清东陵却有572人；又如同属古村落、历史城镇和中心的平遥古城仅有91人，丽江古城却有326人。部分遗产地保护管理人员不足问题较为突出。

3.2.3　新颁布实施5项地方性法规

2019年，我国世界文化遗产地新颁布实施34项法规和制度，其中地方性法规5项（表3-1）、地方规范性文件4项、保护管理机构内部制度24项以及其他文件1项。

表3-1　2019年新颁布的地方性法规汉中市人民代表大会常务委员会

序号	遗产地		文件名称	制定机关	公布时间	生效时间	批准机关
1	丝绸之路：长安—天山廊道的路网	张骞墓	《汉中市张骞墓保护条例》	汉中市人民代表大会常务委员会	2019-07	2019-09	陕西省人民代表大会常务委员会
2	大运河	浙东运河杭州萧山—绍兴段	《绍兴市大运河世界文化遗产保护条例》	绍兴市人民代表大会常务委员会	2019-09	2020-01	浙江省人民代表大会常务委员会

序号	遗产地		文件名称	制定机关	公布时间	生效时间	批准机关
3	鼓浪屿：历史国际社区		《厦门经济特区鼓浪屿世界文化遗产保护条例》	厦门市人民代表大会常务委员会	2019-06	2019-07	厦门市人民代表大会常务委员会
4	峨眉山—乐山大佛	乐山大佛	《乐山大佛世界文化和自然遗产保护条例》	乐山市人民代表大会常务委员会	2019-11	2020-01	四川省人民代表大会常务委员会
5		峨眉山	《峨眉山世界文化和自然遗产保护条例》	乐山市人民代表大会常务委员会	2019-11	2020-01	四川省人民代表大会常务委员会

在新颁布实施的地方性法规中，《汉中市张骞墓保护条例》是汉中市获得地方立法权后发布的首部历史文化保护方面的地方性法规。该条例的颁布实施为进一步加强丝绸之路—张骞墓[33]保护管理，传承张骞历史文化，提升"张骞故里·丝路源点"城市影响力，推动促进汉中融入"一带一路"提供了法律保障。《厦门经济特区鼓浪屿世界文化遗产保护条例》是继鼓浪屿：历史国际社区申遗成功后，为鼓浪屿文化遗产保护出台的首部法规。该条例提炼了申遗的成功经验，借鉴国际理念，并坚持以问题为导向，对文物建筑修缮、文化保护传承、社区保护建设、旅游发展等做出更为严格的规定，为鼓浪屿的长期保护和可持续发展提供有力的法治保障[34]。

我国自加入《世界遗产公约》以来，世界文化遗产的法治进程得到了不断发展，地方专项法规和规章的重要性得以加强。2001年10月10日《河南省安阳殷墟保护管理条例》施行，2006年殷墟申遗成功；2008年1月1日《郑州市嵩山历史建筑群保护管理条例》施行，2010年登封"天地之中"历史建筑群申遗成功。这些都是我国先立法、后申遗的典范[35]。根据初步统计，截至2019年年底，我国世界文化遗产地专项保护管理法规和规章已覆盖八成遗产地，其中近1/5的地方专项法规和规章经过了修改或修订，以不断调整适应世界文化遗产的保护管理要求。如《杭州西湖文化景观保护管理条例》（地方性法规）2012年实施后，2008年11月30日杭州市人民政府发布、2009年12月30日杭州市人民政府修订发布的《杭州西湖文化景观保护管理办法》（地方性规章）同时废止。《洛阳市龙门石窟保护管理条例》于1999年5月30日由河南省人大常委会批准通过，2012年9月28日河南省人大常委会审议修订[36]。专项法规和规章的制定和修订，促进了遗产地保护管理机构有法

---

〔33〕　文中"丝绸之路：长安—天山廊道的路网"在具体遗产地描述中统一简称为"丝绸之路"。

〔34〕　参考自厦门人大官方网站 http://www.xmrd.gov.cn/fgk/201907/t20190704_5291186.htm。

〔35〕　2013年，国家文物局下发的《世界文化遗产申报工作规程（试行）》中规定将"文化遗产保护地方法规、规章及颁布实施文件"作为申报世界文化遗产必备材料。

〔36〕　彭蕾.世界文化遗产地方立法路径谈[J].中国文化遗产，2019（2）.

可依、有章可循，进一步完善了遗产保护的法律体系。

3.2.4 以"保护管理理论与技术"为主题的培训次数最多

培训是提高遗产地保护管理人员专业素养和管理能力的重要手段。2019年，40项遗产、92处遗产地共组织开展或参与培训达490次，即平均每天都有遗产地人员参与培训，相较2018年增幅达40%。培训人员总计20,720人次，占保护管理人员总数的57%，即约半数保护管理人员参与了培训。

从各类培训主题的次数来看，2019年组织的各类培训主题依然以保护管理理论与技术为主，占比29.66%；其次为历史文化与大众教育、旅游管理与服务、安消防和监测理论与技术；有关可移动文物管理理论与技术的培训较少（图3-5）。相较2018年，各类培训主题的次数占比变化幅度不大，安消防、历史文化与大众教育类的占比略有增长，保护管理理论与技术和政策/法规/规章类稍有下降。

从培训规模来看，2019年组织的各类培训共计717,549人天，约是2018年的两倍。其中，安消防、历史文化与大众教育、保护管理理论与技术及监测理论与技术占比较多，分别为38.78%，19.1%、17.91%和15.44%（图3-6）。相较2018年，安消防和监测技术类培训规模增长幅度明显，旅游管理类培训规模大幅减少。2019年，培训规模较大的有国家文物局举办的"2019年度田野考古实践训练班"、中国文化遗产研究院和大足石刻研究院共同主办的"中国世界文化遗产监测2019年年会"、中国文化遗产研究院举办的"大型世界文化遗产监测工作研讨会"以及明清故宫—北京故宫举办的"古建筑修缮工程技术知识及应用的培训"等。

从培训组织形式来看，线上培训因不受时间、地点的限制且成本较低，培训的次数及培训规模有较大幅度的增长。如国家文物局举办的"文物保护管理"网上专题培训班参与人数近200人，由嘉峪关丝路（长城）文化研究院举办的文化栏目—《丝路讲堂》参与人数达1000人等。

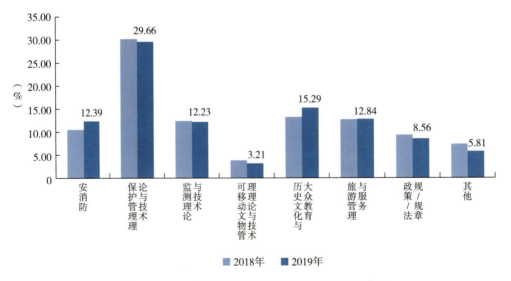

图3-5 2018-2019年各类培训主题的次数占比情况

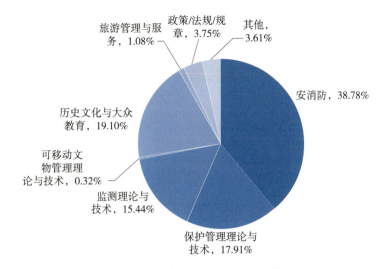

图 3-6 2019 年各类培训规模占比情况

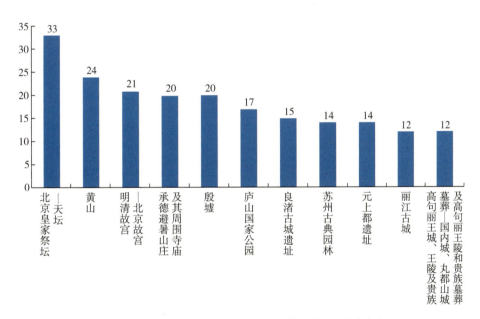

图 3-7 2019 年组织或参与培训次数排名前 10 的遗产地

表 3-2　2019 年举办的行业影响较大的培训列表

序号	培训名称	举办单位
1	中英"第二届双墙对话研讨会暨长城保护联盟第二届年会"	国家文物局指导，中国文化遗产研究院、英格兰遗产委员会、长城保护联盟共同举办。
2	世界文化遗产保护与旅游可持续发展国际论坛	甘肃省文化和旅游厅、甘肃省文物局共同主办，敦煌研究院、国家古代壁画与土遗址保护工程技术研究中心承办。
3	中国岩土文物保护传承与发展国际学术研讨会暨中国岩石力学与工程学会古遗址保护与加固工程专业委员会青年论坛	中国文化遗产研究院、重庆市文化和旅游发展委员会主办，中国岩石力学与工程学会古遗址保护与加固工程专业委员会、大足石刻研究院承办。
4	南方地区石质文物保护高级培训班	中国文化遗产研究院主办，乐山大佛风景名胜区管理委员会、复旦大学国土与文化资源研究中心协办。
5	中国世界文化遗产监测 2019 年年会	国家文物局、重庆市文物局、重庆市大足区人民政府指导，中国文化遗产研究院、大足石刻研究院共同主办。
6	大型世界文化遗产监测工作研讨会	中国文化遗产研究院主办。
7	2019 年全国文物展览策划与实施培训班	国家文物局主办，中国文物交流中心和河北省文物局共同承办。
8	新型技术在文化遗产保护中的应用与研究研修班	国家文物局指导，中国文化遗产研究院承办。
9	文物保护管理专题培训班（一期）	国家文物局主办，西北大学承办。
10	第三届国际建筑遗产保护与修复博览会	中国古迹遗址保护协会、中国文物保护技术协会主办。
11	官式古建筑木构保护与木作营造技艺培训班	国家文物局主办，故宫博物院（故宫学院）承办。

3.2.5　保护管理总经费呈增长态势

保护管理经费是指世界文化遗产地通过各种渠道获得的、用于保护管理的经费，一般包括人员开支、保护修缮、监测管理、旅游管理、宣传教育、学术研究等。

3.2.5.1　保护管理经费持续增长且以地方财政为主

2019 年，40 项遗产、108 处遗产地共获得保护管理经费 136 亿元（图 3-8），相较2018 年[37] 同比增长 15.38%，其中中央财政和地方财政经费占全国一般公共预算支出[38]

---

[37]　涉及 2018 年、2019 年两年均填报的有效数据，共计 91 组。

[38]　2019 年，全国一般公共预算支出 238,874 亿元，同比增长 8.1%。其中，中央一般公共预算本级支出 35,115 亿元，同比增长 6%；地方一般公共预算支出 203,759 亿元，同比增长 8.5%。数据来源：中国政府网 http://www.gov.cn/shuju/2020-02/10/content_5476906.htm。

的 0.049%，相较 2018 年（0.037%）同比增长 32.43%，表明现阶段国家和地方层面都非常重视世界文化遗产的保护管理工作。从具体分项来看，地方财政和中央财政经费占比分别为 73.53%、13.23%。相较 2018 年，地方财政占比增长 14.16%、中央财政减少12.82%。可见，地方财政逐渐成为我国世界文化遗产地保护管理经费的主要来源且保持高速增长态势。

从单个遗产地保护管理经费的来源来看，32 处遗产地保护管理经费以中央财政经费为主，其中明清故宫—北京故宫、周口店北京人遗址、丝绸之路—交河故城、左江花山岩画文化景观等 14 处遗产地中央财政比例超过 90%；57 处遗产地保护管理经费以地方财政经费为主，其中杭州西湖文化景观、大运河—江南运河苏州段、丝绸之路—高昌故城等 22 处遗产地经费全部为地方财政支持。相较 2018 年，以中央财政经费为主的遗产地数量占比减少，以地方财政经费为主的占比基本不变，以自筹经费为主的遗产地数量占比增加（图 3-9）。

图 3-8　2015-2019 年保护管理总经费与平均经费情况

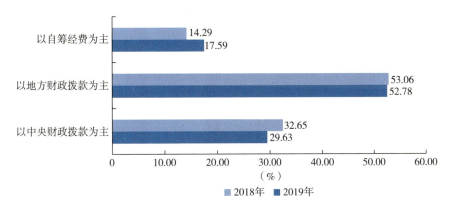

图 3-9　2018-2019 年各遗产地保护管理经费主要来源情况

从单个遗产地保护管理经费的变化来看，相较 2018 年保护管理经费增加的遗产地（47 个）

略多于经费减少的遗产地（43 个）（图 3-10），其中增幅大于 100% 的遗产地有 14 个，经费大幅度增加的原因主要为本年度获得新的本体保护、展示、环境整治、监测等项目经费。

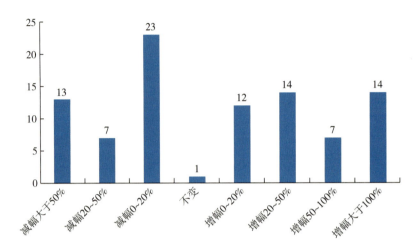

图 3-10　2019 年遗产地保护管理经费变化情况

从单个遗产地保护管理经费的分布来看，小于 500 万元、1,000 万元～5,000 万元之间以及大于 1 亿元三个区间的数量较多，约有七成遗产地；500 万元～1,000 万元和 5,000 万元～1亿元两个区间的数量较少，约有三成遗产地。其中经费少于 500 万元的遗产地共有 25 处，占23.15%。相较前两年，2019 年各遗产地保护管理经费的差异有减小趋势（图 3-11）。

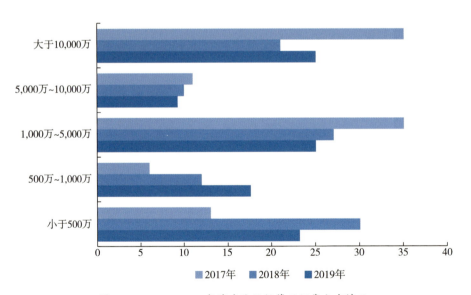

图 3-11　2017-2019 年遗产地保护管理经费分布情况

3.2.5.2 大运河、丝绸之路保护管理经费持续增长

2019 年，大运河保护管理总经费[39]达 28.37 亿元，约占我国世界文化遗产地总经费的 20.86%。与 2018 年相比，大运河各遗产地的保护管理平均经费同比增长 34.41%。从经费来源来看，中央财政经费略有减少，地方财政经费对于大运河的支持力度大幅增加，主要用于遗产地环境整治、展示、旅游管理等工程项目。

丝绸之路保护管理总经费[40]达 7.93 亿元，约占我国世界文化遗产地总经费的 5.83%。与 2018 年相比，丝绸之路各遗产地的保护管理平均经费同比增长 4.91%。从经费来源来看，地方财政支持力度有所增加，主要用于环境整治工程。

3.2.5.3 环境整治工程经费占比继续呈增长态势

2019 年，我国世界文化遗产地保护管理经费投入最多的是环境整治工程和人员公用，分别占总经费的 32.9% 和 29.01%；其次是其他项目[41]和旅游管理。遗产监测经费占比约为 1%（图 3-12）。

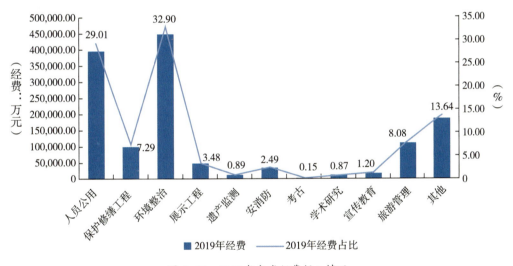

图 3-12 2019 年各类经费投入情况

根据 2016—2019 年的数据显示，人员公用占比一直较高，环境整治工程经费比重上升明显，且 2019 年环境整治工程经费占比首次超过人员公用。保护修缮经费和监测经费占比逐年降低（图 3-13）。

---

[39] 此处统计的是大运河 30 处遗产地。
[40] 此处统计的是丝绸之路 21 处遗产地。
[41] 涉及黄山的商品服务支出、资本性支出；良渚古城遗址的规划相关费用；台怀用于五台山北、西两条旅游交通道路的全线修复；平遥古城的古城基础设施改造等。

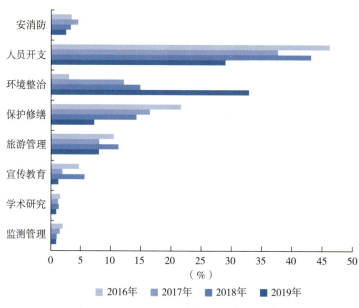

图 3-13　2016—2019 年各类经费占比情况

3.2.5.4　古遗址及古墓葬的保护管理经费最高

从遗产类型来看，2019 年古遗址及古墓葬的保护管理总经费最高，占比 35.06%；其次是古建筑类，占比 27.55%；文化和自然混合遗产类最低。从不同遗产类型的保护管理平均经费来看，文化景观类最高；其次是石窟寺及石刻、古建筑、古遗址及古墓葬；文化和自然混合遗产及古村落、历史城镇和中心最低（图 3-14）。从近三年数据可以看出，古遗址及古墓葬和石窟寺及石刻类的总经费及平均经费呈增长态势，其中古遗址及古墓葬增长明显，文化和自然混合遗产类的总经费及平均经费逐年下降。

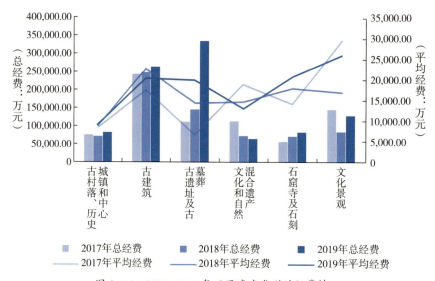

图 3-14　2017-2019 年不同遗产类型的经费情况

3.2.5.5 近五年八成以上遗产地相继投入监测工作经费

2019 年，32 项遗产、60 处遗产地获得监测工作经费达 1.2 亿元，约占保护管理总经费的 1%。平均每处遗产地的监测经费同比增长 16.04%，呈现出回升趋势（图 3-15）。从经费来源来看，以中央财政投入为主，占比 53.42%。近五年数据显示，我国世界文化遗产地共获得监测工作经费 4.6 亿元，覆盖我国 40 项遗产、八成以上遗产地，其中 9 处遗产地连续 5 年投入监测工作经费（图 3-16）。

图 3-15 2015—2019 年监测工作经费情况

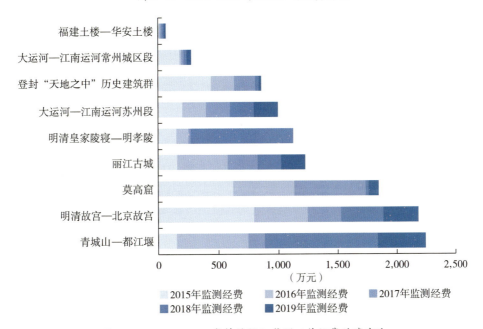

图 3-16 2015—2019 年持续投入监测工作经费的遗产地

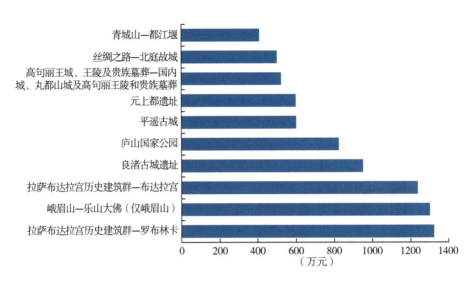

图 3-17   2019 年监测工作经费排名前十的遗产地

3.3　遗产本体保存

维护世界文化遗产突出普遍价值特征是保护管理世界文化遗产的核心工作。世界文化遗产突出普遍价值特征可以是物质性也可以是非物质性的，可体现在遗产的外形和设计、材料和材质、用途和功能、传统技术和管理体系、环境和位置、语言和其他形式的非物质遗产、精神和感觉等方面[42]。本节将从遗产总体格局、遗产要素单体、遗产使用功能、病害威胁四个方面分析遗产突出普遍价值特征的保存情况。

3.3.1　4 处遗产地总体格局发生非负面影响变化

总体格局是指遗产要素及其所处环境之间独特的空间关系，是衡量遗产突出普遍价值保存状况的重要指标之一。如良渚古城遗址所在的东部开敞的 C 形盆地，北靠大遮山，南抵大观山、大雄山，其间密布河网与湿地，与良渚古城遗址共同构成"山—丘—水—城"的选址格局，代表着良渚古城地理选址特色，是突出普遍价值的物质载体之一。若在良渚古城遗址体现格局特点的位置或是重要景观视线范围内新建大体量、超高的建筑物，或者是出现采矿、采石、取水等大规模影响山水形态的行为，则会对良渚古城遗址的突出普遍价值造成不良影响。

2019 年，39 项遗产、104 处遗产地未发生总体格局变化，总体格局的真实性、完整性保存稳定；4 项遗产、4 处遗产地发生了 4 项总体格局变化，占遗产地总数的 3.7%，相较 2018 年下降 6.5%，涉及北京皇家祭坛—天坛、明清皇家陵寝—清永陵、长城—嘉峪关、丝绸之路—隋唐洛阳城定鼎门遗址。经评估，这些变化均未对遗产突出普遍价值造成负面影响。如

---

[42]　来源于《操作指南》第 82 条。

北京皇家祭坛—天坛完成了遗产区西南角内原北京园林机械厂的搬迁腾退、文物本体修缮和环境整治工作，广利门和西南角坛墙得以完整展示，天坛内坛"环坛步道"全部打通，并且在腾退区域以行列式种植的方式栽植桧柏，恢复了天坛"内仪外海"的历史风貌（图 3-18）；丝绸之路—隋唐洛阳城定鼎门遗址通过拆除遗址区内的违建建筑、恢复绿化等环境整治工作，再现隋唐洛阳城定鼎门、天街和里坊的城市格局，有利于遗产突出普遍价值保护与传承（图 3-19）；长城—嘉峪关对关城景区的售票处、岗亭等旅游服务设施进行了改造，未对遗产真实性、完整性造成影响；明清皇家陵寝—清永陵在遗产区、保护范围内，距离陵墓东侧150 米处修建文物库房及管理用房，其体量、高度均未对陵寝的总体格局造成负面影响。

广利门区域整治后

图 3-18　2019 年北京皇家祭坛—天坛总体格局变化情况（数据来源于北京市天坛公园管理处）

遗址区整治后

图 3-19　2019 年丝绸之路—隋唐洛阳城定鼎门遗址总体格局变化
（数据来源于洛阳市隋唐城遗址管理处）

近5年数据显示，我国世界文化遗产总体格局未发生变化的遗产地约占总数的90%左右（图3-20），总体保存较好。总体格局发生变化的原因主要是在遗产区或者缓冲区内新建了旅游服务设施、建筑物或开发项目、运输基础设施等，部分变化对总体格局造成了不良影响。为了避免新建项目的选址、形式、高度等对总体格局造成不可挽回的负面影响，各遗产地应加强对遗产区、缓冲区内各类建设项目的监测。

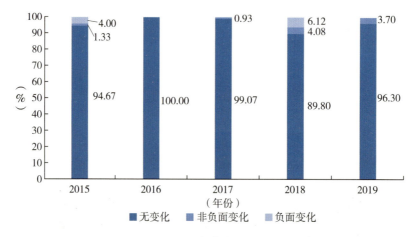

图3-20　2015-2019年遗产总体格局变化情况

3.3.2　实施保护措施是引起遗产要素单体变化的主要原因

遗产要素单体是指承载遗产突出普遍价值的相对独立的单元，是衡量遗产突出普遍价值保存状况的重要指标之一。遗产要素单体的结构、材料、形制、外观若发生较为明显的负面变化，轻则可能被世界遗产中心进行反应性监测或者要求提交保护状况报告以评估对遗产突出普遍价值的影响，重则会被列入《濒危世界遗产名录》，一旦被确认发生了重大的、不可逆的负面变化甚至会从《世界遗产名录》中除名。因此，确保遗产要素真实性、完整性得以有效保存，是维护遗产突出普遍价值的核心工作之一。

2019年，共有33项遗产、60处遗产地的遗产要素单体的形式、材料或其他有价值的特征发生变化207处，发生变化的遗产地数量占遗产地总数的55.56%，比上年减少2.5%。

数据显示，9处（4.35%）遗产要素变化由当地自然条件、不正当人类活动或建筑物和开发项目引起，涉及平遥古城、苏州古典园林、明清皇家陵寝—明十三陵、明清皇家陵寝—明孝陵4处遗产地。如平遥古城武庙因现场施工时违规操作导致武庙局部出现灾情，正殿主体建筑损毁；苏州古典园林退思园受地方自然条件的影响，中庭西走廊立柱内部发霉、腐烂严重，耦园受建设项目仁恒房地产施工影响，无俗韵轩沉降变形数据变化异常，榫廊裂缝有略微扩大趋势；明清皇家陵寝—明孝陵神烈山碑被人涂污描红，改变了外观。针对遗产要素单体的不良变化，遗产地采取了不同的应对措施，未对遗产突出普遍价值造成负面影响，如苏州古典园林针对退思园发霉、腐烂的立柱，第一时间做了支撑保护，并已上报维修申请；针对无俗韵轩的沉降变形采取继续监测的方式，并根据形变绝对量和速率来评估保存现状，以指导后续保护工作的开展。明孝陵使用溶胀剂跟与已经干涸硬化的油漆发生化学反应，剥离、清理表面油漆，神烈山碑基本恢复了原貌（图3-21）。

修复前　　　　　　　　　　　　　　　　修复后

图 3-21　2019 年明清皇家陵寝—明孝陵神烈山碑遗产要素单体变化
（数据来源于明孝陵遗产监测中心）

另外，198 处（95.65%）的遗产要素变化由实施保护修缮工程、日常保养维护工作引起，涉及 59 处遗产地。如明清故宫—北京故宫针对西城墙的变形、歪闪、空鼓等情况对墙面砖、地面砖及垫层砖实施拆砌，对鸟枪三处、鸟枪三处南屋两栋建筑进行落架修缮、整修地面、揭瓦瓦顶等；明清皇家陵寝—清西陵对昌妃园寝有灰尘、雨渍、油烟等病害的彩画进行了除尘、清理，对出现脱落、空鼓、起甲等病害的彩画进行软化、回帖、加固，最大程度地保留了原有彩画，并对缺失部分进行补做；杭州西湖文化景观对保俶塔塔刹顶部局部倾斜部分进行归安，对塔表面勾缝脱落的部分重新进行勾缝处理（图3-22）。

明清皇家陵寝—清西陵昌妃园寝彩画修缮

图 3-22　2019 年因实施保护工程而发生变化的遗产要素情况
（数据来源于清西陵文物管理处）

近5年数据显示，遗产要素发生变化的遗产地占比总体呈上升趋势（图3-23），年均增长率为8.22%，2019年发生变化的遗产地已占比一半以上，经分析这些变化绝大部分是因为遗产地主动实施各项保护修缮工程或日常保养工程而引起，属于正面影响变化。但同时，每年均会存在少量的造成遗产要素负面影响的变化，造成这些变化的原因主要有当地的物理条件、建筑物和开发项目、人为破坏以及突发性生态和地质事件等。遗产地保护管理机构应针对遗产类型特点及受到的威胁情况，加强对遗产要素单体的监测，及时发现变化并采取干预措施，以尽量避免造成不可逆的负面变化。

图 3-23　2015-2019 年遗产要素单体变化情况

3.3.3　10 处遗产地发生使用功能正面变化

遗产使用功能也是遗产突出普遍价值的特征之一。合理的功能安排将有利于遗产突出普遍价值的传承，反之不仅不能传承价值而且还可能对遗产价值特征造成安全隐患。

2019年，7项遗产、10处遗产地的使用功能发生变化16处，发生变化的遗产地数量占遗产地总数的9.26%，与上年相比减少1.1%。

数据显示，12处（75%）遗产使用功能变化与丰富展览内容、深化价值阐释有关，涉及明清故宫—北京故宫，登封"天地之中"历史建筑群、丝绸之路—汉魏洛阳城遗址、隋唐洛阳城定鼎门遗址、张骞墓，大运河—通济渠商丘南关段和良渚古城遗址7处遗产地。如隋唐洛阳城定鼎门遗址通过地面标识、露明及模拟展示等方式，对古城路沿线的隋唐洛阳城南城墙遗址、城门、护城河等重要遗址进行景观化设计和遗址展示，有利于向公众阐释隋唐洛阳城定鼎门、天街和里坊的城市格局；良渚古城遗址将南城墙考古发掘点改造为考古发掘展示点，通过修整南城墙考古发掘剖面、加盖保护大棚、安装水处理设施，在确保遗产安全的前提下，展示南城墙考古发掘剖面、标识考古地层线并在保护大棚内辅以视频和文字介绍，展现南城墙遗址的形制、建筑工艺以及地层堆积情况，加深参观者对良渚古城遗址城墙构造方式、堆筑技术、形制特征的认知（图3-24）。

南城墙现场展示

图 3-24　良渚古城遗址南城墙现场展示点
（数据来源于杭州良渚古城遗址世界遗产监测管理中心）

　　1 处（6.25%）遗产使用功能变化与优化遗产周边环境有关。2019 年，北京皇家园林—颐和园东宫门环岛步道内地块使用功能从公交场站变为公交道路和封闭绿化区，大大优化了东宫门的参观环境，为下一步恢复涵虚牌楼、外广场、影壁、内广场、南北朝房、东宫门的历史格局打下了坚实的基础。东宫门是颐和园历史规制上重要的正门，之前外广场被用作公交场站、私家车停车场和环岛，熙熙攘攘的车流和人流不仅割裂了东宫门外建筑群的整体性，由此带来的噪音、尾气及撞击还直接威胁着文物安全，此次使用功能的变化对于保护、展示遗产突出普遍价值都具有重要意义。其他 3 处遗产使用功能变化主要为建筑从经营用房变成办公用房。

整治前　　　　　　　　　　　　　　　　　　　　整治后

图 3-25　2019 年北京皇家园林—颐和园使用功能变化（数据来源于北京市颐和园管理处）

　　近 5 年数据显示，发生非负面使用功能变化的遗产地占比总体呈上升趋势，经分析，变化的原因主要是遗产地为扩大展示空间、提升展示质量而对遗产要素的使用功能进行调整。另外，随着近些年文物本体保护向文物本体与周边环境整体保护并重理念的转变，遗产地逐渐重视遗产环境的保护，通过实施环境整治工程调整遗产周边地块的使用功能，进一步恢复遗产历史环境，使参观者更好地感知遗产历史格局，更加有益于传承遗产突出普遍价值。

图 3-26　2015-2019 年遗产使用功能变化情况

3.3.4　九成病害控制正常或治理较好

病害是指遗产要素已有的或自身缺陷引起的持续性损坏，通常作用在本体或载体上。2019 年，33 项遗产、65 处（60.19%）遗产地通过开展专门的病害调查及勘察、配合保护工程维修设计或是日常巡查等方式，对遗产要素本体或载体的病害进行了调查，相较上年下降 6.14%。通过开展病害调查工作，这些遗产地清楚地了解了遗产要素发生病害的位置、病害类型及病害程度，及时掌握了遗产的保存状态。如北京皇家园林—颐和园通过开展病害调查工作，记录了 34 个遗产要素的 202 项[43]、2912 处病害；杭州西湖文化景观记录了 6 个遗产要素的 23 项、76 处病害；大运河—江南运河杭州段（含浙东运河杭州萧山段）记录了 11 个遗产要素的 24 项、79 处病害。

根据调查记录显示，2019 年我国世界文化遗产存在病害 701 项，其中严重病害 175 项（共计 898 处），占总病害项数的 24.96%，相当于每 4 项病害中就有 1 项严重病害。严重病害共涉及 19 项遗产、31 处遗产地。34 处遗产地不存在严重病害，占有病害调查记录遗产地总数（65 处）的 52.31%，比上年相比增加 13.85%。严重病害项数较多的遗产地有长城—嘉峪关（12 项）、北京皇家园林—颐和园（37 项）、大足石刻（17 项）、龙门石窟（11 项）、鼓浪屿：历史国际社区（16 项）。2019 年，新发病害 387 项，占总病害项数（701 项）的 55.21%。

从遗产要素类型[44]来看，我国世界文化遗产的病害主要集中在建 / 构筑物类遗产要素上，占比 65.62%；其次是遗址 / 墓葬类遗产要素，占比 16.69%。其中，建 / 构筑物类病害以构件材料风化、裂缝、植物病害、渗漏为主；遗址 / 墓葬类病害以表面风化、裂隙、生物病害为主（图 3-27）。

---

〔43〕　1 项病害可能会存在多处。

〔44〕　依据《中国世界文化遗产监测数据规范》，我国世界文化遗产的遗产要素类型主要分为建 / 构筑物、遗址 / 墓葬、洞窟 / 龛 / 造像 / 雕塑 / 碑刻 / 题刻、壁画、彩画、山体、水体、植被、街区和其他。

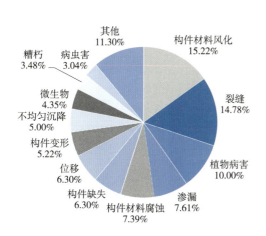

建/构筑物类遗产要素病害情况

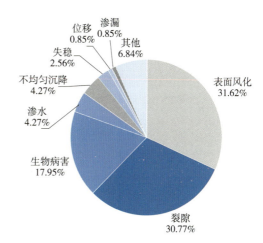

遗址/墓葬类遗产要素病害情况

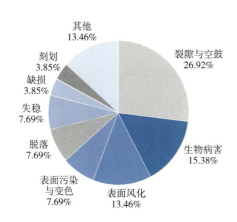

造像/雕塑类遗产要素病害情况

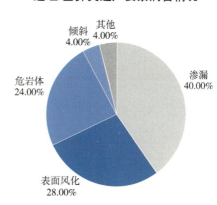

洞窟/龛类遗产要素病害情况

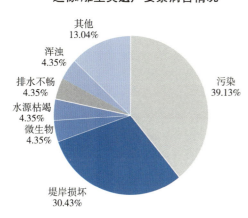

水体类遗产要素病害情况

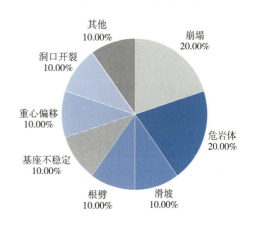

山体类遗产要素病害情况

图3-27　2019年各类遗产要素的病害类型占比情况

据统计，本年度共有 19 处遗产地通过实施抢救性保护工程、保护修缮工程、日常保养维护工作等方式消除了病害对遗产的安全隐患，以减缓或阻止遗产的蜕变过程，其中治理病害数量排名靠前的遗产地有：云冈石窟、承德避暑山庄及其周围寺庙、北京皇家祭坛——天坛、大运河——江南运河杭州段（含浙东运河杭州萧山段）、明清故宫——北京故宫、丝绸之路——克孜尔石窟、登封"天地之中"历史建筑群、苏州古典园林。

对于一些无法通过保养维护消除，又暂未达到实施保护工程必要性的严重病害，绝大部分遗产地通过专项监测的方式去记录、分析、评估病害的发展状态和趋势，作为采取进一步保护措施的依据。2019 年，28 处遗产地针对严重病害实施监测项目 141 项、涉及 463 处严重病害，占严重病害总数量（898 处）的 51.56%。其中洞窟 / 龛类和建 / 构筑物类遗产要素的严重病害监测率较高，分别为 92.21%、75%（图 3-28）。严重病害采用的监测方式以拍摄照片和人工观察等传统监测方式为主，分别占比 82.14%、75%，主要用来监测风化、植物 / 生物病害、裂隙，采用前端设备监测严重病害比例较上年增加 5.08%（图 3-29）。前端设备主要用于监测裂隙、失稳、风化、渗漏、不均匀沉降等病害，如长城——嘉峪关针对关楼、柔远楼、光化楼、东闸门共柱体失稳的问题，安装测斜仪进行实时监测，以了解柱体的倾斜状况和变化趋势；龙门石窟针对石窟寺的渗漏水问题，安装了红外摄像头以实时监测洞窟渗漏时间、渗漏面积情况，从而达到对渗漏水的定量监测。

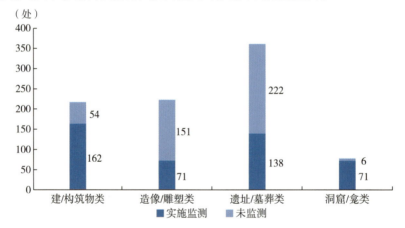

图 3-28　2019 年不同遗产类型的严重病害监测情况

图 3-29　2018-2019 年严重病害的监测方式情况

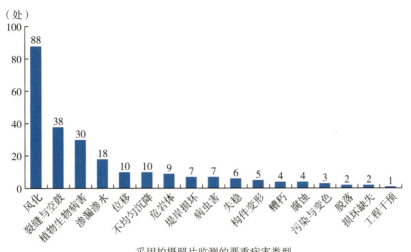

采用拍摄照片监测的严重病害类型

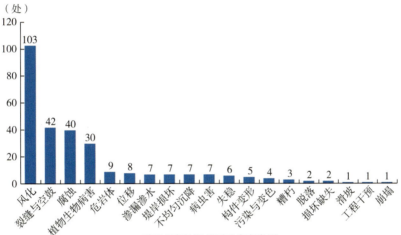

采用观察监测的严重病害类型

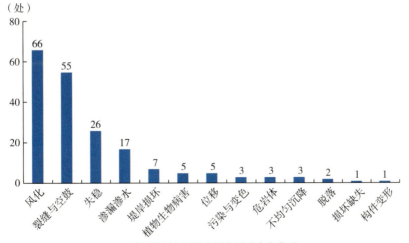

采用检测和测量监测的严重病害类型

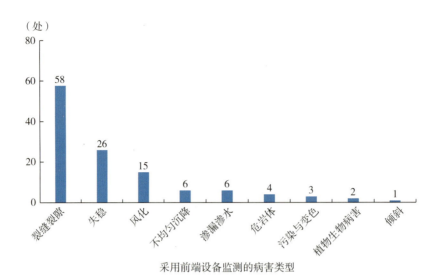

图 3-30 2019年严重病害监测手段情况

　　2019年，由外部专业单位实施监测的严重病害项目共计45项81处，占比严重病害数量（898处）的9.02%，相较上年减少0.38%。如北京皇家园林—颐和园委托北京市建筑工程研究院有限责任公司工程咨询中心对清华轩东耳房、玉带桥、碑亭等37个遗产要素的裂缝、糟朽、位移、微生物等病害实施专项监测；大足石刻委托中国文化遗产研究院对造像／雕塑表面污染、变色与表层（面）风化病害实施专项监测。

　　总体来说，2019年，95.01%（666项）的病害治理较好或者控制正常，这表明我国世界文化遗产本体或载体受各类病害的威胁整体较小。

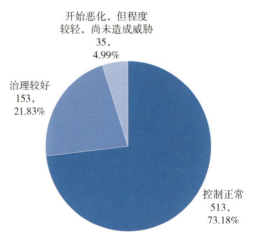

图 3-31 2019年严重病害的控制情况

　　近5年数据显示，我国世界文化遗产实施病害调查的遗产地占比总体有下降的趋势

（图 3-32），建议持续几年未开展病害调查工作的遗产地定期、规范地对影响遗产本体及载体真实性、完整性保存的风险点进行调查和评估，以准确掌握遗产本体的保存状态。同时，近 5 年开展严重病害监测的遗产地占当年遗产地总数的比例也有下降的趋势（图 3-33），这表明通过分析、评估严重病害监测数据的发展状态和趋势，大部分遗产地已经采取了相应的保护措施，严重病害已得到了有效治理。

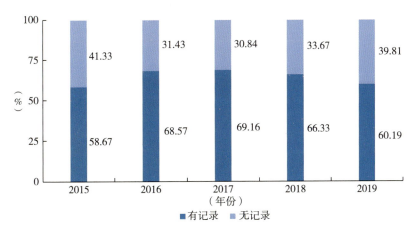

图 3-32　2015-2019 年各遗产地实施病害调查的情况

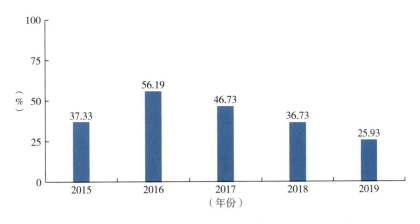

图 3-33　2015-2019 年实施严重病害监测的遗产地占比情况

3.4　遗产影响因素

影响遗产保护管理的因素包括自然和人为两方面，涉及自然环境、自然灾害、人为破坏、建设控制、社会环境、旅游与游客管理等情况。总结、分析影响遗产保存的各项因素，有助于识别威胁遗产突出普遍价值、真实性及完整性的主要内容，从而采取有针对性的保护措施。

3.4.1 九成以上遗产地对自然环境影响防治较好或控制正常

影响遗产保存的自然环境主要包括大气环境、土壤环境、地表水环境、地下水环境、噪声环境、生物环境等。

2019年，37项遗产、61处遗产地开展了自然环境监测，占遗产地总数的56.48%，比去年下降7.81%。下降的原因主要为部分遗产地的监测周期为两年一次以及监测设备损坏。2019年，各遗产地共开展自然环境监测项目122项，大气、地表水环境是遗产地重点关注的监测内容（图3-34）。其中，针对大气，主要监测温度、湿度、降水、气态污染物、空气颗粒物、风速、风向、气压等；针对地表水，主要监测水质、水温、水位、流速等。部分遗产地根据遗产自身特点，开展了具有针对性的自然环境监测，如丽江古城、庐山国家公园、北京皇家园林—颐和园、青城山—都江堰、丝绸之路—小雁塔及峨眉山—乐山大佛（仅峨眉山）6处遗产地开展了以影响社区环境、游客体验为主的噪声监测，莫高窟、庐山国家公园、大足石刻、良渚古城遗址4处遗产地开展了动物、植物、微生物等监测。

从监测方法来看，37.7%的遗产地采取了外部接入方式监测了大气、地表水、噪声、台风及地震等数据，较去年上升7.54%，新增的遗产地有开平碉楼与村落、大运河—清口枢纽、大运河—江南运河常州城区段、大运河—江南运河无锡城区段、大运河—江南运河苏州段、大运河—江南运河嘉兴—杭州段及良渚古城遗址7处遗产地。采用外部接入的方式实施自然环境监测，不仅可以大幅度减少这些遗产地自建监测设备以及运行维护的成本，还可以提高现有数据利用率和使用价值，是目前较为理想的自然环境监测方式。

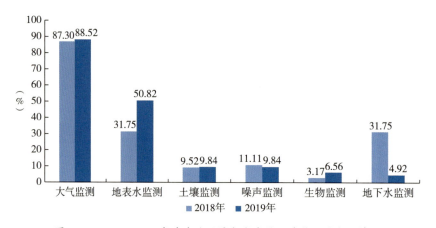

图 3-34 2018-2019 年遗产地开展各类自然环境监测的占比情况

通过对自然环境监测数据分析，15项遗产、16处遗产地明确了影响遗产本体保存状况、病害变化机理的主要因素，为后续保护措施制定提供了数据支撑，占开展自然环境监测的遗产地总数的26.23%，与上年相比下降5.6%。如莫高窟通过多年来开展降水、温度、湿度、气态污染物、空气颗粒物、气压、风沙、风速和风向等环境监测，分析得出莫高窟壁画多种病害发生机理与可溶盐分运移有关，而盐分运移与环境相对湿度的变化密切相关，并以此研究制定了洞窟内相对湿度和二氧化碳阈值；苏州古典园林通过开展空气质量、气象、水质、水位等环境监测，分析得出酸雨是建/构筑物产生腐蚀病害的主要原因，另外拙政园的水质和水位监测结果，为调整水体中微生物、水生植物和动物的品种、数量，构建良好的水体生态系统及水体景观效果提供了数据支撑；大足石刻通过开展石刻造像表面风化、表面污染与变色、凝结水、气态污染物、空气颗粒物、降水、紫外线、温湿度、酸雨、水质、水位等环境监测，分析得出水是产生文物病害的最主要因素，为水害治理及本体修复工程提供了数据支撑；良渚古城遗址通过对老虎岭遗址开展环境监测，明确了局部区域土壤温湿度、含水率以及大环境与渗水病害和风化病害的相关性，并初步判断降雨是主要影响因素。

经评估，2019 年遗产地实施的 116 项自然环境监测项目对遗产本体及其环境影响较轻，占所有监测项（122 项）的 95.08%。有 6 处遗产地通过自然环境监测，明确表示对遗产本体及其环境造成了严重或较为严重的影响，分别是明清故宫—北京故宫、莫高窟、大足石刻、丝绸之路—崤函古道石壕段遗址、克孜尔石窟及麦积山石窟。

针对自然环境对遗产本体及环境的影响，遗产地采取了相应措施进行防治。数据显示，57 处（93.44%）遗产地对自然环境负面影响的防治较好或控制正常；4 处（6.56%）遗产地明确提出开始恶化，但程度较轻，尚未造成威胁，主要涉及石窟寺及石刻、古遗址类遗产地。如处于亚热带温湿地区的气象环境对大足石刻本体保存的影响，温湿度、降水量因素对高句丽王城、王陵及贵族墓葬—五女山城的影响，地表植物根系生长、冻融、温度剧烈变化、降水后流水侵蚀等因素对丝绸之路—崤函古道石壕段遗址的影响，降水、湿度对丝绸之路—炳灵寺岩体、壁画的影响等。

3.4.2　13 处遗产地受暴雨、台风影响，遗产本体未受到严重破坏

2019 年，11 项遗产、13 处遗产地遭受自然灾害，占遗产地总数的 12.04%，与上年相比下降 4.29%，遗产本体未受到严重破坏。从自然灾害类型看，10 处遗产地遭受气象水文灾害，以暴雨、台风为主，低温次之；4 处遗产地遭受地质地震灾害，以地震为主；2 处遗产地遭受生物灾害，以植物病虫害为主；2 处遗产地遭受生态灾害，以沙漠化、石漠化为主。灾害发生时间主要集中在每年的 6—8 月份（图 3-35），占比 61.76%。

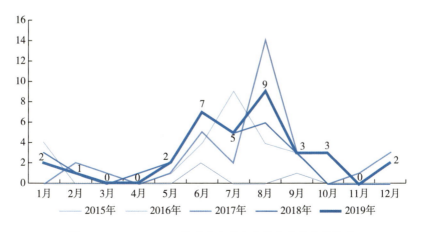

图 3-35　2015—2019 年遗产地遭受自然灾害的次数情况

53.85%（7处）受灾的遗产地针对24次自然灾害采取了灾前防范措施，共投入救灾资金1,214.9万元。灾前防范措施中有23次专门针对遗产本体保护，有效提高了本体的抗风险能力。如莫高窟在强降雨来临前，专门发出预警通知，并在降雨过程中24小时专人负责监测降雨量及洞窟内温湿度；大足石刻在接到大风、暴雨极端天气预警后，组织人员对遗产区、缓冲区进行安全隐患排查，对文物区枯枝进行及时清理，并对施工现场进行加固，尤其是对脚手架进行了双层加固，确保文物本体安全；大运河—江南运河苏州段在接到暴雨、台风预警后，及时通知遗产区、缓冲区内文物保护单位责任人做好文物本体保护工作以及灾害性天气的应急预案，对遗产本体重点部位提前做好预防性保护工作。

经评估，2019年因自然灾害受损较为严重的遗产地有3处，分别为大足石刻（图3-36）、丝绸之路—克孜尔石窟（图3-37）、大运河—中河台儿庄段。其中，大足石刻因遭受特大暴风雨影响，造成了树木折断和倒伏、石刻渗水与漏水现象；丝绸之路—克孜尔石窟因受到连日降雨的影响，导致克孜尔谷西区部分岩体崩塌。灾害发生后，遗产地及时邀请专家对现场进行评估，并完成了后续灾后防治及清理工作。

图3-36　2019年大足石刻宝顶山大佛湾及倒塔片区受灾情况（数据来源于大足石刻研究院）

图3-37　2019年丝绸之路—克孜尔石窟53窟危岩体坍塌（数据来源于新疆龟兹研究院）

近5年数据显示，我国世界文化遗产地每年都会遭受自然灾害，总体比例呈下降趋势（图3-38）。丝绸之路—克孜尔石窟连续四年受暴雨影响，对遗产本体及环境产生了一定程度的不良影响。

图3-38　2015—2019年遭受自然灾害的遗产地数量占比情况

3.4.3　8处遗产地遭受人为破坏，相较去年降幅明显

2019年，8项遗产、8处遗产地[45]遭受人为破坏，占遗产地总数的7.41%，与上年相比下降11.98%。从事件类型来看，1项属于违法活动，为殷墟通过巡查发现附近村民存在违法施工建房行为（正在审批中）以及某公司存在未经审批挖坑种树现象；7项属于蓄意或无意的破坏活动（包括但不限于乱涂乱写、攀爬、踩踏遗产本体以及破坏生态环境和景区游览环境等），如明清皇家陵寝—明孝陵的行政执法人员在巡查时发现下马坊的神烈山碑的"山"字被人描红；丝绸之路—汉长安城未央宫遗址被游客随意攀爬夯土台基；杭州西湖文化景观的参观游客为拍美图"辣手摧花"等。

针对各类人为破坏事件，遗产地均采取了有针对性的处理措施。如殷墟针对违法建设，要求立即停工，并上报至安阳市文化市场综合执法支队和安阳市文物局进行违法建设的后续处置；明清皇家陵寝—明孝陵针对"描红"事件，立即报警，开展调查取证，对涉事人员进行调查核实，并第一时间邀请石刻文保专家到现场拟定保护修复方案；杭州西湖文化景观、丝绸之路—汉长安城未央宫遗址对涉事人员进行劝阻，并宣传遗产保护的相关知识。

近5年数据显示，我国世界文化遗产地每年均遭受人为破坏，虽2019年受破坏的比例大幅度下降，但人为破坏对遗产本体保存的威胁仍不容忽视（图3-39）。

---

〔45〕　该项数据来源于遗产地2019年度监测年度报告和中国世界文化遗产监测预警总平台开展的舆情专项监测数据。

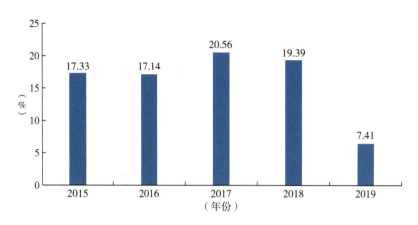

图 3-39　2015-2019 年遭受人为破坏的遗产地数量占比情况

3.4.4　新增 1 处资源开采点，近两成遗产地仍存在人口疏散需求

3.4.4.1　遗产地资源开采点总数为 11 处

监督、控制遗产区和缓冲区内资源开采点、严重污染企业是维护遗产区划内生态环境、自然环境稳定，保护遗产本体和遗产环境的重要工作之一。

2019 年，4 项遗产、4 处遗产地的遗产区和缓冲区内存在严重污染企业 6 个，涉及秦始皇陵及兵马俑坑、长城—嘉峪关、殷墟、丝绸之路—高昌故城，与上年相比未发生变化。2 项遗产、3 处遗产地的遗产区和缓冲区内存在 11 处资源开采点，涉及云冈石窟、丝绸之路—高昌故城、炳灵寺石窟。本年度新增丝绸之路—炳灵寺石窟遗产区划内的 1 处资源开采点。

近 5 年数据显示，我国世界文化遗产地的遗产区和缓冲区内一直存在严重污染企业和资源开采点，虽然总体数量不多，但对遗产本体及环境保护仍具有一定威胁。针对这类问题，遗产地需根据保护管理规定、遗产保护规章条例及其他环境保护文件，尽快上报并协助相关部门进行整治；现阶段，若无可依据的法规文件，建议委托专业机构尽快开展遗产影响评估以判断其对遗产的影响。

3.4.4.2　18 处遗产地有人口疏散需求，其中 2 处需求显著

2019 年，我国世界文化遗产地遗产区划内的人口情况总体较稳定，遗产区人口相对控制较好。39 项遗产、84 处遗产地提供了遗产区人口数量，共计 141.35 万人；36 项遗产、80 处遗产地提供了缓冲区人口数量，共计 614.81 万人。相较上年[46]，六成遗产地的遗产区人口未发生变化，12 处（15.58%）遗产地的遗产区人口增加；五成遗产地的缓冲区人口未发生变化，21 处（32.31%）遗产地的缓冲区人口增加（图 3-40）。从遗产所在的县 / 市的

---

[46]　涉及 2018-2019 两年都填报的遗产区人口数量有效数据 77 组，缓冲区人口数量有效数据 65 组。

常住人口密度来看[47]，人口密度增长的有 27 处遗产地，占比 30.76%；减少的有 10 处遗产地，占 11.76%。受我国快速城市化进程的影响，遗产所在的县 / 市的常住人口密度总体呈现密集的趋势。

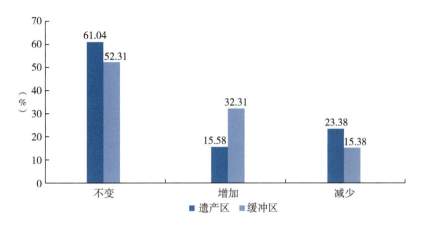

图 3-40　2019 年遗产区、缓冲区人口变化情况

2019 年，14 项遗产、18 处遗产地提出遗产区内有人口疏散需求，占遗产地总数的 16.67%，相较 2018 年下降 2.72%，其中殷墟、峨眉山—乐山大佛（仅峨眉山）2 处遗产地存在显著的人口疏散需求。与上年相比，明清皇家陵寝—清西陵、福建土楼—南靖土楼、土司遗址—老司城遗址 3 处遗产地新提出有人口疏散需求。

近三年，秦始皇陵及兵马俑坑，周口店北京人遗址，北京皇家园林—颐和园，北京皇家祭坛—天坛，青城山—都江堰，丝绸之路—汉魏洛阳城遗址、麦积山石窟，大运河—通济渠商丘南关段、峨眉山—乐山大佛（仅峨眉山）9 处遗产地持续提出存在人口疏散需求。为避免因过多人口对遗产环境产生的不利影响，建议相关遗产地应及时制定应对措施疏解人口，缓解人口压力。

3.4.4.3　仅三成遗产所在地的人均 GDP 高于全国人均 GDP

2019 年，超过全国人均 GDP[48] 的有 14 项遗产、29 处[49] 遗产地，占比 31.52%（图 3-41），近七成遗产地所在地区的人均 GDP 低于全国人均 GDP，这表明绝大部分遗产地所在地的经济发展水平并不高，世界文化遗产对于城乡经济社会发展的促进作用有待进一步研究和实践。

〔47〕　涉及 2018–2019 年遗产所在的县 / 市的常住人口密度有效数据 85 组。
〔48〕　2019 年全国人均 GDP 为 10,100 美元。
〔49〕　涉及 2019 年遗产所在地（县 / 市）人均 GDP 有效数据 92 组。

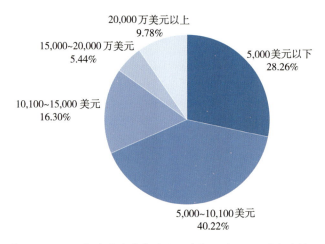

图 3-41　2019 年遗产地所在（县 / 市）人均 GDP 的分布情况

3.4.5　游客压力依然不容忽视

3.4.5.1　近五成遗产地游客量增长，各地游客量差异依然较大

2019 年，40 项遗产、108 处遗产地共接待游客量 3.88 亿人次，占全国游客总量的 6.46%[50]，相较上年同比增长 4.32%[51]，但低于全国游客量增长率约 2 个百分点。58 处 （53.7%）遗产地游客量增长，涨幅在 10%—20% 区间的占比最多，有 19 处遗产地；游客量增幅超过 1 倍的遗产地有 5 处，分别为丝绸之路—新安汉函谷关（213%）、克孜尔尕哈烽燧（208%）、张骞墓（145%），土司遗址—海龙屯（114%），丝绸之路—苏巴什佛寺遗址（101%），主要因为兴起自驾游网红公路、新增展示场馆、开展研学游等活动引起游客量大幅度增长。

除长城（仅含八达岭、嘉峪关、山海关）、大运河、丝绸之路 3 项系列遗产外，全年接待游客量最多的是杭州西湖文化景观，达 2,807.35 万人次；最少的为元上都遗址，游客量仅有 10.61 万人次，各地游客量差异悬殊。在 2019 年全国游客量 TOP10 的遗产地中，前 9 处遗产地为连续三年排名前十，说明这些遗产地的吸引力持续不减（图 3-42），本年度新进入游客量 TOP10 的遗产地为青城山—都江堰。

---

[50]　《中华人民共和国 2019 年国民经济和社会发展统计公报》显示全年国内游客 60.1 亿人次，比上年增长 8.4%。

[51]　涉及 2018 年和 2019 年两年都填报的游客量数据 79 组，2018 年共计 2.78 亿人次，2019 年共计 2.9 亿人次。

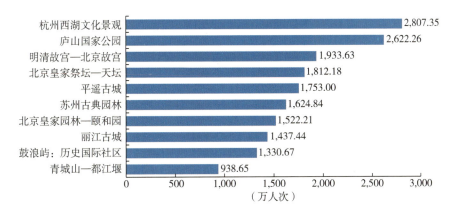

图 3-42　2019 年游客量排名 TOP10 的遗产地

2019 年，27 项遗产、42 处遗产地共接待境外游客人数达 759.94 万人次，占这些遗产地全年总游客量[52]的 3.11%，占我国境外游客量（14,531 万人次）[53]的 5.23%，相较上年平均每处遗产地接待的境外游客量增长 2.87%，总体呈小幅增长。2019 年，在境外游客接待排名前十的遗产地中，排名前三的秦始皇陵及兵马俑坑、北京皇家园林—颐和园、明清故宫—北京故宫的接待量占总境外接待量的 50%，可见这几处遗产地相较其他遗产地而言对境外游客更具吸引力；另外，除秦始皇陵及兵马俑坑境外游客量比例占 20% 以外，其他遗产地均低于 10%，表明我国世界文化遗产地的游客主要来自于境内（图 3-43）。

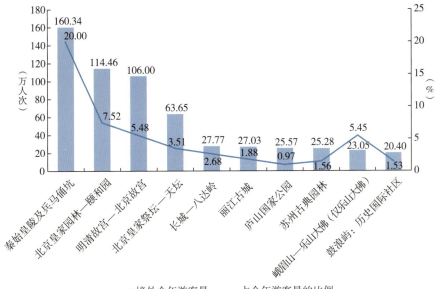

图 3-43　2019 年境外游客量排名 TOP10 的遗产地

---

〔52〕 27 项遗产、42 处遗产地的总游客量为 24,428.62 万人次。

〔53〕 《中华人民共和国 2019 年国民经济和社会发展统计公报》显示入境游客 14,531 万人次，增长 2.9%，其中入境外国游客 3,188 万人次。

3.4.5.2 日游客承载量超载的现象有所下降，预约游客比例基本持平

游客承载量通常是指一定时间内、在保障游客安全和遗产安全的前提下，遗产地所能容纳的最大游客量。遗产地游客承载量的制定是根据自身的属性和特点，通过对关键参数指标研究和长期经验积累，而确定的每日安全、合理的游客接待量。

（1）存在日游客量超载现象的遗产地占比下降4个百分点

截至2019年年底，除暂未对公众开放（如丝绸之路—隋唐洛阳城定鼎门遗址）及开敞空间类遗产（如大运河河道）外，我国世界文化遗产地均设置了日游客承载量，以保障参观区内每个参观者的人身安全、遗产安全及游客体验度等。2019年，14项遗产、17处遗产地存在超出日游客承载量情况，主要集中在春节、暑假及国庆等期间，存在超载情况的遗产地约占遗产地总数的15.74%，与上年相比降低近4个百分点，11处遗产地连续两年超载；新增5处[54]遗产地超出日游客承载量，涉及苏州古典园林、丝绸之路—交河故城、崤函古道石壕段遗址、克孜尔石窟、土司遗址—海龙屯；8处遗产地为去年超载今年未超载，涉及武当山古建筑群、曲阜孔庙、孔林和孔府，北京皇家园林—颐和园，明清皇家陵寝—清永陵、五台山—台怀、元上都遗址、丝绸之路—炳灵寺石窟以及大运河—浙东运河上虞—余姚段。

2019年，全年超过日游客承载量15天以上的遗产地有6处，涉及拉萨布达拉宫历史建筑群—布达拉宫（112天）、丝绸之路—小雁塔（77天）、苏州古典园林（35天）、莫高窟（23天）、丝绸之路—麦积山石窟（23天）和克孜尔石窟（16天）。相较去年，2019年莫高窟超载天数减少101天（2018年超载124天），表明莫高窟采取的总量控制—网上预约—数字展示—实体洞窟参观的游客参观模式在控制游客量方面起到了较大的作用。

（2）近两成遗产地存在瞬时游客量超载现象

2019年，33项遗产、71处遗产地设定了瞬时游客承载量，占遗产地总数的65.74%。7项遗产、13处遗产地存在超出瞬时游客承载量情况，占设定瞬时游客承载量遗产地总数的18.31%，其中有7处遗产地为连续两年超载；新增瞬时游客量超载的遗产地有6处，涉及苏州古典园林、龙门石窟、丝绸之路—交河故城、克孜尔石窟、炳灵寺石窟、土司遗址—海龙屯；4处遗产地为去年超载今年未超载，涉及五台山—台怀、元上都遗址、丝绸之路—大雁塔、鼓浪屿：历史国际社区。

2019年，全年超过瞬时游客承载量15天的遗产地有5处，涉及龙门石窟（89天），丝绸之路—克孜尔尕哈烽燧（53天）、克孜尔石窟（50天）、苏巴什佛寺遗址（30天），武当山古建筑群（24天）。

（3）新增9处遗产地采用预约方式管理游客

2019年，26项遗产、49处遗产地采用了预约方式管理游客，占遗产地总数的45.37%，与上年相比基本持平[55]。本年度新增9处采用预约方式的遗产地，包括苏州古典园林、北京皇家祭坛—天坛、云冈石窟、红河哈尼梯田文化景观、丝绸之路—张骞墓、大运河—通济

---

〔54〕 另有1处本年度超出日游客承载量遗产地去年未提交监测年度报告，故此处仅有16处遗产地情况。

〔55〕 因2018年和2019年提交年报的遗产地数量不同，故预约遗产地虽增加9处，2019年占比与2018年持平。

渠泗县段、大运河—南旺枢纽、土司遗址—海龙屯和老司城遗址。

数据显示，2019 年采用预约方式接待的游客量为 4,587.53 万人次，占这些遗产地总游客量的 36.72%，占全国遗产地总游客量的 11.82%，与上年相比上涨 3.79%，预约游客量占比总体仍然较低。从单个遗产地来看[56]，27 处（79.41%）遗产地预约游客量相较去年有所增长，7 处（20.59%）遗产地有所减少；预约比例超过 50% 的遗产地仅有 11 处，其中预约游客量占比达 100% 的有 4 处，分别为莫高窟、丝绸之路—汉魏洛阳城遗址、大运河—含嘉仓 160 号仓窖遗址、良渚古城遗址。

虽然采用了预约方式对游客进行管理，但仍有 22 处遗产地存在游客量超载现象（含日游客量超载或瞬时游客量超载），如何规范预约服务、制定游客量管控措施仍是遗产地应关注的重点。

（4）讲解服务游客量小幅增长

2019 年，23 项遗产、43 处遗产地提供了本单位游客讲解服务，共服务游客 837.22 万人次，占这些遗产地游客总量的 6.7%，占全国游客总量的 2.16%，与上年相比增长 1.31%，讲解服务游客量占比总体仍然较低。从单个遗产地来看，仅有 4 处遗产地的讲解员服务游客量占其总游客量比例超过 50%，其中莫高窟、丝绸之路—锁阳城遗址和克孜尔石窟 3 处遗产地的讲解服务率达 100%，有助于游客全面、深入地了解遗产信息、感受遗产价值。

3.4.5.3 近七成遗产地以门票收入为主

2019 年，36 项遗产、108 处遗产地的门票收入共计 101.46 亿元，其中五台山—佛光寺、丝绸之路—汉长安城未央宫遗址和汉魏洛阳城遗址等 30 处[57]遗产地未对外开放或免费参观，无门票收入。从单个遗产地来看，33 处（47.14%）遗产地相较上年[58]门票收入下降，主要原因为降低门票价格或提供免费研学游等门票优惠政策，如大足石刻根据重庆市人民政府统一部署，执行降低门票价格、放宽优惠条件等措施，出现游客量增长，收入下降的情况。

2019 年，36 项遗产、108 处遗产地的遗产管理机构参与的经营活动收入共计达 31.7 亿元，其中莫高窟、长城—八达岭、拉萨布达拉宫历史建筑群—布达拉宫等 58 处遗产地因门票上缴、收支两条线等原因，未统计经营性收入。从单个遗产地来看，23 处（56.1%）遗产地相较上年[59]收入增长，16 处（39.02%）遗产地收入减少。

综合遗产地的门票收入和经营活动收入的情况[60]，门票收入仍是遗产地最主要的直接收入。33 处（70.21%）遗产地以门票收入为主，遗产类型主要为古建筑、石窟寺及石刻、古遗址；14 处（29.79%）遗产地以经营活动收入为主，遗产类型主要为文化景观、古村落、

---

〔56〕 涉及 2018 年和 2019 年预约游客量的有效数据 34 组，不含 2018 年未采用预约方式而 2019 年采用预约方式的遗产地。

〔57〕 根据 2019 年遗产地监测年度报告的数据显示，30 处遗产地门票直接收入为 0。

〔58〕 涉及 2018 年和 2019 年门票收入的有效数据 70 组。

〔59〕 涉及 2018 年和 2019 年经营收入的有效数据 41 组。

〔60〕 涉及 2019 年有效的门票收入和经营收入数据 47 组。

历史城镇和中心，如丽江古城的经营活动收入是门票的 10.6 倍。

旅游除了给遗产地带来直接经济收入之外，30 处（27.78%）遗产地认为对社会效益也起到了显著的影响，体现在提供了更多的就业岗位、更加完善的基础设施和服务设施等，44 处（40.74%）遗产地认为对环境效益也起到了显著的影响，体现在优化了遗产内部和周边的环境。

3.4.6　涉建项目总数较往年增加，经文物部门同意数量占比有所增长

2019 年，22 项遗产、38 处遗产地的遗产区、缓冲区内存在涉建项目，占遗产地总数的 35.19%，相较上年增加 8.66%。共有涉建项目 102 项[61]，与上年相比增加 36 项，项目类型以建筑物开发项目和基础设施建设为主。其中，经文物部门同意的有 71 项，占比 69.61%，相较上年增长 7.49%；少数遗产地存在未经文物部门同意的项目，项目类型主要为寺庙改扩建、民屋新改建、基础设施新改建、景区改造等。经初步统计分析，造成这种现象的原因为实施主体不知法、知法犯法或项目处于保护范围和建设控制地带之外的真空地带，不在文物部门管辖范围之内。总体看来，我国世界文化遗产地的违法违规建设问题仍没有得到有效控制。

3.5　保护项目及相关研究

本节主要从保护管理规划、文物保护工程、遗产安全工作、考古项目研究和科研课题研究五个方面介绍保护管理机构实施的各项工作，以分析这些工作是否有利于遗产突出普遍价值的保护、展示和传承。

3.5.1　半数遗产地保护管理规划依法公布，规划公布实施需进一步规范[62]

根据《世界文化遗产保护管理办法》（2006）的要求，世界文化遗产保护管理规划应当由省级人民政府组织编制，报国家文物局审定，由省级人民政府公布并组织实施。世界文化遗产保护管理规划的要求，应当纳入县级以上地方人民政府的国民经济和社会发展规划、土地利用总体规划和城乡规划[63]。

截至 2019 年，仅有 19 项遗产、57 个遗产地的保护管理规划报国家文物局审定后由省级人民政府公布实施，占遗产地总数的 50.89%（图 3-44）（表 3-3）；9 项遗产、11 处遗产地的保护管理规划由市级人民政府或省级文物部门公布实施（表 3-4），尽管这类规划也具有相应的法律效力，但并不符合世界文化遗产保护管理规划的公布要求；6 项遗产、9 处遗产地的保护管理规划已通过国家文物局审定，但省级人民政府尚未公布，其中部分遗产地已通过审定多年。另外，27 处遗产地没有保护管理规划，8 处遗产地保护管理规划已过期。

---

[61]　另有 247 项为丽江古城民居建筑的改建、重建、装修、修缮项目，未纳入统计。
[62]　此项数据来源为中国世界文化遗产监测预警总平台基础数据库，共涵盖 40 项遗产、112 处遗产地，不含澳门历史城区。
[63]　详见《世界文化遗产保护管理办法》第八条规定。

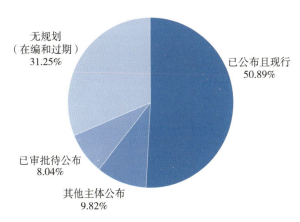

图 3-44　2019年我国世界文化遗产保护管理规划情况

2019年，遗产地按照保护管理规划开展工作，规划项目的执行率比上年略有增加，正常实施的规划项目达88.25%（图3-45）。正常实施的规划项目以遗产本体保护、环境整治、基础设施、基础展示和服务设施的建设为主，属于遗产保护管理中最基础的工作。未实施的项目主要为村庄整体搬迁、人口疏散、城市建筑改造腾退、考古发掘研究和一些重要遗产的本体保护工程，未实施的原因主要是规划措施的实施涉及遗产管理部门以外的主体，组织协调的难度较大；项目本身难度较大，需要经过充分研究和论证，因此拖延实施；还有一些规划项目属于远期工作，尚不具备实施的客观条件。

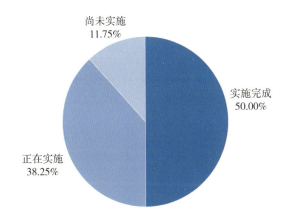

图 3-45　2019年我国世界文化遗产保护管理规划项目实施总体情况

表 3-3　国家文物局审定后由省级人民政府公布实施的保护管理规划

序号	遗产名称	遗产组成	保护管理规划	规划期限
1	秦始皇陵及兵马俑坑	—	《秦陵保护规划》	2009—2020
2	莫高窟	—	《敦煌莫高窟保护总体规划》	2006—2025

序号	遗产名称	遗产组成	保护管理规划	规划期限
3	长城	嘉峪关	《万里长城—嘉峪关文物保护规划》	2010—2030
4	承德避暑山庄及其周围寺庙	—	《承德避暑山庄及周围寺庙文物保护总体规划》	2011—2020
5	大足石刻	—	《重庆大足石刻文物区保护总体规划》	—
6	明清皇家陵寝	明显陵	《明显陵保护规划》	2010—2020
7	龙门石窟	—	《龙门石窟区规划》	—
8	高句丽王城、王陵及贵族墓葬	国内城、丸都山城及高句丽王陵和贵族墓葬	《吉林省集安市高句丽王城、王陵及贵族墓葬保护规划》	2002—2020
9	殷墟	—	《殷墟遗址保护总体规划（修编）》	2012—2025
10	福建土楼	南靖土楼	《南靖土楼保护规划》	2006—2020
		华安土楼	《福建（华安）土楼保护规划》	2010—2030
		永定土楼	《福建（永定）土楼保护规划》	2006—2020
11	五台山	佛光寺	《山西省五台县佛光寺文物保护规划》	2008—2027
12	元上都遗址	—	《元上都遗址保护总体规划》	2010—2025
13	红河哈尼梯田文化景观	—	《红河哈尼梯田保护管理规划》	2011—2030
14	丝绸之路：长安—天山廊道的路网	北庭故城遗址	《北庭故城遗址保护总体规划》	2007—2025
		悬泉置遗址	《悬泉置遗址保护规划》	2013—2030
		克孜尔尕哈烽燧	《克孜尔尕哈烽燧保护管理规划》	2008—2025
		克孜尔石窟	《克孜尔千佛洞保护总体规划》	2012—2030
		苏巴什佛寺遗址	《苏巴什佛寺遗址保护规划》	2008—2025
		炳灵寺石窟	《甘肃炳灵寺石窟文物保护规划》	2009—2025
		麦积山石窟	《麦积山石窟保护规划》	2009—2020
15	土司遗址	海龙屯	《海龙屯保护管理规划》	2013—2030
		老司城遗址	《湖南省永顺县老司城遗址保护规划》	2009—2025
		唐崖土司城址	《唐崖土司城址保护管理规划》	2013—2030
16	左江花山岩画文化景观	—	《左江花山岩画文化景观保护管理总体规划》	2014—2030
17	良渚古城遗址	—	《良渚遗址保护总体规划》	2008—2025
18	武夷山	城村汉城遗址	《武夷山城村汉城遗址总体保护规划》	2005—2025
19	大运河	含嘉仓160号仓窑遗址	《大运河河南段遗产保护规划》	2012—2030
		回洛仓遗址		

序号	遗产名称	遗产组成	保护管理规划	规划期限
19	大运河	通济渠郑州段	《大运河河南段遗产保护规划》	2012—2030
		通济渠商丘南关段		
		通济渠商丘夏邑段		
		卫河（永济渠）滑县浚县段		
		黎阳仓遗址		
		柳孜运河遗址	《大运河遗产（安徽段）保护规划》	2011—2030
		通济渠泗县段		
		清口枢纽	《大运河清口枢纽总体保护规划》	2012—3030
		总督漕运公署遗址	《大运河遗产（江苏段）保护规划》	2011—2030
		淮扬运河扬州段		
		江南运河常州城区段		
		江南运河无锡城区段		
		江南运河苏州段		
		中河宿迁段		
		江南运河嘉兴—杭州段	《大运河（浙江段）遗产保护规划》	2012—2030
		江南运河南浔段		
		浙东运河杭州萧山—绍兴段		
		浙东运河上虞—余姚段		
		浙东运河宁波段		
		宁波三江口		
		北、南运河天津三岔口段	《大运河天津段遗产保护规划》	2011—2030
		南运河沧州—衡水—德州段	《大运河河北段遗产保护规划》	2012—2030
		会通河临清段	《大运河遗产山东段保护规划》	2012—2030
		会通河阳谷段		
		会通河微山段		
		中河台儿庄段		
		南旺枢纽	《大运河遗产南旺枢纽保护规划》	2012—2030

表 3-4　国家文物局审定后由其他主体公布实施的保护管理规划

序号	遗产名称	遗产组成	保护管理规划	公布主体	规划期限
1	明清故宫（北京故宫、沈阳故宫）	北京故宫	《故宫保护总体规划》	北京市文物局	2013-2025
2	周口店北京人遗址	—	《周口店遗址保护规划》	北京市文物局	2006-2020
3	平遥古城	—	《平遥古城保护性详细规划》	山西省住建厅	2014-2020
4	云冈石窟	—	《云冈石窟保护总体规划》	山西省文物局	2008-2025
5	登封"天地之中"历史建筑群	—	《登封会善寺保护规划》	河南省文物局	2008-2020
			《嵩山太室阙保护规划》		2006-2020
6	杭州西湖文化景观	—	《杭州西湖文化景观保护管理规划》	杭州市人民政府	2008-2020
7	丝绸之路：长安—天山廊道的路网	汉魏洛阳城遗址	《汉魏洛阳故城保护总体规划》	河南省文物局	2008-2025
		隋唐洛阳城定鼎门遗址	《隋唐洛阳城定鼎门遗址保护总体规划》	河南省文物局	2007-2020
8	大运河	通惠河北京旧城段	《大运河遗产保护规划（北京段）》	北京市文物局	2012-2030
		通惠河通州段			
9	鼓浪屿：历史国际社区	—	《鼓浪屿文化遗产地保护管理规划》	厦门市政府	2013-2025

3.5.2　本体保护工程依旧是重点，日常巡查保养工作有待加强

3.5.2.1　本体保护工程仍是遗产保护管理的重点

2019 年，35 项遗产、67 处遗产地实施了 206 项保护工程，项目类型以本体保护工程、环境整治工程为主，分别占比 61.65%、11.17%。本年度新开工 127 项保护工程，本年度完工 115 项保护工程。

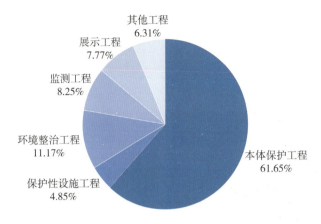

图 3-46　2019 年我国世界文化遗产地实施的各类文物保护工程

　　33 项遗产、54 处遗产地实施本体保护工程 127 项，部分本体保护工程在保护技术和研究方法上进行了创新和探索，具有一定借鉴意义。如大足石刻在正式开展宝顶山卧佛保护修缮工程之前，进行了稳定性勘察、劣化机理研究、修复试验效果跟踪监测等工作（图 3-47）。明清故宫—北京故宫在实施养心殿、宁寿宫花园研究性保护项目时，利用多学科研究方法，真实地揭示古建筑历史信息（空间特征、材料、结构、构造、历史文献、营造技艺），并严格以历史信息为修缮依据，采用传统技艺和现代科技对建筑进行病害去除和结构加固，修缮效果显著。

大足石刻卧佛稳定性勘察　　　　　　　　　　　　　大足石刻卧佛彩绘保护修复

图 3-47　大足石刻宝顶山卧佛保护修缮工程（数据来源于大足石刻研究院）

　　10 项遗产、12 处遗产地实施环境整治工程 23 项。如丽江古城对缓冲区内东北片区的不协调建筑物进行整治；殷墟按照国家考古遗址公园规划的要求，通过历史环境营造、道路提升、植被种植和配套设施建设，优化了遗址入口区及宫殿宗庙区环境。

　　8 项遗产、9 处遗产地实施了展示工程 16 项。如良渚古城遗址以传承突出普遍价值为核心，实施了以突出城址空间格局、遗产要素价值特征的展示内容，对三重城池结构、宫殿区、人工河道、王陵区、作坊区进行具体展示（图 3-48）；明清故宫—沈阳故宫在太庙建筑群修缮期间配套开展了文物保护工程公共示范和观摩体验活动，让民众看得见、能参与，了解文物工程的施工工艺，充分发掘和利用文物在工程施工阶段的教育功能。

良渚古城遗址雉山展示点　　　　　　　　良渚古城遗址南城墙展示点

图 3-48　良渚古城遗址展示工程项目（数据来源于杭州良渚古城遗址世界遗产监测管理中心）

　　大运河—江南运河杭州段，明清皇家陵寝—明显陵、明十三陵及良渚古城遗址对遗产本体和影响因素开展了专项监测。如大运河—江南运河杭州段保护管理机构对大运河水质、底泥进行日常监测，对富义仓进行基础稳定性、结构变形、传统材料的老化保存等专项监测，对拱宸桥开展地铁运行影响的专项监测；同时对重要遗产点、遗产河段进行基础测绘和三维扫描，作为后期监测的基准数据。明清皇家陵寝—明显陵开展了影壁赋存环境监测和本体监测，通过安装温湿度、雨量、酸雨、日照、风压、沉降和位移等传感器，实现对影壁风化因素和本体形变的监测；同时，通过数字近景摄影测量技术实现对影壁表面病害的监测（图 3-49）。良渚古城遗址针对南方潮湿环境土遗址保护开展了"良渚遗址本体劣化风险无损监测研究"和"良渚古城遗址生态环境的调查研究"。

明清皇家陵寝—明显陵影壁监测　　　　大运河—江南运河杭州段拱宸桥专项监测

图 3-49　大运河—江南运河杭州段、明清皇家陵寝—明显陵开展的专项监测工作
（数据来源于杭州市京杭运河〈杭州段〉综合保护中心、钟祥市明显陵管理处）

从遗产类型上看（大运河除外），近两年古建筑、文化和自然混合遗产、石窟寺及石刻和文化景观类遗产以实施本体保护工程为主；古村落、历史城镇和中心，古遗址和古墓葬类遗产以实施环境整治工程为主；古遗址及古墓葬、文化景观类遗产相对关注展示利用工程。古建筑、古遗址及古墓葬、石窟寺及石刻类遗产近两年都实施了监测工程（图3-50）。

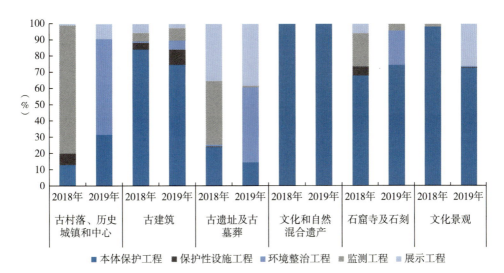

图3-50　2018-2019年不同类型遗产地实施的文物保护工程情况

3.5.2.2　地方财政是各类工程的主要经费来源

2019年，中央和地方各级财政安排26.51亿元实施了206项文物保护工程，其中地方财政是工程经费的主要来源，占比72.81%，相较去年增长一倍以上（图3-51）。环境整治工程的经费投入最多，占所有工程经费的一半以上。从经费来源看，2019年本体保护工程、监测工程的经费以中央财政为主，环境整治工程、展示工程的经费以地方财政为主（图3-52）。

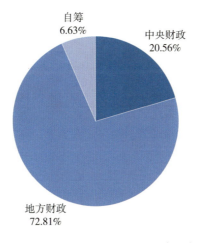

图3-51　2019年文物保护工程投入经费的来源情况

图 3-52 2017-2019 年主要工程经费来源情况

近三年数据显示，本体保护工程和监测工程经费仍以中央财政为主；环境整治工程均以地方财政经费为主，且比例呈上升趋势；展示工程经费明显从以中央财政为主转变成以地方财政为主，中央财政的支持微乎其微。特别是 2019 年，环境整治工程和展示工程中地方财政经费均超过总经费的九成。

从上述分析不难发现，2019 年中央财政投入占比大幅度减少。2019 年初财政部、国家文物局联合修订印发《国家文物保护专项资金管理办法》，结合文物保护项目审批改革和文物保护工作实际情况，对中央财政支持方式进行了修改。新办法中，国家文物保护专项资金除国家文物局批复方案的重点项目预算外，其余资金实行因素法切块下达，由省级财政细化到文物保护项目，再由省级及省级以下文物行政部门进行项目批复。而中央财政则重点支持全国重点文物保护单位文物本体保护和世界文化遗产监测管理体系建设的工作，这些政策调整的变化在今年的数据中得到充分体现。新政策的出台也体现了落实文物安全属地管理主体责任，提高地方人民政府文物保护能力的大趋势。

3.5.2.3 遗产日常巡查养护工作有待建立稳定的机制

2019 年，大部分遗产地均开展了日常巡查工作，日常巡查记录较规范，除明清皇家陵寝—清福陵、五台山—台怀以外，其他遗产地的巡查范围均覆盖了所有遗产要素。52 处遗产地共计投入 11,537.78 万元专项经费（不含人员工资）用于日常巡查管理和日常养护工作。其中，大运河杭州段投入 3,795.27 万元用于各遗产点的保护管理、保养维护、保洁工程、日常巡查等工作，通过每月编制遗产巡查报告，建立抄告制度，跟踪重点事件或问题，强化督促和反馈，促使日常保护管理部门及时维修、养护以及建设责任单位有效整改。曲阜孔庙、孔林和孔府制定全年古建筑岁修维修工作计划，定期做好安全巡查，屋面、墙顶拔草倒垅、勾抹瓦缝、检修加固、彩画修缮等日常保养维修工作。苏州古典园林开展了建筑物、构筑物维修保养，假山裂缝修补、水体生态治理等工作，针对建筑物的油漆剥落、构件腐烂、屋面漏雨等问题，及时采取油漆见新、更换构件、修缮拨正、清理等措施。明清皇家陵寝—明孝陵在加强文物巡查的基础上，对文物保养维护工作进行拾遗补缺，对防雷设施进行定期检测。

与去年相比，28处遗产地日常管理经费有所增加，32处遗产地经费有所减少。连续两年均投入经费开展日常巡查和养护工作的遗产地不足1/3。尽管有部分遗产地的日常管理经费以人员工资的形式支出，但总体来说遗产的日常巡查和保养维护经费保障不足，其经费总数仅占本体保护维修工程经费的1/5。目前文物日常管理经费由市县级财政支持，由于地方经济水平不同和对文物工作重视程度的差异，一些遗产地难以落实满足日常管理需求的经费保障，省级层面上仅有山西省、河北省拨付专项经费补助用于遗产地日常管理。总体来看，我国世界文化遗产日常管理工作的经费保障有待加强。

《世界文化遗产保护管理办法》第十三条规定："保护机构应当对世界文化遗产进行日常维护和监测，并建立日志"。保护管理机构应建立日常保养维护制度和工作流程，根据遗产保护需要将一定比例的日常管理和保养经费纳入单位年度预算，并制定相应计划严格执行预算。地方人民政府应重视世界文化遗产的日常管理工作，将日常管理经费纳入当地财政预算，为日常保养维护提供财政保障。同时，世界文化遗产大省也应当立足省情，探索适当的财政补助方式。

3.5.3　充分利用先进科技开展安全防护

2019年，为进一步加强文物安防和火灾防控基础设施建设，我国世界文化遗产地共投入经费3.15亿元，实施消防、安防和防雷等各项安全防护工程82项，涉及25项遗产、42处遗产地。中央财政经费占比64.26%，相较上年增长17.35%。从单个遗产地来看，43.42%遗产地的安消防经费以中央财政为主，相较上年增长10.73%，表明本年度中央财政加强了对遗产安消防工程的支持（图3-53）。

在安消防工程的实施中，遗产地充分利用智能系统、物联网、移动巡查等先进技术，进一步推进了文物安全防控能力建设。如大足石刻智能防火预警系统平台FR4000与遗产监测预警平台组成了集用户管理、视频监控、GIS火点定位以及林火资源管理于一身的综合性预警平台，能探测覆盖范围方圆3000米火源目标，单台设备覆盖面积可达50平方公里。除此之外，遗产地还通过加强文物安全宣传与执法检查，及时排查、消除安全隐患，开展消防培训和消防演练等工作及时发现安消防的危险点，提高文物安全意识和消防处置能力。

图3-53　2018-2019年安消防工程经费情况

在各方的共同努力下，我国世界文化遗产安全形势总体平稳，但火灾、坍塌等影响文物安全的因素依然存在。如山西平遥古城武庙火灾事故，由武庙文物维修工程施工人员违规使用明火引发，直接损失339万元。2019年，法国巴黎圣母院、意大利皇家马厩与马术学院、日本首里城等世界文化遗产相继发生重大火灾，为我国世界文化遗产安全工作敲响警钟。各遗产地务必加强文物安全排查，重点检查易引发失火、失盗、损毁、坍塌等安全隐患点。对排查出的隐患点严格按照整改标准，逐个整改验收，坚决遏制文物安全事故发生。

3.5.4　考古发掘项目普遍开展遗址现场保护

考古项目包括遗产地开展的考古调查、考古发掘等工作。

2019年，10项遗产、14处遗产地开展了19项考古调查和发掘项目，均为本年度新开工项目，其中11项已于当年完成，发掘现场的回填面积达六成以上，相较上年减少近三成。本年度经费投入共1,949.24万元，以中央财政拨款为主的遗产地占一半，以地方财政拨款和遗产保护管理机构自筹为主的分别是两成和三成。现场保护经费为329万元，占总经费的16.88%，与上年相比基本持平；投入经费进行遗址现场保护的项目占84.21%，比去年增加将近两成，遗产地对遗址现场保护的意识逐步增强。

九成以上项目为主动性考古发掘或调查。通过考古发掘研究，促进遗产地进一步厘清遗产要素的构成及分布情况，深化对遗产价值的认知。如对殷墟小屯宫殿宗庙区的考古发掘，在宫殿区西部发现了大型池苑的存在，极大改变了对宫殿布局的认识。又如对汉魏洛阳城的北魏太极殿宫院西门、太极殿北侧廊道与宫门的系统解剖，发现了太极殿宫院建筑群自曹魏至北魏重修改建沿用的众多遗迹，进一步深化了北魏宫城大体是在曹魏洛阳宫基础上修建沿用的总体认识。研究出版方面，良渚古城遗址出版了《良渚古城综合研究报告》，介绍了良渚古城遗址近年来的考古综合研究成果。殷墟发表了两篇发掘简报。

3.5.5　科研工作开展数量有所减少，以历史文化为主要研究方向

2019年，24项遗产、32处遗产地的保护管理机构开展了学术研究工作，占遗产地总数的29.63%，相较上年减少28.53%。各项学术研究成果共计501项，其中课题158项、著作63项、论文280项；相较2018年减少385项，其中课题减少57项，著作减少23项，论文减少305项。从研究内容来看，本年度的学术研究以历史文化方向为主，其次是理论研究和工程技术（图3-54），比例相较去年基本一致。其中以遗产监测为方向的课题15项、著作3篇、论文5篇，主要涉及文物本体监测、微环境监测、水质监测、病虫害监测等方面。

2019年，学术研究经费投入共11,818.3万元，经费来源以地方财政为主，约占78%，中央财政和遗产保护管理机构自筹经费分别占15%和7%。2019年的学术研究经费及经费来源情况基本与上年一致。

2019年，共开展国家级课题11项（表3-5），经费为3,450万元，占课题总经费的54%，研究方向以文物本体保护为主。共涉及6处遗产地，分别为明清故宫—北京故宫、莫高窟、云冈石窟、高句丽王城、王陵及贵族墓葬—国内城、丸都山城及高句丽王陵和贵

族墓葬，红河哈尼梯田文化景观，大运河—江南运河常州城区段。其中课题经费最高的为明清故宫—北京故宫承担的由国家科学技术部委托的《有机质可移动文物价值认知及关键技术研究》课题，经费为 1,050 万元。

2019 年，共出版著作 64 部，其中数量排名前 5 的遗产地分别为北京皇家园林—颐和园、明清故宫—北京故宫、莫高窟、大足石刻、云冈石窟（图 3-55）。

图 3-54　2018-2019 年遗产地科研成果的研究方向情况

表 3-5　2019 年遗产地开展的国家级科研课题统计表

遗产地	国家级课题名称
明清故宫—北京故宫	有机质可移动文物价值认知及关键技术研究
	不可移动文物本体劣化风险监测分析技术和装备研发
	抬梁式木构古建抗震性能系统化研究
	元大内规划复原研究
莫高窟	科技和艺术结合—多光谱影像技术在敦煌壁画艺术多角度价值阐释中的应用
	基于大尺度仿真模拟试验的夯土遗址 Na2SO4-NaCl 盐分化机理研究
云冈石窟	高校文博专业《石质文物保护基础》教材编撰（19BKG035）
	石窟文物风化评估研究及保护技术应用示范
高句丽王城、王陵及贵族墓葬—国内城、丸都山城及高句丽王陵和贵族墓葬	高句丽壁画墓原址保护
红河哈尼梯田文化景观	云南红河哈尼梯田保护的产业发展支撑研究
大运河—江南运河常州城区段	大运河遗产江南段明清古桥建造技术、民俗文化和装饰艺术演变研究

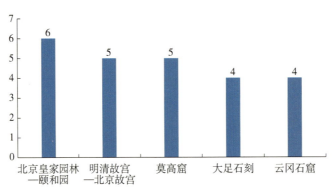

图 3-55　2019 年已出版著作数量排名前五的遗产地

3.6　遥感监测

遥感监测是利用遥感技术监测地物变化的技术方法。本节将以 2010-2014 年、2018-2019 年两期高分辨率卫星影像为数据源，通过比对图斑的变化获取我国世界文化遗产的遗产区、缓冲区内的建设情况，全面、客观、科学地反映遗产地存在的建设问题，以辅助地方人民政府、遗产地管理部门的建设管控工作，提升保护管理水平。

3.6.1　遗产区划内的图斑均有不同程度的变化

遥感监测数据显示，我国 30 项遗产、43 处遗产地图斑[64] 均有不同程度的变化，其中明清皇家陵寝—清昭陵、福建土楼—南靖土楼、澳门历史城区、明清皇家陵寝—明孝陵、明清故宫—北京故宫、明清皇家陵寝—清永陵变化面积相对较小。图斑变化面积主要集中在 10-50 公顷之间（图 3-56）。

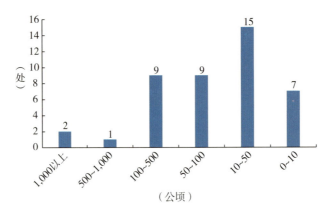

图 3-56　2019 年变化图斑的面积分布情况

---

[64]　本文所指的图斑变化信息未经实地核实。

3.6.2　图斑变化以房屋建筑区为主

图斑变化类型以自然地物中的耕地、草地、林地转化为人工地物中的房屋建筑区、构筑物、人工堆掘地及道路等为主，占比45.53%；人工地物中的房屋建筑区、构筑物之间的转化次之，占比40.92%；自然地物转为自然地物、人工地物转为自然地物较少，各占6.9%和6.65%（表3-6）。

表3-6　43处遗产地地物类型变化统计

类别	图斑变化数量	图斑变化面积 （单位：公顷）	面积占比
自然地物转为人工地物	7280	3291.25	45.53%
人工地物转为人工地物	6729	2957.33	40.92%
人工地物转为自然地物	1167	480.6	6.65%
自然地物转为自然地物	235	498.92	6.9%

对43处遗产地的人工地物类图斑变化后的情况进行了统计分析，统计结果显示，变化后的类型以房屋建筑区为主，占比40.97%；碾压踩踏地表次之，占比14.29%；建筑工地、其他硬化地表、城市道路、停车场、硬化地表、其他构筑物、露天体育场、道路、耕地、公路、堆放物、人工堆掘地、构筑物、停机坪与跑道、水工设施、铁路、工业设施、乡村道路、广场、林地、其他人工堆掘地、硬化护坡、露天采掘场占比10%以下（表3-7）。

表3-7　43处遗产地人工地物类图斑变化后的类型统计

类别	图斑变化数量	图斑变化面积 （单位：公顷）	面积占比
房屋建筑区	9863	2671.9	40.97%
碾压踩踏地表	1209	931.91	14.29%
公路	167	601.37	9.22%
建筑工地	235	436.56	6.69%
硬化地表	937	352.42	5.40%
道路	105	283.46	4.35%
露天采掘场	39	209.25	3.21%
耕地	403	192.79	2.96%
其他构筑物	229	118.23	1.81%
停车场	245	114.43	1.75%
城市道路	232	102.76	1.58%

续表

类别	图斑变化数量	图斑变化面积 （单位：公顷）	面积占比
工业设施	14	72.01	1.10%
其他硬化地表	371	62.9	0.96%
露天体育场	142	57.77	0.89%
林地	212	56.14	0.86%
人工堆掘地	32	48.26	0.74%
停机坪与跑道	19	48.11	0.74%
广场	45	39.59	0.61%
堆放物	36	32.15	0.49%
乡村道路	36	29.85	0.46%
水工设施	20	22.8	0.35%
硬化护坡	9	22.4	0.34%
其他人工堆掘地	8	8.18	0.13%
构筑物	10	5.49	0.08%
铁路	4	1.4	0.02%

本次遥感监测结果与2016—2019年提交监测年度报告的43处遗产地的涉建项目数据进行了对比分析，结果显示遥感监测发现的图斑变化信息比遗产地主动上报的涉建项目数量多得多。

目前，我国世界文化遗产地受城镇化建设、商业开发等因素的影响，建设项目较多，还存在法人违法、文物部门不知情或者知情不报的情况，导致遗产保护管理机构对涉建项目的管理困难重重。各遗产地应建立完善违法监管长效机制、切实落实主体责任、加强日常巡查检查，及早发现及时整改，确保遗产安全、价值不受影响。

3.7 舆情监测[65]

世界文化遗产舆情是指公众对世界文化遗产相关现象、问题表达的态度、意见和情绪等的总和。监测世界文化遗产舆情，是管理者了解遗产保护管理工作问题，保障世界文化遗产安全，提升监管和危机处理能力的重要手段。

3.7.1 舆情总量增幅明显，古建筑类遗产、宣传展示利用话题受关注较高

2019年，海内外媒体发布的涉及我国世界文化遗产的核心舆情信息[66]共计11,487篇，

---

〔65〕 数据来源于中国世界文化遗产监测预警总平台舆情专项监测。

〔66〕 核心舆情信息，即指转载的独立报道。为确保信息的准确性，避免冗余信息的干扰，本章以核心舆情信息分析为主，以转载报道分析为辅。

相较 2018 年同比增幅达 30.83%[67]，涉及我国全部的世界文化遗产（含 37 项世界文化遗产、4 项文化和自然混合遗产）（图 3-57）。报道量排前五名的遗产分别是明清故宫（北京故宫、沈阳故宫）、大运河、长城、莫高窟、丝绸之路：长安—天山廊道的路网，这 5 项遗产的报道量之和占到了核心舆情总量的 72.34%，与 2018 年前五名遗产地相同，顺序略有不同。其中，排名第一的明清故宫（北京故宫、沈阳故宫），报道量约为第二名和第三名之和，是报道量最少遗产（高句丽王城、王陵及贵族墓葬）的近 364 倍。良渚古城遗址在 2019 年 7 月 6 日，于联合国教科文组织第 43 届世界遗产委员会大会上审议通过，成功列入《世界遗产名录》，作为新晋遗产地，热度排在第 9 名，但相关报道量也仅占核心舆情总量的 3.7%。这表明我国世界文化遗产的舆情分布极不平衡。

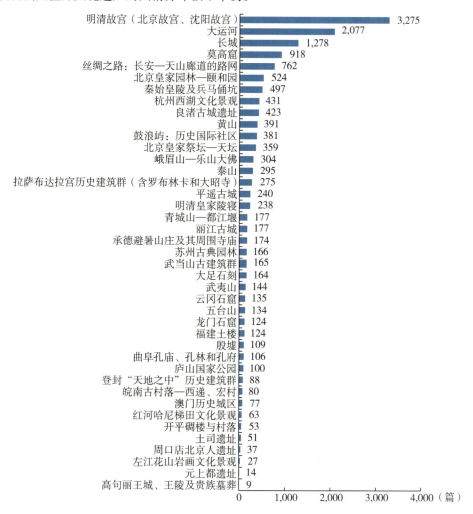

图 3-57　2019 年各项遗产核心舆情数量情况[68]

---

〔67〕 2018 年核心舆情信息 8,780 篇，参考中国文化遗产研究院. 2018 年度中国世界文化遗产舆情分析报告 [J]. 中国文化遗产，2019（6）.

〔68〕 一篇核心舆情可能会涉及多个遗产地，若按每个遗产地所涉及的核心舆情数量统计，共有 15,166 篇。

与 2018 年相比[69]，2019 年我国世界文化遗产涉及的核心舆情增量为 4235 条，其中明清故宫、大运河、长城和莫高窟 4 项遗产的核心舆情增量达到 3052 条（图 3-58），占总增量的 72.07%。通过对 4 项遗产核心舆情分析可知，2019 年《长城、大运河、长征国家文化公园建设方案》的发布，使长城、大运河受到了广泛关注，新闻媒体对这一消息进行了广泛报道，转载量也位居全年核心舆情转载量之首。另一方面，在方案发布后，在社交媒体新浪微博上以"国家文化公园"为关键词进行话题搜索，可得"2023 年底基本完成国家文化公园建设"和"长城大运河长征国家文化公园建设方案"两条，阅读量分别达到 1.3 亿次和 1,000 万次。北京故宫和莫高窟受到热点事件和名人效应的双重影响。微博上某知名艺人发布的关于北京故宫的一条微博转载量高达 100 万条，另外《上新了故宫第二季》开播，节目邀请的明星及众多网友也纷纷转发消息，2019 年北京故宫的雪也引发众多网友关注；樊锦诗先生获颁共和国勋章和"文物保护杰出贡献者"国家荣誉称号等新闻，也使莫高窟备受关注。

图 3-58　2018-2019 年明清故宫等 5 项遗产核心舆情数量变化情况

从报道涉及的遗产类型看，2019 年古建筑类遗产的报道数量遥遥领先，占全部核心舆情信息的 53%。以下依次为古遗址及古墓葬（13%），石窟寺及石刻（11%），古村落、历史城镇和中心（10%），文化和自然混合遗产（8%）和文化景观（5%）。相较于不同遗产类型的数量，古遗址及古墓葬作为我国世界文化遗产类型最多的遗产地（38%），核心舆情信息占比仅有 13%，这表明社会对古遗址及古墓葬类遗产地的关注度明显不足（图 3-59）。

---

〔69〕　2018 年遗产地涉及的核心舆情数量为 10,931 篇。

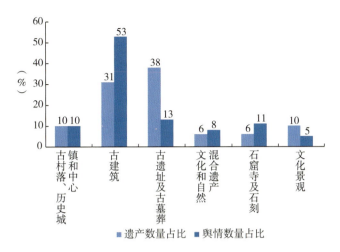

图 3-59　2019 年不同遗产类型的数量与核心舆情信息数量占比情况

从报道话题看，2019 年我国世界文化遗产核心舆情涉及《中国世界文化遗产监测数据规范（试行版）》[70] 提及的"宣传展示利用""保护管理""旅游与游客管理""机构与能力"和"遗产保存情况与影响因素"等五方面的全部内容。其中"宣传展示利用"话题关注度最高，核心舆情信息量占到我国世界文化遗产核心舆情总量的 64.32%，涉及 36 项遗产；其次为"保护管理"，占比为 17.73%，较去年同比上升 6.44%，热度从第三升至第二；接下来是"旅游与游客管理"，占比 12.28%，同比下降 6.27%，排名降至第三；"机构与能力"相关报道较上年也有上升，从 2.62% 升至 4.51%，主要关注"机构、经费、人员""人才培养与培训"和"政策法规规章"；"遗产保存情况与影响因素"相关信息最少，占比仅为 1.17%，同比下降约一半（图 3-60）。

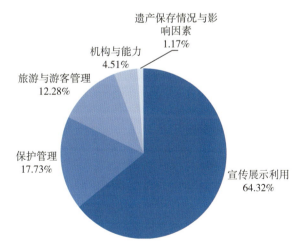

图 3-60　2019 年核心舆情信息的内容分布情况

---

〔70〕　中国文化遗产研究院，国信司南（北京）地理信息技术有限公司 . 中国世界文化遗产监测数据规范（试行版）[Z]. 2014.

从舆情发生的时间看，2019年下半年我国世界文化遗产核心舆情数量明显高于上半年。具体说来，7—12月报道数量占到全年的55.86%，是1—6月份报道数量的1.27倍，核心舆情峰值出现在7月和12月（图3-61）。

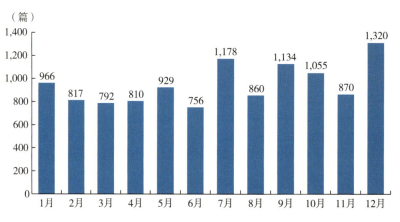

图3-61　2019年核心舆情信息的发生时间情况

表3-8　2019年核心舆情转载量Top10

序号	新闻标题	涉及遗产地	日期	转载量
1	中办、国办印发《长城、大运河、长征国家文化公园建设方案》	长城、大运河	2019/12/5	1,629篇
2	习近平主持召开中央全面深化改革委员会第九次会议	长城、大运河	2019/7/24	1,020篇
3	网友质疑"秦兵马俑坑内浇水"管理部门回应：既防尘又保护文物	秦始皇陵及兵马俑坑	2019/12/21	811篇
4	文明之光照亮复兴之路—以习近平同志为核心的党中央关心文化和自然遗产保护工作纪实	明清皇家陵寝，明清故宫（北京故宫、沈阳故宫），长城，大运河，鼓浪屿：历史国际社区，丝绸之路：长安—天山廊道的路网	2019/6/9	709篇
5	"须弥福寿—当扎什伦布寺遇上紫禁城"展亮相故宫	明清故宫（北京故宫、沈阳故宫）	2019/12/8	625篇
6	世界遗产大会落幕 新增29处世界遗产	良渚古城遗址	2019/7/11	527篇
7	京杭启动大运河文化带对话	大运河	2019/12/5	423篇
8	第44届世界遗产大会将于2020年在中国福州举行	良渚古城遗址	2019/7/9	420篇
9	7月21日起布达拉宫参观需提前一天预约	拉萨布达拉宫历史建筑群（含罗布林卡和大昭寺）	2019/7/21	410篇

序号	新闻标题	涉及遗产地	日期	转载量
10	2019年国庆假期文化和旅游市场情况	武当山古建筑群，长城，黄山，峨眉山—乐山大佛	2019/10/7	351篇

3.7.2　九成舆情信息以非负面情绪为主，"遗产保存情况与影响因素"相关负面舆情发生率最高

从情感倾向看，2019年我国世界文化遗产核心舆情信息绝大多数为非负面，负面舆情仅99篇，占比0.86%，共涉及15项遗产。其中与长城相关的负面舆情数量最多，达23篇，占全国负面舆情信息总量的近四分之一。

表3-9　2019年主要负面舆情一览表

序号	新闻标题	涉及遗产地	日期
1	文旅部处理7家5A级旅游景区 乔家大院被取消质量等级	峨眉山—乐山大佛	2019-07-31
2	不买东西走不出鼓浪屿？厦门导游威胁游客，被取消带团资格	鼓浪屿：历史国际社区	2019-11-25
3	市民投诉：这里违法停车 交管回应称找文物部门	大运河	2019-11-21
4	国务院安委办挂牌督办33家博物馆和文物建筑重大火灾隐患单位	青城山—都江堰	2019-04-17
5	西湖鸳鸯惨遭游客"黑手"出窝57只现存仅39只	杭州西湖文化景观	2019-05-23
6	杭州西湖景区再现"辣手摧花" 文明赏花有这么难吗？	杭州西湖文化景观	2019-03-27
7	一声叹息 带着素质出行 五一节西湖草坪上长满游客	杭州西湖文化景观	2019-05-02
8	南京明孝陵神烈山碑被恶意描红"山"字被涂污	明清皇家陵寝	2019-11-29
9	永定一座300年土楼垮塌！如何妥善修复保存这些世界文化遗产？	福建土楼	2019-04-23
10	"世遗"明孝陵神烈山碑被描红，警方：已锁定涂污者	明清皇家陵寝	2019-07-04
11	不止掰坏兵马俑，外国游客还在颐和园干了这种过分的事！	北京皇家园林—颐和园	2019-04-11
12	颐和园内两商家检出卖假玛瑙玉镯被行政处罚！实为石英岩或玻璃	北京皇家园林—颐和园	2019-08-23

序号	新闻标题	涉及遗产地	日期
13	国家文物局督察平遥古城武庙火灾：施工存明显违规	平遥古城	2019-06-02
14	庐山龙首崖突发火灾	庐山国家公园	2019-08-01
15	不文明行为曝光台｜少数游客无视禁令在武当山禁烟区这样做！	武当山古建筑群	2019-02-07
16	河北一4A景区被"摘牌" 承德避暑山庄被责令整改	承德避暑山庄及其周围寺庙	2019-10-02
17	陕西秦始皇陵控制地带要建酒店引热议 官方回应	秦始皇陵及兵马俑坑	2019-10-17
18	熊孩子故宫随地便溺惹中国游客众怒	明清故宫（北京故宫、沈阳故宫）	2019-02-18
19	故宫商业大跃进 逐渐失控的IP洪流	明清故宫（北京故宫、沈阳故宫）	2019-02-20
20	什么素质啊！故宫古香炉浮雕被嵌入多枚硬币	明清故宫（北京故宫、沈阳故宫）	2019-03-29
21	游客故宫吸烟并发视频炫耀 警方已启动调查程序	明清故宫（北京故宫、沈阳故宫）	2019-07-19
22	秦皇岛长城砖数次遭破坏、盗窃！警方悬赏5万元，当地曾立法保护	长城	2019-02-04
23	北京昌平一处明长城疑遭人为损伤 城墙豁口2米多长	长城	2019-07-02
24	明长城屡遭破坏，文物保护 榆林是认真的吗？	长城	2019-05-29
25	被水浸泡、遭工地包围 陕西定边明长城保护陷窘境	长城	2019-05-29
26	金山岭长城举办音乐节被指破坏文物	长城	2019-06-06
27	陕西省明长城古遗址—府谷县"镇羌堡"遭破坏	长城	2019-06-17
28	济南绕城高速规划穿越齐长城遗址 被国家文物局否决	长城	2019-10-18
29	为转运，俩男子爬长城偷砖，"运气"来了，被困悬崖	长城	2019-12-27
30	最后五天，长城被迫加入年度沙雕新闻竞争……	长城	2019-12-30

表 3-10　2019 年负面舆情转载量 Top10

序号	标题	涉及遗产地	来源	日期	转载量
1	国务院安委办挂牌督办 33 家文物建筑等火灾隐患单位	青城山—都江堰	中国新闻网	2019/4/17	127 篇
2	鼓浪屿导游斥责游客：在岛上信不信让你走不出去	鼓浪屿：历史国际社区	北京青年报	2019/11/25	115 篇
3	文旅部处理 7 家 5A 级旅游景区 乔家大院被取消质量等级	峨眉山—乐山大佛	中国新闻网	2019/7/31	95 篇
4	北京昌平一处明长城疑遭人为损伤 城墙豁口 2 米多长	长城	北京青年报	2019/7/2	43 篇
5	国家文物局督察平遥古城武庙火灾：施工存明显违规	平遥古城	中国新闻网	2019/6/2	25 篇

　　从遗产类别看，文化景观类遗产负面舆情率最高（1.82%），其次是文化和自然混合遗产（1.8%），古村落、历史城镇和中心（1.68%）、古遗址和古墓葬（1.29%）、古建筑（1.22%），石窟寺及石刻类最低，仅占 0.25%（图 3-62）。

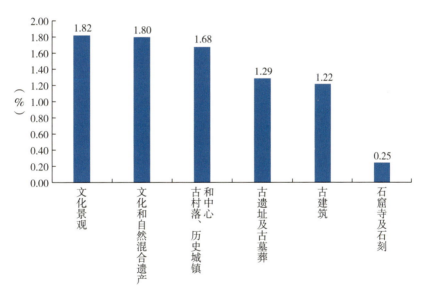

图 3-62　2019 年不同类型遗产的负面舆情发生率情况

　　从舆情内容看，"遗产保存情况与影响因素"的负面舆情发生率高达 25.4%，"保护管理""旅游与游客管理"的负面舆情发生率较低，分别为 4.3% 和 2.8%，"宣传展示利用""机构与能力"则未发生负面舆情（图 3-63）。

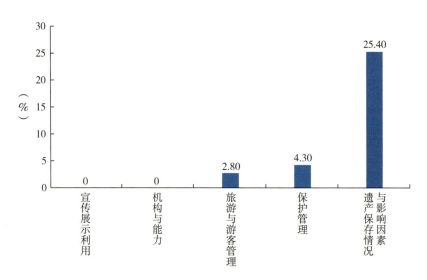

图 3-63　2019 年不同主题的负面舆情发生率情况

　　总体看来，2019 年我国世界文化遗产的舆情呈现以下特点：各遗产地舆情分布极不平衡，经初步分析主要受遗产地本身的规模以及可观赏性和易达性等客观条件，遗产管理机构社会沟通能力、意愿以及机构负责人个人的影响力等主观因素的影响；热点事件、名人效应，以及报道主体与受众需求差异等共同导致各遗产地舆情增量与时间分布不平衡；各类型遗产地的数量比例与报道量比例存在明显差异；负面舆情主要涉及"保护管理""旅游与游客管理""遗产保存情况与影响因素"等方面。

　　当前我国世界文化遗产的保护管理工作受到媒体和公众前所未有的关注，管理者应进一步提高工作站位，用足国家政策，推动我国世界文化遗产保护管理工作融入国家发展大局；同时补齐工作短板，发挥比较优势，实现我国世界文化遗产各项工作和各遗产地的均衡发展；加强舆情分析，提升处置能力，积极应对舆情快速增长，负面舆情频发的新形势所带来的挑战。

第4章　总结与建议

近年来，国际组织对于《世界遗产公约》缔约国履约情况的监督和对遗产地保护管理工作的要求愈发严格，同时随着多项专业性议题讨论的深入，世界遗产工作也愈发向着精细化和综合性的方向发展。我国长期以来严格践行世界遗产有关精神，在遗产的申报和保护管理方面取得了一定成绩，但仍有提升空间。随着世界遗产申报"一年一项"政策的实施，申报的速度势必放缓，工作的重心将向预备名单项目的培育和名录中已有项目保护管理能力提升的转变，一方面扎实做好预备名单中项目的价值研究，采用上游程序等方法，提前解决潜在的保护管理问题；另一方面做好现有世界遗产的保护管理工作，切实保证文物安全，积极履行国际承诺事项，在国际舞台上树立中国负责任的大国形象。

4.1　承诺事项

2019年，我国世界文化遗产共有承诺事项726项，超过99%的承诺事项处于正常履行状态，总体履行情况较好。但仍有3项承诺事项处于非正常履行状态。承诺事项是缔约国必须履行的责任和义务，是国际组织评估世界遗产保护管理工作的重要指标，承诺事项履约状况不好，不仅会对我国世界文化遗产的真实性、完整性造成破坏，还容易受到联合国有关组织的质询。遗产保护管理机构和地方人民政府应该予以高度关注和重视，并加大人力、物力投入，积极履行承诺，尚处于非正常履行状态的承诺应尽快履行，正在履行的承诺也应按照国际组织的技术和时间要求完成。同时，承诺事项也是了解国际世界遗产保护理念的窗口，尚未有承诺事项的遗产地也应结合自身特色，将其作为保护管理的目标和指引，积极运用到实际保护管理工作中去。

4.2　本体保存

4.2.1　加强建设项目监测，保护总体格局价值特征

2019年，4处遗产地总体格局发生非负面影响变化，总体保存较好。联合国教科文组织世界遗产委员会非常重视总体格局变化对世界文化遗产突出普遍价值的威胁，多次通过反应性监测或者要求提供保护状况报告等形式，以评估格局变化是否对世界文化遗产突出普遍价值造成负面影响。遗产区和缓冲区内的建设问题对遗产总体格局的影响应该得到遗产保护管理机构和地方人民政府的足够重视，预防任何可能对遗产突出普遍价值特征造成不可挽回的负面影响的情况。特别是随着城乡经济的发展以及遗产旅游供给侧改革的进一

步推进，城市各项建设活动以及整治或新建旅游服务设施的压力越来越大，遗产保护管理机构应高度关注遗产周边建筑开发项目、遗产阐释服务设施、运输基础设施的选址、形式、高度等是否对遗产总体格局造成不良影响，加强对遗产区、缓冲区内各类建设项目的监测，尽早发现问题、正视问题，并采取相应的措施，避免对遗产价值造成不可逆的负面影响。

4.2.2 加强自然灾害、病害及人为破坏行为监测，保护遗产要素价值特征

2019 年，60 处遗产地发生遗产要素变化，绝大部分变化是因为遗产地主动实施的各项保护修缮工程或日常保养工程，虽对遗产要素的结构、材料、形制、外观造成了轻微影响，但是修复了残损，保障了遗产安全，有利于遗产突出普遍价值的保护和传承。但仍须注意到，少数遗产要素变化由自然灾害、病害、不正当人类活动引起，遗产保护管理机构应针对遗产类型特点及受到的威胁情况，加强对遗产要素单体的监测，及时发现变化并采取干预措施，避免造成不可逆的变化。同时，遗产地在实施各类保护工程时，也应注意坚持"不改变文物原状"和"最小干预"的原则，确保遗产要素真实性、完整性不受到破坏。

4.2.3 进一步优化遗产使用功能，提升展示和阐释能力

2019 年，10 处遗产地使用功能发生正面影响变化。近 5 年数据显示，每年均有不少遗产地通过实施展示工程或是环境整治工程调整遗产要素或是周边环境的使用功能，来扩大对外开放空间、丰富展示内容，以更好地传承遗产突出普遍价值，这表明遗产地对遗产价值的阐释工作越来越重视。世界文化遗产作为中华文明成果的杰出代表，弘扬中华文明优秀传统文化的担当，各遗产地应充分落实《关于加强文物保护利用改革的若干意见》，在确保遗产价值得到最大程度保护的同时，强化价值梳理和研究，积极推动遗产的合理利用，使参观者更好地感悟遗产的突出普遍价值。

4.3 机构与能力建设

4.3.1 重视机构建设

2019 年，三成遗产地的保护管理机构发生变化（主要含机构名称变化、上级机构名称变化、经费来源变化），绝大部分受文旅机构改革的影响。随着机构改革的落地，我国世界文化遗产地的保护利用改革也初见成效。在保护和利用过程中，遗产地应充分拓展合理利用途径，推进世界文化遗产与旅游的有机融合，从而推动文化遗产的保护与经济社会的协同发展。

近 4 年数据显示，我国世界文化遗产地共有 11 个保护管理机构的级别得到提升，但截至 2019 年年底，处级以下遗产保护管理机构仍占比 42.65%，机构权力配置不够仍是我国世界文化遗产保护工作有心无力的制度成因之一。提升世界文化遗产地保护管理机构的行政级别是地方人民政府加强世界文化遗产工作的重要手段，行政层级越高，意味着资源配置的能力越强、管理的效率越高，尤其对于体量大、涉及协调部门多的世界文化遗产地，可以在不同部门利益协调中拥有更多的话语权，以更好地保护好、管理好世界文化遗产。

4.3.2　推进人才培养

我国世界文化遗产地保护管理人员总数基本保持不变，人才结构不断优化，但专业技术人才总体占比仍然较低，与《全国文博人才发展中长期规划纲要（2014—2020年）》中要求的45%相差较大。机构改革以来，部分地方文物工作机构、队伍有所削弱，存在"一人多岗"现象，对文化遗产保护工作提出了更大的挑战。专业人才资源是提升文化遗产保护、利用和管理水平的关键所在。2019年，国家文物局和人力资源社会保障部印发了《关于进一步加强文博事业单位人事管理工作的指导意见》和《深化文物博物专业人员职称制度改革的指导意见》，旨在完善评价标准，丰富评价方式，为促进文博事业全面发展提供人才支撑。各遗产地应充分利用好国家的相关政策，重视人才的培养，为人才发展提供必要的经费支持。

首先，创新用人机制，改进岗位设置常规做法，适当提高专业技术高级岗位比例；完善公开招聘条件和方式，拓宽引才渠道，适度放宽文物保护和修复研究类专业技术岗位公开招聘学历条件；其次，规范文博事业单位人事管理，完善聘用合同管理，鼓励文博事业单位与工作人员订立长期聘用合同，完善考核和奖惩制度；第三，强化文博事业单位工作人员能力建设，健全岗前培训、在岗培训、转岗培训、专项培训制度，实行分类分级培训，注重培养专业能力和专业精神，结合互联网等线上资源，扩大培训的范围，为专业人才创造充分的培训机会。

4.3.3　加强法律支撑

我国世界文化遗产地保护管理专项法规和规章已覆盖八成遗产地，其中有近1/5的地方专项法规和规章经过了修改或修订。但不可忽视的是仍有近二成遗产地没有专项法规和规章的保护，部分遗产地的法规和规章颁布时间较早，无法适应世界文化遗产保护管理的新要求。为有效开展世界文化遗产地保护管理工作，促进遗产地保护管理机构有法可依、有章可循，构建完善的法律体系，各遗产地应加快法规和规章的立法工作。

由于地理环境和地域文化的差异以及遗产类型和突出普遍价值的不同，世界文化遗产保护的要求也会各不相同，其立法内容和方式不能一概而论，应具体问题具体分析。在制定或修改的过程中，应该遵从其基本框架和立法原则，坚持精细立法、特色立法，突出关键性条款，解决实际问题，确保世界文化遗产的突出普遍价值得以完好地保存。在具体条文中，还应注意与国际公约的衔接，保护范围和建设控制地带的划定应符合遗产区、缓冲区的保护要求，应纳入遗产区、缓冲区的保护管理规定等。

4.3.4　统筹保护管理经费

我国世界文化遗产地的保护管理经费继续保持增长态势，中央和地方财政给予了重要的支持。地方财政相较上年增长快速，仍然是我国世界文化遗产保护管理经费的主要来源。但各遗产地之间的保护管理经费差异依然巨大。为确保有足够的经费满足实际保护管理工作需求，建议从以下几个方面加强经费保障：一方面，要将世界文化遗产保护管理工作纳入各地方人民政府的经济社会发展规划，在政府公共财政预算中单列世界文化遗产保护管理经费，在经济欠发达地区适当增加中央财政的投入规模和比重，构建世界文化遗产保护管理资金的稳定来源；另一方面，鼓励和引导社会资金参与世界文化遗产的保护，建立多渠道的世界文化遗产经费保障机制；加强国际合作，积极利用世界文化遗产保护的国际援助，吸收世界文化遗产保护国际资金参与我国世界文化遗产保护；最后，建立科学化、精细化的世界文化遗产保护经费预算管理和绩效管理机制，提高资金使用效率，确保资金能够最有效地用在遗产的保护和管理上[71]。

4.4　影响因素

2019年，我国世界文化遗产地均受到自然因素影响，但病害总体治理较好或基本控制正常，建设压力有所增加，游客压力稍有缓解，人为破坏大幅减少。暴雨、台风、地震等自然灾害一定程度上影响了遗产本体及其环境。建设压力、游客压力、自然环境仍然是影响我国世界文化遗产的主要因素。

4.4.1　加强建设项目的普法宣传

2019年，我国世界文化遗产遗产区、缓冲区内的涉建项目数量和涉及的遗产地数量均有所增加。少数遗产地存在未经文物部门同意的涉建项目，经分析造成这种情况的原因主要有：违法违规建设或项目虽在遗产区或缓冲区内，却不在文物保护范围或建设控制地带区划内，处于文物部门管辖范围之外，不需征求文物部门同意。针对这些情况，建议各遗产地在日常保护管理工作中，积极、主动地利用各种方式，加强对建设项目的引导、监督和管控。首先，各遗产地及当地人民政府应加强建设项目审批制度、文物保护法的普及和宣传、落实责任主体以及举报热线。在具体实践中，应加大普法力度，落实"谁执法谁普法"的具体举措，落实遗产保护各级人民政府主体责任，落实属地管理各项要求，全面提升遗产保护法治意识，发挥社区、社会组织、文物志愿者的作用，营造全面守法、全面参与遗产保护的良好社会氛围。其次，加强建设项目的监督和管控力度，通过专项人工巡查、遥感、志愿者巡查等手段，主动开展建设项目监测，提早发现问题、及时解决和处理问题。第三，针对遗产区或缓冲区不涵盖在文物保护范围或建设控制地带范围内的客观事实，各遗产地可在编制保护管理规划的过程中，或者制定/修订专项法规和规章时，把遗产区和缓冲区的保护纳入到国内文物保护单位的保护管理体系中去，为遗产区和缓冲区保护提供国内法律最高级别的保护，严格执行把征求文物部门意见纳入建设项目行政审批流程，避免因建设开发不当而使遗产价值特征遭到破坏，影响遗产突出普遍价值的维持。

4.4.2　积极采取措施缓解旅游压力、提升遗产旅游品质

2019年，近半数遗产地采用了预约方式管理游客，游客超载现象有所缓解，游客讲解

---

〔71〕　参考《中国世界文化遗产保护管理研究》，彭跃辉著，文物出版社，2015年，P226-227.

服务游客量小幅增长。17 处遗产地存在日游客量超载现象，游客不文明行为和游客破坏行为依然存在，旅游压力比较严峻。

面对旅游压力，建议遗产地通过调整旅游管理方式、研究游客承载量、合理控制游客流量、规范游客行为、鼓励志愿者参与、创新旅游模式、实行网络预约制度、提倡研学游模式、增设深度讲解与游客体验环节等有效措施，缓解旅游对遗产地带来的负面压力与影响，真正意义上注重旅游与遗产保护、利用的内在联系，注重遗产价值研究宣传阐释、遗产保护利用传承，发挥文旅融合新模式下的世界遗产保护与旅游相互结合、相互促进的作用。

为更好地满足游客旅游需求，我国世界文化遗产地保护管理机构还应不断提升游客服务质量和水平。一方面，从讲解服务角度，完善讲解员、导游、志愿者、语音导览系统、移动智能终端等服务体系，将游客置于遗产保护理念与新型旅游模式之下，使游客参与其中，有所参观、有所获；另一方面，从展示阐释的角度，要深入挖掘遗产价值、创新阐释方式，把遗产价值阐释和传播利用做精、做细。

4.4.3 加强自然环境与本体的联动监测与分析

2019 年，近六成遗产地开展了自然环境监测，仅有 1/4 的遗产地通过数据分析，明确了影响遗产本体保存状况、病害变化机理的主要因素。根据《国家文物事业发展"十三五"规划》的要求，我国文化遗产要实现由注重抢救性保护向抢救性与预防性保护并重的转变。自然环境作为影响本体保存的重要因素，遗产地应加强自然环境与本体的联动监测，积累监测数据，开展联动分析，全面掌握遗产保存现状及所受威胁程度，为保护工程前、中、后提供数据支持，为预防性保护提供决策依据。

4.5 保护项目及相关研究

4.5.1 落实遗产保护管理规划"编审管用"

目前我国有将近一半的世界文化遗产地没有严格意义上合法合规的保护管理规划，已有规划的遗产地也存在未严格执行规划措施或拖延执行等问题，还有不少遗产的保护管理规划迟迟不依法依规公布，有的遗产地甚至未启动规划编制工作，保护管理规划存在的问题不容小觑。

随着世界遗产委员会对遗产保护状况审核愈加严格，保护管理规划的重要性更加凸显。世界遗产保护管理规划是世界文化遗产保护、利用和管理工作的基本依据，在一定程度上弥补了我国世界文化遗产管理中法律基础缺失的问题。各遗产地所在省级人民政府和保护管理机构要进一步加强规划工作，切实在保护管理规划的"编、审、用、管"上把好关。建议没有保护管理规划或规划过期的遗产地尽快组织规划编制和修编工作，兼顾统一文物保护单位、历史文化名城、风景名胜区等管理体系与世界遗产管理体系的保护管理要求；已经通过国家文物局审定的应尽快报请省级人民政府公布实施，明确保护管理规划的法律地位；世界文化遗产保护管理规划应当纳入当地城乡建设规划和国土空间规划体系，地方人民政府、遗产保护管理机构等实施主体按照规划内容和期限严格落实，依规管理，依规保护。

4.5.2 加强日常巡查和养护工作，规范文物保护工程管理

2019年实施的各类项目中，本体保护工程数量占所有工程数量一半以上，仍是遗产保护管理的重点。随着《国家文物保护专项资金管理办法》的实施，省级文物行政部门对文物保护项目管理方面的力度进一步加强。这一变化在项目经费来源上可以明显地反映出来，2019年地方财政是保护工程经费的主要来源，占比72.81%，比去年增长一倍还多，但本体保护工程、监测工程的经费仍以中央财政为主。这充分体现中央财政和省级财政对于重点项目和一般项目之间的统筹安排。

遗产地对于日常巡查和养护工作日益重视，但由于各地方经济水平和文物工作重视程度的差异，部分遗产地难以落实满足日常管理需求的经费和人力保障。部分遗产保护管理机构人员设置不足，与繁重的保护管理任务不匹配，专业技术人员短缺，管理和应急能力较弱。日常巡查和养护是世界文化遗产保护的工作基础，遗产地应重视日常保护工作，改变"只有本体修缮工程才能进行本体保护"的旧思路，改变"只有重大项目才是成绩、日常养护不是成绩"的政绩观。首先，根据遗产保护需要将一定比例的日常管理经费纳入地方财政和单位年度预算，并制定相应实施计划严格执行；世界文化遗产大省也可以立足省情予以一定的专项经费补助。其次，要建立完善遗产地保护管理机构内部的日常保养工作制度，明确管理主体、执行主体、监督主体等各层级、各岗位的职责，制定日常巡查和保养的工作计划，建立日常管理工作档案。再次，应培养和建立稳定的日常保护专业队伍，有条件的遗产地应配备专职日常巡查和养护的技术人员，设立相关岗位给予相应待遇；同时加大业余文物保护员队伍建设，探索建立基层文化管理员制度，促进社会力量参与日常保护工作。

4.5.3 建立完善遗产安全长效机制

2019年，各遗产地普遍重视文物安全管理，着力推进文物安全防控能力建设，加大科技应用，完善文物安全防控和安全检查督察等制度标准，加强文物安全执法检查，加强文物安全宣传和安全培训工作。目前我国世界文化遗产安全形势总体平稳，但火灾、盗掘、人为破坏等威胁文物安全的隐患依然存在，遗产安全防控仍是工作重点。

2017年，国务院办公厅印发《关于进一步加强文物安全的实施意见》，要求建立文物安全的长效机制。各遗产地应进一步完善世界文化遗产安全的长效机制：健全遗产安全责任制，强化落实各级政府主体责任，地方人民政府、遗产保护管理机构、文物管理部门签订《安全责任书》，将文物安全列入政府和部门重要议事日程；推进落实遗产安全责任人公告公示制度，通过各级文物行政部门有力的行业监管和社会各界的广泛监督，促使遗产安全直接责任人认真履行安全防控职责；建立多部门协作机制，建立遗产、文物、公安、消防、海关、国土资源等相关部门常态化联合执法巡查机制，强化区域间和部门间合作，协调推进各项遗产保护任务落实到位；同时还可将文物安全工作落实情况列为省级人民政府督查重要事项，纳入文明城市、文明单位的评比。此外，遗产地应全面增强遗产安全防控

能力，加强安全技术培训，制定应急预案，提升文物消防安全装备应用水平，加强现代科技在文物消防领域的运用。

4.5.4　加强科学研究，促进成果转化

2019年，遗产地科研工作在历史文化和理论研究方面取得了丰富的成果，工程技术研究方面较为薄弱。从开展科研工作的遗产地数量来看，对比近三年的情况，每年仅有约一半的遗产地开展科研工作，本年度开展科研工作的遗产地数量以及著作论文的出版量都相对的有所减少，我国世界文化遗产地的科研工作仍需要投入更多的力量。

在提升科研力量的途径上，建议各遗产地注重以下四方面：一是强化组织领导，成立专项科研课题领导小组，切实加强工作指导，严格把控课题选题的合理性及可研究性，确保课题研究质量；二是完善规章制度，促进规范管理与绩效奖惩。结合工作实际，不断完善课题研究管理制度，确保科研工作规范化；三是打造理论精品，力求成果转化。大力强化精品意识，在成果转化上下功夫，加强成果转化管理，推动科研成果转化机制建设，形成顺畅的成果转化途径；四是搭建交流平台，同行业内及其他各行各业共同在学习中积累经验，促进共同提高。

4.6　遥感监测

受城镇化建设、商业开发等因素的影响，我国世界文化遗产地的遗产区和缓冲区内图斑变化趋势以非建设用地转化为建设用地为主，占比约达到一半，主要为耕地、草地、林地转化为房屋建筑区、构筑物、人工堆掘地及道路等。遥感监测发现的图斑变化数量与遗产地主动上报的涉建项目数量相差较大，这表明我国世界文化遗产地存在违规违建、隐瞒不报、毫不知情等情况。

遥感监测是遗产地保护管理机构监测遗产区划内遗产本体，建筑物新建、重建、改建以及土地利用等变化情况的有力手段，可有效解决遗产区划内看不到、走不到以及巡查人员不足的客观问题，是现代科学技术支撑文物保护的重要尝试。各遗产地可主动、积极的利用遥感监测来加强对遗产本体及其环境的保护，提高保护管理工作的效率。中国世界文化遗产监测预警总平台每年会提供基于高分辨率卫星影像数据比对的图斑变化监测结果，遗产地可自行组织核实，并将核实后的监测结果以遥感监测专报或监测年度报告的形式上报遗产地属地人民政府和上级文物行政管理部门，督促相关部门对违法建设行为及时纠正与制止。建议各遗产地建立完善违法监管长效机制，切实落实主体责任，加强日常巡查检查，发现问题及时上报。

为促进遗产的可持续发展，各遗产地需严格控制遗产区与缓冲区内的各种建设活动，尤其是避免一味地为吸引游客而进行的大规模建设活动，在发展中保护，在保护中发展，确保遗产突出普遍价值不受影响。

4.7 舆情监测

目前我国世界文化遗产保护得到了国家层面前所未有的重视，但通过舆情监测所体现的专业需求与社会需求差异，表明遗产保护事业与当地社会联系不够紧密，尚不足以支撑地区发展和国家战略实施。因此，我国世界文化遗产保护管理工作者需要转变观念，站在更高的层面看待事业，认真学习十九大以来国家发布的关于文化遗产保护，乃至经济社会发展的相关政策，了解和满足国家需求与公众需求，积极探索文化遗产保护管理的新方法和新途径，提升世界文化遗产保护工作者在遗产利用中的话语权，最终实现保护与发展的双赢。

遗产地监测机构应对自身舆情开展持续的搜集、跟踪，及时向遗产保护管理机构通报舆情热点与动态。通过长期的数据积累进行规律总结和趋势分析，形成报告，在此基础上向遗产保护管理机构提出相应的工作建议，发挥舆情监测对于改进工作的作用；各级遗产保护管理机构应建立与政府、媒体、社会公众等行业外利益相关方的有效沟通机制。一是可以考虑在长城、大运河、丝绸之路等规模大、知名度高的遗产中选择几处工作基础较好、有一定宣传能力的遗产地开展试点工作，研究建立中国世界文化遗产新闻发言人制度，定期发布遗产地保护、管理、利用相关信息，传播科学的遗产保护理念；与中国新闻网等发布负面消息较多的媒体开展定向交流活动；对本遗产地新发生的负面舆情积极、主动、及时地做出正面回应。二是顺应时代潮流和社会需要，推动新媒体建设，打造专业团队，扩大遗产地的影响力，主动设置话题，引导媒体和公众正确认识遗产保护工作；利用社会热点，有针对性的开展公众宣传教育，用活泼的形式传播科学的遗产知识，推动社会加深对行业的理解。国家和遗产所在地省级文物行政部门应将舆情作为决策的重要参考，进一步统筹我国世界文化遗产保护管理工作，尽量避免在经费投入过程中产生不均衡的现象。

附　录

附录Ⅰ：2019 年我国世界文化遗产[72] 监测年度报告提交情况

序号	遗产名称		年报名称	提交时间	省局审核通过时间
1	明清故宫（北京故宫、沈阳故宫）	北京故宫	明清故宫（北京故宫、沈阳故宫）—北京故宫 2019 年度监测年度报告	2020-03-05	2020-03-30
		沈阳故宫	明清故宫（北京故宫、沈阳故宫）—沈阳故宫 2019 年度监测年度报告	2020-02-27	2020-03-13
2	秦始皇陵及兵马俑坑		秦始皇陵及兵马俑坑 2019 年度监测年度报告	2020-01-16	2020-03-11
3	莫高窟		莫高窟 2019 年度监测年度报告	2020-01-06	2020-04-08
4	周口店北京人遗址		周口店北京人遗址 2019 年度监测年度报告	2020-01-08	2020-04-10
5	长城	山海关	长城—山海关 2019 年度监测年度报告	2020-03-03	2020-03-24
		八达岭	长城—八达岭 2019 年度监测年度报告	2020-01-07	2020-03-30
		嘉峪关	长城—嘉峪关 2019 年度监测年度报告	2020-03-27	2020-03-30
6	武当山古建筑群		武当山古建筑群 2019 年度监测年度报告	2020-01-13	2020-03-25
7	拉萨布达拉宫历史建筑群（含罗布林卡和大昭寺）	布达拉宫	拉萨布达拉宫历史建筑群（含罗布林卡和大昭寺）—布达拉宫 2019 年度监测年度报告	2020-01-06	2020-07-02
		罗布林卡	拉萨布达拉宫历史建筑群（含罗布林卡和大昭寺）—罗布林卡 2019 年度监测年度报告	2020-04-02	2020-04-14
		大昭寺	未编写	—	—
8	承德避暑山庄及其周围寺庙		承德避暑山庄及其周围寺庙 2019 年度监测年度报告	2020-02-20	2020-03-13

---

[72]　含文化和自然混合遗产。

序号	遗产名称		年报名称	提交时间	省局审核通过时间
9	曲阜孔庙、孔林和孔府		曲阜孔庙、孔林和孔府2019年度监测年度报告	2020-03-10	2020-03-20
10	庐山国家公园		庐山国家公园2019年度监测年度报告	2020-02-27	2020-04-02
11	平遥古城		平遥古城2019年度监测年度报告	2020-02-21	2020-03-13
12	苏州古典园林		苏州古典园林2019年度监测年度报告	2020-03-09	2020-03-25
13	丽江古城		丽江古城2019年度监测年度报告	2020-03-10	2020-03-16
14	北京皇家园林—颐和园		北京皇家园林—颐和园2019年度监测年度报告	2020-01-06	2020-03-31
15	北京皇家祭坛—天坛		北京皇家祭坛—天坛2019年度监测年度报告	2020-01-06	2020-03-26
16	大足石刻		大足石刻2019年度监测年度报告	2020-02-25	2020-04-03
17	皖南古村落—西递、宏村	西递	皖南古村落—西递2019年度监测年度报告	2020-02-24	2020-03-10
		宏村	皖南古村落—宏村2019年度监测年度报告	2020-03-02	2020-03-10
18	明清皇家陵寝	明十三陵	明清皇家陵寝—明十三陵2019年度监测年度报告	2020-01-06	2020-03-26
		明显陵	明清皇家陵寝—明显陵2019年度监测年度报告	2020-02-18	2020-03-13
		明孝陵	明清皇家陵寝—明孝陵2019年度监测年度报告	2020-03-05	2020-04-13
		清东陵	明清皇家陵寝—清东陵2019年度监测年度报告	2020-01-07	2020-03-13
		清永陵	明清皇家陵寝—清永陵2019年度监测年度报告	2020-03-11	2020-03-11
		清福陵	明清皇家陵寝—清福陵2019年度监测年度报告	2020-02-21	2020-03-13
		清昭陵	明清皇家陵寝—清昭陵2019年度监测年度报告	2020-01-16	2020-03-05
		清西陵	明清皇家陵寝—清西陵2019年度监测年度报告	2020-01-06	2020-03-23
19	龙门石窟		龙门石窟2019年度监测年度报告	2020-03-05	2020-03-30
20	青城山—都江堰		青城山—都江堰2019年度监测年度报告	2020-01-07	2020-03-25

序号	遗产名称		年报名称	提交时间	省局审核通过时间
21	云冈石窟		云冈石窟 2019 年度监测年度报告	2020-03-25	2020-03-25
22	高句丽王城、王陵及贵族墓葬	国内城、丸都山城及高句丽王陵和贵族墓葬	高句丽王城、王陵及贵族墓葬—国内城、丸都山城及高句丽王陵和贵族墓葬 2019 年度监测年度报告	2020-03-23	2020-03-31
		五女山城	高句丽王城、王陵及贵族墓葬—五女山城 2019 年度监测年度报告	2020-03-05	2020-03-11
23	殷墟		殷墟 2019 年度监测年度报告	2020-02-21	2020-05-08
24	登封"天地之中"历史建筑群		登封"天地之中"历史建筑群 2019 年度监测年度报告	2020-02-12	2020-04-16
25	开平碉楼与村落		开平碉楼与村落 2019 年度监测年度报告	2020-03-23	2020-04-14
26	福建土楼	南靖土楼	福建土楼—南靖土楼 2019 年度监测年度报告	2020-03-09	2020-03-18
		华安土楼	福建土楼—华安土楼 2019 年度监测年度报告	2020-02-12	2020-04-15
		永定土楼	福建土楼—永定土楼 2019 年度监测年度报告	2020-01-09	2020-03-11
27	五台山	台怀	五台山—台怀 2019 年度监测年度报告	2020-01-09	2020-03-06
		佛光寺	五台山—佛光寺 2019 年度监测年度报告	2020-03-24	2020-03-31
28	杭州西湖文化景观		杭州西湖文化景观 2019 年度监测年度报告	2020-03-18	2020-03-31
29	元上都遗址		元上都遗址 2019 年度监测年度报告	2020-02-01	2020-03-15
30	红河哈尼梯田文化景观		红河哈尼梯田文化景观 2019 年度监测年度报告	2020-02-10	2020-03-12
31	丝绸之路	汉长安城未央宫遗址	丝绸之路—汉长安城未央宫遗址 2019 年度监测年度报告	2020-02-14	2020-03-13
		汉魏洛阳城遗址	丝绸之路—汉魏洛阳城遗址 2019 年度监测年度报告	2020-01-07	2020-03-26
		唐长安城大明宫遗址	丝绸之路—唐长安城大明宫遗址 2019 年度监测年度报告	2020-02-01	2020-03-25
		隋唐洛阳城定鼎门遗址	丝绸之路—隋唐洛阳城定鼎门遗址 2019 年度监测年度报告	2020-01-08	2020-03-29
		高昌故城	丝绸之路—高昌故城 2019 年度监测年度报告	2020-03-11	2020-04-17

序号	遗产名称		年报名称	提交时间	省局审核通过时间
31	丝绸之路	交河故城	丝绸之路—交河故城2019年度监测年度报告	2020-01-06	2020-04-17
		北庭故城遗址	丝绸之路—北庭故城遗址2019年度监测年度报告	2020-03-12	2020-04-16
		新安汉函谷关	丝绸之路—新安汉函谷关2019年度监测年度报告	2020-03-03	2020-04-16
		崤函古道石壕段遗址	丝绸之路—崤函古道石壕段遗址2019年度监测年度报告	2020-03-04	2020-03-18
		锁阳城遗址	丝绸之路—锁阳城遗址2019年度监测年度报告	2020-03-03	2020-03-07
		悬泉置遗址	丝绸之路—悬泉置遗址2019年度监测年度报告	2020-03-26	2020-04-01
		玉门关遗址	丝绸之路—玉门关遗址2019年度监测年度报告	2020-03-23	2020-04-02
		克孜尔尕哈烽燧	丝绸之路—克孜尔尕哈烽燧2019年度监测年度报告	2020-02-06	2020-03-12
		克孜尔石窟	丝绸之路—克孜尔石窟2019年度监测年度报告	2020-02-25	2020-02-27
		苏巴什佛寺遗址	丝绸之路—苏巴什佛寺遗址2019年度监测年度报告	2020-02-12	2020-02-14
		炳灵寺石窟	丝绸之路—炳灵寺石窟2019年度监测年度报告	2020-03-11	2020-03-31
		麦积山石窟	丝绸之路—麦积山石窟2019年度监测年度报告	2020-03-17	2020-03-25
		彬县大佛寺石窟	丝绸之路—彬县大佛寺石窟2019年度监测年度报告	2020-03-03	2020-03-10
		大雁塔	丝绸之路—大雁塔2019年度监测年度报告	2020-03-05	2020-03-12
		小雁塔	丝绸之路—小雁塔2019年度监测年度报告	2020-01-08	2020-03-12
		兴教寺塔	丝绸之路—兴教寺塔2019年度监测年度报告	2020-03-25	2020-03-27
		张骞墓	丝绸之路—张骞墓2019年度监测年度报告	2020-02-13	2020-03-18
32	大运河	含嘉仓160号仓窖遗址	大运河—含嘉仓160号仓窖遗址（含回洛仓遗址）2019年度监测年度报告	2020-03-12	2020-03-31

序号	遗产名称		年报名称	提交时间	省局审核通过时间
32	大运河	回洛仓遗址	含在"含嘉仓 160 号仓窖遗址 2019 年度监测年度报告"中		
		通济渠郑州段	大运河—通济渠郑州段 2019 年度监测年度报告	2020-02-26	2020-02-29
		通济渠商丘南关段	大运河—通济渠商丘南关段 2019 年度监测年度报告	2020-03-23	2020-03-27
		通济渠商丘夏邑段	大运河—通济渠商丘夏邑段 2019 年度监测年度报告	2020-01-14	2020-03-25
		柳孜运河遗址	大运河—柳孜运河遗址 2019 年度监测年度报告	2020-03-23	2020-03-30
		通济渠泗县段	大运河—通济渠泗县段 2019 年度监测年度报告	2020-03-25	2020-03-30
		卫河（永济渠）滑县浚县段	大运河—卫河（永济渠）浚县段（含黎阳仓遗址）2019 年度监测年度报告	2020-01-17	2020-04-17
			大运河—卫河（永济渠）滑县段 2019 年度监测年度报告	2020-01-09	2020-03-19
		黎阳仓遗址	含在"卫河（永济渠）浚县段 2019 年度监测年度报告"中		
		清口枢纽	大运河—清口枢纽（含总督漕运公署遗址）2019 年度监测年度报告	2020-03-04	2020-04-13
		总督漕运公署遗址	含在"清口枢纽 2019 年度监测年度报告"中		
		淮扬运河扬州段	大运河—淮扬运河扬州段 2019 年度监测年度报告	2020-01-13	2020-04-17
		江南运河常州城区段	大运河—江南运河常州城区段 2019 年度监测年度报告	2020-01-16	2020-03-25
		江南运河无锡城区段	大运河—江南运河无锡城区段 2019 年度监测年度报告	2020-03-05	2020-04-10
		江南运河苏州段	大运河—江南运河苏州段 2019 年度监测年度报告	2020-01-07	2020-03-18
		江南运河嘉兴—杭州段	大运河—江南运河杭州段（含浙东运河杭州萧山段）2019 年度监测年度报告	2020-01-15	2020-04-08
			大运河—江南运河嘉兴段 2019 年度监测年度报告	2020-02-26	2020-03-31
		江南运河南浔段	大运河—江南运河南浔段 2019 年度监测年度报告	2020-01-27	2020-04-03

续表

序号	遗产名称		年报名称	提交时间	省局审核通过时间
32	大运河	浙东运河杭州萧山—绍兴段	杭州萧山段含在"江南运河杭州段2019年度监测年度报告"中		
			大运河—浙东运河绍兴段(含浙东运河上虞段)2019年度监测年度报告	2020-01-10	2020-04-02
		浙东运河上虞—余姚段	上虞段含在"浙东运河绍兴段2019年度监测年度报告"中		
			余姚段含在"浙东运河宁波段2019年度监测年度报告"中		
		浙东运河宁波段	大运河—浙东运河宁波段(含宁波三江口、浙东运河余姚段)2019年度监测年度报告	2020-02-13	2020-04-03
		宁波三江口	含在"浙东运河宁波段2019年度监测年度报告"中		
		通惠河北京旧城段	大运河—通惠河北京旧城段2019年度监测年度报告	2020-01-15	2020-05-12
		通惠河通州段	大运河—通惠河通州段2019年度监测年度报告	2020-01-13	2020-05-12
		北、南运河天津三岔口段	大运河—北、南运河天津三岔口段2019年度监测年度报告	2020-02-18	2020-03-16
		南运河沧州—衡水—德州段	大运河—南运河沧州(含衡水)段2019年度监测年度报告	2020-05-06	2020-05-11
			衡水段含在"南运河沧州段2019年度监测年度报告"中		
			大运河—南运河德州段2019年度监测年度报告	2020-03-24	2020-03-31
		会通河临清段	大运河—会通河临清段2019年度监测年度报告	2020-02-20	2020-03-11
		会通河阳谷段	大运河—会通河阳谷段2019年度监测年度报告	2020-03-24	2020-04-01
		南旺枢纽	大运河—南旺枢纽(济宁)2019年度监测年度报告	2020-03-24	2020-03-30
			大运河—南旺枢纽(泰安)2019年度监测年度报告	2020-03-26	2020-03-27
		会通河微山段	大运河—会通河微山段2019年度监测年度报告	2020-03-02	2020-03-02
		中河台儿庄段	大运河—中河台儿庄段2019年度监测年度报告	2020-03-27	2020-03-30
		中河宿迁段	大运河—中河宿迁段2019年度监测年度报告	2020-02-07	2020-04-13

续表

序号	遗产名称		年报名称	提交时间	省局审核通过时间
33	土司遗址	海龙屯	土司遗址—海龙屯 2019 年度监测年度报告	2020-01-13	2020-03-30
		老司城遗址	土司遗址—老司城遗址 2019 年度监测年度报告	2020-03-25	2020-03-27
		唐崖土司城址	未编写	—	—
34	左江花山岩画文化景观		左江花山岩画文化景观 2019 年度监测年度报告	2020-01-14	2020-04-16
35	鼓浪屿：历史国际社区		鼓浪屿：历史国际社区 2019 年度监测年度报告	2020-02-04	2020-03-31
36	良渚古城遗址		良渚古城遗址 2019 年度监测年度报告	2020-01-08	2020-03-31
37	泰山		泰山 2019 年度监测年度报告	2020-03-11	2020-04-07
38	黄山		黄山 2019 年度监测年度报告	2020-03-09	2020-03-30
39	峨眉山—乐山大佛	乐山大佛	峨眉山—乐山大佛（仅乐山大佛）2019 年度监测年度报告	2020-01-16	2020-03-13
		峨眉山	峨眉山—乐山大佛（仅峨眉山）2019 年度监测年度报告	2020-02-25	2020-03-27
40	武夷山	武夷山景区	未编写	—	—
		城村汉城遗址	武夷山—城村汉城遗址 2019 年度监测年度报告	2020-03-30	2020-03-31
总计：108 个保护管理机构或监测机构提交了 2019 年度中国世界文化遗产监测年度报告，涉及 40 项遗产；3 个保护管理机构或监测机构未提交，涉及 3 项遗产。					

附录II：2019年我国世界文化遗产[73] 主要保护管理工作的数据表格

1. 遗产总体评估情况

序号	遗产地名称	承诺履行情况	人员培训情况	基础信息完善程度	遗产总体格局变化	遗产使用功能变化	遗产要素形式材料变化	病害控制状态	自然环境负面影响控制情况	涉建项目建设控制情况	土地利用变化	游客负面影响	日常管理情况	安全事故	考古发掘	保护工程	保护管理规划执行情况
1	明清故宫（北京故宫、沈阳故宫）北京故宫	正常履行	良好	较差	无	有	有	控制正常	控制正常	控制良好	无	无	良好	无	无	符合工程方案	良好[74]
	沈阳故宫	正常履行	良好	一般	无	无	有	控制正常	无自然环境监测	无涉建	无	无	良好	无	无	符合工程方案	无现行规划
2	秦始皇陵及兵马俑坑	正常履行	较好	一般	无	无	有	控制正常	控制正常	无涉建	无	无	较好	无	符合发掘计划	符合工程方案	良好
3	莫高窟	正常履行	良好	良好	无	无	有	治理较好	防治较好	无涉建	无	无	良好	无	无	符合工程方案	良好

[73] 含文化和自然混合遗产。

[74] 该类规划经市级人民政府或省级文物部门公布实施。

续表

序号	遗产地名称	承诺履行情况	人员培训情况	基础信息完善程度	遗产总体格局变化	遗产使用功能变化	遗产要素形式材料变化	病害控制状态	自然环境负面影响控制情况	涉建项目建设控制情况	土地利用变化	游客负面影响	日常管理情况	安全事故	考古发掘	保护工程	保护管理规划执行情况
4	周口店北京人遗址	正常履行	一般	较好	无	无	无	治理较好	防治较好	无涉建	无	无	良好	无	无	符合工程方案	良好[75]
5	长城 山海关	正常履行	较好	一般	无	无	有	开始恶化，但程度较轻，尚未造成威胁	无自然环境监测	无涉建	无	无	较好	无	无	符合工程方案	无现行规划
	八达岭	正常履行	良好	一般	无	无	无	无病害记录	无自然环境监测	无涉建	无	无	良好	无	无	符合工程方案	无现行规划
	嘉峪关	正常履行	良好	较好	有	无	有	控制正常	控制正常	存在问题	无	有	良好	无	无	符合工程方案	良好

[75] 该类规划经市级人民政府或省级文物部门公布实施。

续表

序号	遗产地名称	承诺履行情况	人员培训情况	基础信息完善程度	遗产总体格局变化	遗产使用功能变化	遗产要素形式材料变化	病害控制状态	自然环境负面影响控制情况	涉建项目建设控制情况	土地利用变化	游客负面影响	日常管理情况	安全事故	考古发掘	保护工程	保护管理规划执行情况
6	武当山古建筑群	正常履行	良好	一般	无	无	有	无病害记录	无自然环境监测	控制良好	无	无	良好	无	符合发掘计划	符合工程方案	无现行规划
7	布达拉宫	正常履行	较好	一般	无	无	无	无病害记录	防治较好	无涉建	无	无	较好	无	无	符合工程方案	无现行规划
	大昭寺	未编写															
	拉萨布达拉宫历史建筑群（含罗布林卡和大昭寺）罗布林卡	已完成	较好	一般	无	无	有	无病害记录	无自然环境监测	无涉建	无	无	较好	无	无	符合工程方案	无现行规划
8	承德避暑山庄及其周围寺庙	正常履行	良好	较好	无	无	有	治理较好	控制正常	无涉建	无	无	良好	无	无	符合工程方案	良好
9	曲阜孔庙、孔林和孔府	已完成	良好	较好	无	无	有	无病害记录	防治较好	无涉建	无	无	良好	无	无	符合工程方案	无现行规划
10	庐山国家公园	正常履行	较好	一般	无	无	有	控制正常	控制正常	无涉建	无	无	良好	无	无	符合工程方案	无现行规划

续表

序号	遗产地名称	承诺履行情况	人员培训情况	基础信息完善程度	遗产总体格局变化	遗产使用功能变化	遗产要素形式材料变化	病害控制状态	自然环境负面影响控制情况	涉建项目建设控制情况	土地利用变化	游客负面影响	日常管理情况	安全事故	考古发掘	保护工程	保护管理规划执行情况
11	平遥古城	正常履行	较好	一般	无	无	有	无病害记录	无自然环境监测	控制良好	无	有	较好	有	无	符合工程方案	良好[76]
12	苏州古典园林	正常履行	良好	良好	无	无	有	控制正常	防治较好	控制良好	无	无	良好	无	无	符合工程方案	无现行规划
13	丽江古城	正常履行	良好	较好	无	无	无	无病害记录	防治较好	控制良好	无	无	良好	无	无	符合工程方案	无现行规划
14	北京皇家园林—颐和园	正常履行	良好	较好	无	有	有	控制正常	防治较好	存在问题	有	无	良好	无	无	符合工程方案	无现行规划
15	北京皇家祭坛—天坛	正常履行	较好	较好	有	无	有	治理较好	防治较好	无涉建	有	无	较好	无	无	符合工程方案	无现行规划

[76] 该类规划经市级人民政府或省级文物部门公布实施。

续表

序号	遗产地名称		承诺履行情况	人员培训情况	基础信息完善程度	遗产总体格局变化	遗产使用功能变化	遗产要素形式材料变化	病害控制状态	自然环境负面影响控制情况	涉建项目建设控制情况	土地利用变化	游客负面影响	日常管理情况	安全事故	考古发掘	保护工程	保护管理规划执行情况
16	大足石刻		正常履行	良好	较好	无	无	有	控制正常	开始恶化,但程度较轻,尚未造成威胁	无涉建	无	无	良好	无	无	符合工程方案	良好
17	皖南古村落—西递、宏村	西递	正常履行	无培训	一般	无	无	无	无病害记录	无自然环境监测	无涉建	无	无	良好	无	无	无	无现行规划
		宏村	正常履行	良好	一般	无	无	无	治理较好	防治较好	无涉建	无	无	良好	无	无	无	无现行规划
18	明清皇家陵寝	明十三陵	正常履行	良好	较差	无	无	有	控制正常	无自然环境监测	无涉建	无	有	较好	无	无	符合工程方案	无现行规划
		明显陵	正常履行	良好	较差	无	无	有	控制正常	控制正常	无涉建	无	无	良好	无	无	符合工程方案	良好

续表

序号	遗产地名称		承诺履行情况	人员培训情况	基础信息完善程度	遗产总体格局变化	遗产使用功能变化	遗产要素形式材料变化	病害控制状态	自然环境负面影响控制情况	涉建项目建设控制情况	土地利用变化	游客负面影响	日常管理情况	安全事故	考古发掘	保护工程	保护管理规划执行情况
18	明清皇家陵寝	明孝陵	正常履行	良好	较差	无	无	有	控制正常	无自然环境监测	无涉建	无	无	良好	无	无	无	无现行规划
		清东陵	正常履行	良好	较差	无	无	有	治理较好	控制正常	无涉建	无	无	良好	无	无	符合工程方案	无现行规划
		清永陵	正常履行	一般	良好	有	无	有	控制正常	无自然环境监测	控制良好	无	无	较好	无	无	符合工程方案	无现行规划
		清福陵	正常履行	良好	较差	无	无	无	无病害记录	无自然环境监测	无涉建	无	无	良好	无	无	无	无现行规划
		清昭陵	正常履行	良好	较差	无	无	有	控制正常	无自然环境监测	无涉建	无	无	良好	无	无	无	无现行规划
		清西陵	正常履行	良好	较差	无	无	有	控制正常	无自然环境监测	无涉建	无	无	较好	无	无	符合工程方案	无现行规划

续表

序号	遗产地名称	承诺履行情况	人员培训情况	基础信息完善程度	遗产总体格局变化	遗产使用功能变化	遗产要素形式材料变化	病害控制状态	自然环境负面影响控制情况	涉建项目建设控制情况	土地利用变化	游客负面影响	日常管理情况	安全事故	考古发掘	保护工程	保护管理规划执行情况
19	龙门石窟	正常履行	良好	较好	无	无	有	治理较好	控制正常	控制良好	无	无	良好	无	符合发掘计划	符合工程方案	良好
20	青城山—都江堰	正常履行	较好	较好	无	无	有	控制正常	控制正常	无涉建	无	有	较好	无	无	无	无现行规划
21	云冈石窟	正常履行	较好	良好	无	有	有	控制正常	控制正常	无涉建	无	无	较好	无	无	符合工程方案	良好[77]
22	高句丽王城、王陵及贵族墓葬（国内城、丸都山城及高句丽王陵和贵族墓葬）	正常履行	较好	良好	无	无	有	控制正常	防治较好	控制良好	无	无	良好	无	无	符合工程方案	良好

〔77〕 该类规划经市级人民政府或省级文物部门公布实施。

续表

序号	遗产地名称	承诺履行情况	人员培训情况	基础信息完善程度	遗产总体格局变化	遗产使用功能变化	遗产要素形式材料变化	病害控制状态	自然环境负面影响控制情况	涉建项目建设控制情况	土地利用变化	游客负面影响	日常管理情况	安全事故	考古发掘	保护工程	保护管理规划执行情况
22	高句丽王城、王陵及贵族墓葬	正常履行	一般	较好	无	无	无	开始恶化，但程度较轻，尚未造成威胁	开始恶化，但程度较轻，尚未造成威胁	无涉建	无	无	良好	无	无	无	无现行规划
23	殷墟	非正常履行	良好	较好	无	无	无	控制正常	控制正常	控制良好	无	无	良好	无	符合发掘计划	符合工程方案	良好
24	登封"天地之中"历史建筑群	正常履行	较好	良好	无	有	有	控制正常	控制正常	控制良好	无	无	较好	无	无	符合工程方案	良好[78]
25	开平碉楼与村落	正常履行	良好	一般	无	无	无	治理较好	防治较好	无涉建	无	无	良好	无	无	无	无现行规划
26	福建土楼	正常履行	一般	较差	无	无	无	无病害记录	控制正常	无涉建	无	有	良好	无	无	无	良好

［78］ 该类规划经市级人民政府或省级文物部门公布实施。

续表

序号	遗产地名称		承诺履行情况	人员培训情况	基础信息完善程度	遗产总体格局变化	遗产使用功能变化	遗产要素形式材料变化	病害控制状态	自然环境负面影响控制情况	涉建项目建设控制情况	土地利用变化	游客负面影响	日常管理情况	安全事故	考古发掘	保护工程	保护管理规划执行情况
26	福建土楼	华安土楼	正常履行	较好	较差	无	无	有	治理较好	防治较好	无涉建	无	无	良好	无	无	符合工程方案	良好
		永定土楼	已完成	良好	一般	无	无	有	控制正常	无自然环境监测	无涉建	无	无	良好	无	无	符合工程方案	良好
27	五台山	台怀	正常履行	无培训	一般	无	无	有	无病害记录	防治较好	无涉建	无	有	较好	无	无	符合工程方案	无现行规划
		佛光寺	正常履行	良好	一般	无	无	无	无病害记录	控制正常	无涉建	无	无	良好	无	无	无	良好
28	杭州西湖文化景观		正常履行	良好	较好	无	无	有	控制正常	防治较好	控制良好	无	无	良好	无	符合发掘计划	符合工程方案	良好[79]
29	元上都遗址		正常履行	较好	较好	无	无	无	控制正常	无自然环境监测	控制良好	无	无	较好	无	无	无	良好

[79] 该类规划经市级人民政府或省级文物部门公布实施。

序号	遗产地名称	承诺履行情况	人员培训情况	基础信息完善程度	遗产总体格局变化	遗产使用功能变化	遗产要素形式材料变化	病害控制状态	自然环境负面影响控制情况	涉建项目建设控制情况	土地利用变化	游客负面影响	日常管理情况	安全事故	考古发掘	保护工程	保护管理规划执行情况
30	红河哈尼梯田文化景观	正常履行	良好	较好	无	无	有	无病害记录	控制正常	存在问题	无	无	良好	无	无	符合工程方案	良好
31	丝绸之路 汉长安城未央宫遗址	正常履行	良好	一般	无	无	无	控制正常	无自然环境监测	无涉建	无	有	良好	无	符合发掘计划	符合工程方案	无现行规划
	汉魏洛阳城遗址	正常履行	较好	一般	无	有	有	控制正常	无自然环境监测	无涉建	无	无	较好	无	符合发掘计划	符合工程方案	良好[80]
	唐长安城大明宫遗址	正常履行	无培训	较差	无	无	无	控制正常	无自然环境监测	无涉建	无	无	良好	无	无	符合工程方案	无现行规划
	隋唐洛阳城定鼎门遗址	正常履行	良好	一般	有	有	有	控制正常	无自然环境监测	无涉建	无	无	良好	无	无	无	良好[81]

[80] [81] 该类规划经市级人民政府或省级文物部门公布实施。

续表

序号	遗产地名称	承诺履行情况	人员培训情况	基础信息完善程度	遗产总体格局变化	遗产使用功能变化	遗产要素形式材料变化	病害控制状态	自然环境负面影响控制情况	涉建项目建设控制情况	土地利用变化	游客负面影响	日常管理情况	安全事故	考古发掘	保护工程	保护管理规划执行情况
31	丝绸之路 高昌故城	正常履行	良好	较差	无	无	无	开始恶化，但程度较轻，尚未造成威胁	无自然环境监测	无涉建	有	无	良好	无	无	无	无现行规划
	交河故城	正常履行	无培训	较差	无	无	无	无病害记录	控制正常	无涉建	无	有	良好	无	无	无	无现行规划
	北庭故城遗址	正常履行	无培训	较差	无	无	无	开始恶化，但程度较轻，尚未造成威胁	控制正常	无涉建	无	无	良好	无	符合发掘计划	无	良好
	新安汉函谷关	正常履行	一般	较好	无	无	有	控制正常	控制正常	无涉建	无	无	较好	无	无	符合工程方案	无现行规划

续表

序号	遗产地名称	承诺履行情况	人员培训情况	基础信息完善程度	遗产总体格局变化	遗产使用功能变化	遗产要素形式材料变化	病害控制状态	自然环境负面影响控制情况	涉建项目建设控制情况	土地利用变化	游客负面影响	日常管理情况	安全事故	考古发掘	保护工程	保护管理规划执行情况
31	*丝绸之路* 嶂函古道石壕段遗址	正常履行	较好	一般	无	无	无	无病害记录	开始恶化,但程度较轻,尚未造成威胁	无涉建	无	无	一般	无	符合发掘计划	无	无现行规划
	锁阳城遗址	正常履行	无培训	较差	无	无	无	控制正常	控制正常	无涉建	无	无	良好	无	符合发掘计划	无	无现行规划
	悬泉置遗址	正常履行	无培训	较差	无	无	无	无病害记录	无自然环境监测	无涉建	无	无	较好	无	无	无	较好
	玉门关遗址	正常履行	较好	较差	无	无	无	无病害记录	无自然环境监测	无涉建	无	无	良好	无	无	符合工程方案	无现行规划
	克孜尔尕哈烽燧	正常履行	良好	一般	无	无	无	控制正常	无自然环境监测	控制良好	无	无	较好	无	无	符合工程方案	良好

续表

序号	遗产地名称		承诺履行情况	人员培训情况	基础信息完善程度	遗产总体格局变化	遗产使用功能变化	遗产要素形式材料变化	病害控制状态	自然环境负面影响控制情况	涉建项目建设控制情况	土地利用变化	游客负面影响	日常管理情况	安全事故	考古发掘	保护工程	保护管理规划执行情况
31	丝绸之路	克孜尔石窟	正常履行	一般	一般	无	无	有	开始恶化，但程度较轻，尚未造成威胁	控制正常	控制良好	无	无	较好	无	无	符合工程方案	良好
		苏巴什佛寺遗址	正常履行	无培训	一般	无	无	有	无病害记录	无自然环境监测	无涉建	无	无	较好	无	无	符合工程方案	良好
		炳灵寺石窟	正常履行	一般	较差	无	无	有	无病害记录	开始恶化，但程度较轻，尚未造成威胁	存在问题	无	无	较好	无	无	符合工程方案	良好

续表

序号	遗产地名称		承诺履行情况	人员培训情况	基础信息完善程度	遗产总体格局变化	遗产使用功能变化	遗产要素形式材料变化	病害控制状态	自然环境负面影响控制情况	涉建项目建设控制情况	土地利用变化	游客负面影响	日常管理情况	安全事故	考古发掘	保护工程	保护管理规划执行情况
31	丝绸之路	麦积山石窟	正常履行	良好	较差	无	有	无	开始恶化，但程度较轻，尚未造成威胁	控制正常	存在问题	无	有	良好	无	无	无	良好
		彬县大佛寺石窟	正常履行	无培训	较差	无	无	有	控制正常	控制正常	无涉建	无	无	良好	无	无	符合工程方案	无现行规划
		大雁塔	正常履行	良好	一般	无	无	无	控制正常	无自然环境监测	无涉建	无	有	良好	无	无	无	无现行规划
		小雁塔	正常履行	较好	一般	无	无	有	控制正常	控制正常	无涉建	无	无	较好	无	无	无	无现行规划
		兴教寺塔	非正常履行	无培训	较差	无	无	无	治理较好	无自然环境监测	无涉建	无	无	良好	无	无	无	无现行规划

序号	遗产地名称	承诺履行情况	人员培训情况	基础信息完善程度	遗产总体格局变化	遗产使用功能变化	遗产要素形式材料变化	病害控制状态	自然环境负面影响控制情况	涉建项目建设控制情况	土地利用变化	游客负面影响	日常管理情况	安全事故	考古发掘	保护工程	保护管理规划执行情况
31	丝绸之路 张骞墓	正常履行	良好	一般	无	有	无	无病害记录	控制正常	控制良好	有	无	良好	无	无	无	无现行规划
	含嘉仓160号仓窖遗址	正常履行	良好	一般	无	无	无	无病害记录	无自然环境监测	无涉建	无	无	较好	无	无	无	良好
	回洛仓遗址	含在"含嘉仓160号仓窖遗址2019年度监测年度报告"中															
32	大运河 通济渠郑州段	已完成	良好	一般	无	无	有	无病害记录	防治较好	控制良好	无	无	良好	无	无	符合工程方案	良好
	通济渠商丘南关段	正常履行	较好	一般	无	有	有	无病害记录	无自然环境监测	存在问题	无	无	较好	无	无	符合工程方案	良好
	通济渠商丘夏邑段	正常履行	良好	一般	无	无	有	无病害记录	控制正常	无涉建	无	无	较好	无	无	符合工程方案	良好

续表

序号	遗产地名称		承诺履行情况	人员培训情况	基础信息完善程度	遗产总体格局变化	遗产使用功能变化	遗产要素形式材料变化	病害控制状态	自然环境负面影响控制情况	涉建项目建设控制情况	土地利用变化	游客负面影响	日常管理情况	安全事故	考古发掘	保护工程	保护管理规划执行情况
32	大运河	柳孜运河遗址	已完成	一般	较差	无	无	有	控制正常	无自然环境监测	无涉建	无	无	良好	无	无	符合工程方案	一般
		通济渠濉县段	已完成	一般	较差	无	无	无	无病害记录	无自然环境监测	无涉建	无	无	较好	无	无	无	良好
		卫河（永济渠）滑县段	正常履行	良好	较好	无	无	无	无病害记录	控制正常	控制良好	无	无	良好	无	无	无	良好
		卫河（永济渠）浚县段	正常履行	较好	一般	无	无	无	无病害记录	无自然环境监测	无涉建	无	无	良好	无	无	无	良好
		黎阳仓遗址	含在"卫河（永济渠）浚县段 2019 年度监测年度报告"中															
		清口枢纽	正常履行	良好	较差	无	无	无	无病害记录	控制良好	控制良好	无	无	较好	无	无	无	良好

序号	遗产地名称	承诺履行情况	人员培训情况	基础信息完善程度	遗产总体格局变化	遗产使用功能变化	遗产要素形式材料变化	病害控制状态	自然环境负面影响控制情况	涉建项目建设控制情况	土地利用变化	游客负面影响	日常管理情况	安全事故	考古发掘	保护工程	保护管理规划执行情况
32	总督漕运公署遗址	含在"清口枢纽2019年度监测年度报告"中															
大运河	淮扬运河扬州段	已完成	无培训	一般	无	无	有	治理较好	无自然环境监测	控制良好	无	无	较好	无	无	符合工程方案	良好
	江南运河常州城区段	已完成	良好	一般	无	无	无	无病害记录	防治较好	控制良好	无	无	良好	无	无	无	良好
	江南运河无锡城区段	已完成	良好	较差	无	无	有	无病害记录	控制正常	控制良好	无	无	较好	无	无	符合工程方案	良好
	江南运河苏州段	已完成	较好	较好	无	无	有	控制正常	防治较好	控制良好	无	无	良好	无	无	符合工程方案	良好

续表

序号	遗产地名称		承诺履行情况	人员培训情况	基础信息完善程度	遗产总体格局变化	遗产使用功能变化	遗产要素形式材料变化	病害控制状态	自然环境负面影响控制情况	涉建项目建设控制情况	土地利用变化	游客负面影响	日常管理情况	安全事故	考古发掘	保护工程	保护管理规划执行情况
32	大运河	江南运河杭州段	正常履行	良好	良好	无	无	有	控制正常	控制正常	控制良好	无	无	良好	无	无	符合工程方案	良好
		江南运河嘉兴段	已完成	较好	良好	无	无	无	无病害记录	无自然环境监测	控制良好	无	无	较好	无	无	无	良好
		江南运河南浔段	正常履行	较好	一般	无	无	有	控制正常	无自然环境监测	控制良好	无	无	较好	无	无	符合工程方案	良好
		浙东运河杭州萧山段	含在"江南运河杭州段 2019 年度监测年度报告"中															
		浙东运河绍兴段	正常履行	良好	一般	无	无	无	无病害记录	无自然环境监测	控制良好	无	无	良好	无	无	符合工程方案	良好
		浙东运河上虞段	含在"浙东运河绍兴段 2019 年度监测年度报告"中															

续表

序号	遗产地名称		承诺履行情况	人员培训情况	基础信息完善程度	遗产总体格局变化	遗产使用功能变化	遗产要素形式材料变化	病害控制状态	自然环境负面影响控制情况	涉建项目建设控制情况	土地利用变化	游客负面影响	日常管理情况	安全事故	考古发掘	保护工程	保护管理规划执行情况
32	大运河	浙东运河余姚段	含在"浙东运河宁波段2019年度监测年度报告"中															
		浙东运河宁波段	正常履行	良好	一般	无	无	无	无病害记录	控制正常	控制良好	无	无	良好	无	无	无	良好
		宁波三江口	含在"浙东运河宁波段2019年度监测年度报告"中															
		通惠河北京旧城段	已完成	良好	较差	无	无	无	无病害记录	无自然环境监测	无涉建	无	无	良好	无	无	无	良好[82]
		通惠河通州段	已完成	无培训	较差	无	无	无	无病害记录	无自然环境监测	无涉建	无	无	良好	无	无	无	良好[83]

[82] [83] 该类规划经市级人民政府或省级文物部门公布实施。

续表

序号	遗产地名称	承诺履行情况	人员培训情况	基础信息完善程度	遗产总体格局变化	遗产使用功能变化	遗产要素形式材料变化	病害控制状态	自然环境负面影响控制情况	涉建项目建设控制情况	土地利用变化	游客负面影响	日常管理情况	安全事故	考古发掘	保护工程	保护管理规划执行情况
32 大运河	北、南运河天津三岔口段	已完成	较好	一般	无	无	无	无病害记录	无自然环境监测	控制良好	无	无	较好	无	无	无	良好
	南运河德州段	正常履行	良好	较好	无	无	无	无病害记录	无自然环境监测	无涉建	无	无	良好	无	无	符合工程方案	良好
	南运河沧州段	已完成	无培训	较好	无	无	无	无病害记录	无自然环境监测	无涉建	无	无	较好	无	无	无	一般
	南运河衡水段	含在"南运河沧州段 2019 年度监测年度报告"中															
	会通河临清段	正常履行	良好	一般	无	无	有	控制正常	无自然环境监测	无涉建	无	无	较好	无	无	符合工程方案	较好

续表

序号	遗产地名称	承诺履行情况	人员培训情况	基础信息完善程度	遗产总体格局变化	遗产使用功能变化	遗产要素形式材料变化	病害控制状态	自然环境负面影响控制情况	涉建项目建设控制情况	土地利用变化	游客负面影响	日常管理情况	安全事故	考古发掘	保护工程	保护管理规划执行情况
32	会通河阳谷段	正常履行	无培训	较好	无	无	无	无病害记录	控制正常	无涉建	无	无	较好	无	无	无	良好
	南旺枢纽—泰安	正常履行	无培训	一般	无	无	无	无病害记录	无自然环境监测	无涉建	无	无	一般	无	无	无	良好
	南旺枢纽—济宁	正常履行	无培训	一般	无	无	无	无病害记录	无自然环境监测	无涉建	无	无	一般	无	无	无	良好
大运河	会通河微山段	正常履行	良好	一般	无	无	无	无病害记录	无自然环境监测	无涉建	无	无	良好	无	无	无	良好
	中河台儿庄段	已完成	良好	较差	无	无	有	控制正常	无自然环境监测	无涉建	无	无	良好	无	无	符合工程方案	良好
	中河宿迁段	已完成	较好	较好	无	无	无	无病害记录	无自然环境监测	无涉建	无	无	较好	无	无	无	良好

续表

序号	遗产地名称		承诺履行情况	人员培训情况	基础信息完善程度	遗产总体格局变化	遗产使用功能变化	遗产要素形式材料变化	病害控制状态	自然环境负面影响控制情况	涉建项目建设控制情况	土地利用变化	游客负面影响	日常管理情况	安全事故	考古发掘	保护工程	保护管理规划执行情况
33	土司遗址	海龙屯	非正常履行	良好	较好	无	无	有	开始恶化，但程度较轻，尚未造成威胁	无自然环境监测	存在问题	无	有	良好	无	无	符合工程方案	良好
		老司城遗址	正常履行	较好	一般	无	无	无	治理较好	控制正常	无涉建	无	无	较好	无	符合发掘计划	符合工程方案	良好
		唐崖土司城址								未编写								
34	左江花山岩画文化景观		正常履行	一般	较好	无	无	有	控制正常	防治较好	无涉建	无	无	良好	无	无	符合工程方案	良好
35	鼓浪屿：历史国际社区		正常履行	较好	良好	无	无	有	治理较好	防治较好	存在问题	无	有	较好	有	无	符合工程方案	良好[84]

[84] 该类规划经市级人民政府或省级文物部门公布实施。

续表

序号	遗产地名称		承诺履行情况	人员培训情况	基础信息完善程度	遗产总体格局变化	遗产使用功能变化	遗产要素形式材料变化	病害控制状态	自然环境负面影响控制情况	涉建项目建设控制情况	土地利用变化	游客负面影响	日常管理情况	安全事故	考古发掘	保护工程	保护管理规划执行情况
36	良渚古城遗址		正常履行	良好	良好	无	有	有	控制正常	控制正常	控制良好	有	无	良好	无	符合发掘计划	符合工程方案	良好
37	泰山		正常履行	较好	较好	无	无	有	控制正常	控制正常	无涉建	无	无	较好	无	符合发掘计划	符合工程方案	无现行规划
38	黄山		正常履行	较好	一般	无	无	有	控制正常	防治较好	存在问题	无	有	较好	无	无	符合工程方案	无现行规划
39	峨眉山—乐山大佛	乐山大佛	正常履行	较好	一般	无	无	有	控制正常	控制正常	存在问题	无	无	良好	无	无	符合工程方案	无现行规划
		峨眉山	正常履行	良好	较差	无	无	有	控制正常	控制正常	无涉建	无	无	良好	无	无	符合工程方案	无现行规划
40	武夷山	武夷山景区							未编写									
		城村汉城遗址	正常履行	良好	一般	无	无	无	治理较好	控制正常	无涉建	无	无	良好	无	无	无	良好

2. 机构与人员情况

序号	遗产地名称	机构名称	机构级别	机构成立时间	机构人数（人）
1	明清故宫—北京故宫	故宫博物院	正厅（局）级	1925-10	1454
2	明清故宫—沈阳故宫	沈阳博物院（沈阳故宫博物院）	其他	1981-08	206
		沈阳故宫博物馆	其他	1981-08	248
3	秦始皇陵及兵马俑坑	秦始皇帝陵博物院	正处级	1979-10	486
4	莫高窟	敦煌研究院	正厅级	1984-03	814
5	周口店北京人遗址	周口店北京人遗址管理处	正处（县）级	2003-01	83
6	长城—山海关	秦皇岛市老龙头景区管理处	正科（乡）级	1987-07	63
		秦皇岛市山海关古城景区管理处	正科（乡）级	1990-01	60
		秦皇岛市山海关区角山景区管理处	副科（乡）级	1991-05	33
7	长城—八达岭	北京市延庆区八达岭特区办事处	正处（县）级	1981-06	931
8	长城—嘉峪关	嘉峪关丝路（长城）文化研究院	正处（县）级	2016-11	120
9	武当山古建筑群	武当山旅游经济特区管理委员会	正处（县）级	2003-06	2454
10	拉萨布达拉宫历史建筑群—布达拉宫	西藏自治区布达拉宫管理处	正处（县）级	1988-11	91
11	拉萨布达拉宫历史建筑群—罗布林卡	西藏自治区罗布林卡管理处	正处（县）级	1995-05	56
12	承德避暑山庄及其周围寺庙	承德市文物局	正处（县）级	1975-01	2142
		承德市避暑山庄管理中心	正科（乡）级	1987-01	759
		承德市避暑山庄博物馆	正科（乡）级	1949-06	242
		承德市外八庙管理中心	正科（乡）级	1984-03	426
		承德市普宁寺管理中心	正科（乡）级	1985-01	239
13	曲阜孔庙、孔林和孔府	曲阜市文物保护中心	正科（乡）级	1949-03	511
14	庐山国家公园	江西省庐山风景名胜区管理局	副厅（局）级	1984-05	1611

序号	遗产地名称	机构名称	机构级别	机构成立时间	机构人数（人）
15	平遥古城	世界文化遗产平遥古城保护管理委员会	正处级	2013-07	91
16	苏州古典园林	苏州市园林和绿化管理局	正处级	1981-01	349
17	丽江古城	世界文化遗产丽江古城保护管理局/丽江古城管理有限责任公司	正处级	2005-10	326
18	北京皇家园林—颐和园	北京市颐和园管理处	正处级	1949-05	1355
19	北京皇家祭坛—天坛	北京市天坛公园管理处	正处级	1951-01	1134
20	大足石刻	大足石刻研究院	正处级	1952-11	232
21	皖南古村落—西递	西递遗产保护管理委员会	正科（乡）级	2004-04	12
22	皖南古村落—宏村	宏村遗产保护管理委员会	正科（乡）级	2019-02	13
23	明清皇家陵寝—十三陵	北京市昌平区十三陵特区办事处	正处级	1981-01	802
24	明清皇家陵寝—明显陵	钟祥市明显陵管理处	副处级	1983-01	112
25	明清皇家陵寝—明孝陵	中山陵园管理局	副厅（局）级	1949-08	1397
		南京市博物总馆	正处（县）级	2014-05	31
26	明清皇家陵寝—清东陵	清东陵文物管理处	副处（县）级	1984-09	572
27	明清皇家陵寝—清永陵	清永陵文物管理所	股级	2019-05	43
28	明清皇家陵寝—清福陵	沈阳市园林绿化管护与城市建设综合执法中心	正处（县）级	1953-09	279
29	明清皇家陵寝—清昭陵	北陵公园管理中心	正处（县）级	1927-05	268
30	明清皇家陵寝—清西陵	易县清西陵文物管理处	副处级	1987-01	308
31	龙门石窟	龙门石窟世界文化遗产园区管理委员会	正县级	2007-09	800
		龙门石窟研究院	正处（县）级	2002-03	130

序号	遗产地名称	机构名称	机构级别	机构成立时间	机构人数（人）
32	青城山—都江堰	青城山—都江堰旅游景区管理局	乡科级	2007-11	958
33	云冈石窟	云冈石窟研究院	正处级	1955-05	110
34	高句丽王城、王陵及贵族墓葬—国内城、丸都山城及高句丽王陵和贵族墓葬	集安市文物局	正科（乡）级	2001-02	106
35	高句丽王城、王陵及贵族墓葬—五女山城	五女山山城管理处	副科（乡）级	1999-05	108
36	殷墟	安阳市殷墟管理处	副处（县）级	1987-11	199
37	登封"天地之中"历史建筑群	登封市文化和旅游局	正科（乡）级	2019-03	600
		郑州市文化遗产研究院	副处（县）级	2007-08	12
38	开平碉楼与村落	开平市文化广电和旅游体育局	正科（乡）级	2016-08	35
39	福建土楼—南靖土楼	南靖县土楼管理委员会	正科级	2007-11	36
40	福建土楼—华安土楼	华安县土楼管理处	正科级	2009-05	6
41	福建土楼—永定土楼	永定区福建土楼保护与利用管理委员会	正科（乡）级	2015-10	6
42	五台山—台怀	五台山风景名胜区管理委员会	正处（县）级	2016-6	544
43	五台山—佛光寺	山西省古建筑保护研究所	正处（县）级	1979-11	61
44	杭州西湖文化景观	杭州西湖风景名胜区管委会	副厅（局）级	2003-01	3114
45	元上都遗址	锡林郭勒盟元上都文化遗产管理局	副处（县）级	2016-06	89
46	红河哈尼梯田文化景观	世界遗产哈尼梯田元阳管理委员会	副处（县）级	2016-12	22
47	丝绸之路—汉长安城未央宫遗址	西安汉长安城国家大遗址保护特区管委会	正厅（局）级	2012-08	164

序号	遗产地名称	机构名称	机构级别	机构成立时间	机构人数（人）
48	丝绸之路—汉魏洛阳城遗址	洛阳市汉魏故城遗址管理处	副处（县）级	1973–01	28
49	丝绸之路—唐长安城大明宫遗址	西安曲江大明宫国家遗址公园管理有限公司	其他	2009–12	620
50	丝绸之路—隋唐洛阳城定鼎门遗址	洛阳市隋唐城遗址管理处	副处（县）级	2007–11	106
51	丝绸之路—高昌故城	吐鲁番市文物管理局	正科（乡）级	1995–01	10
52	丝绸之路—交河故城	吐鲁番市文物管理局	正科（乡）级	1994–05	16
53	丝绸之路—北庭故城遗址	北庭学研究院	正科（乡）级	2008–08	23
54	丝绸之路—新安汉函谷关	新安县汉函谷关保护管理所	副科（乡）级	2008–08	15
55	丝绸之路—崤函古道石壕段遗址	崤函古道石壕段遗址文物保护管理所	股级	2013–03	2
56	丝绸之路—锁阳城遗址	瓜州县锁阳城遗址文物管理所	副科（乡）级	2013–02	21
57	丝绸之路—悬泉置遗址	敦煌市文物管理局	正科（乡）级	2013–09	24
58	丝绸之路—玉门关遗址	敦煌市文物管理局	正科（乡）级	2007–06	24
59	丝绸之路—克孜尔尕哈烽燧	库车市文化体育广播电视和旅游局	副科（乡）级	2005–01	16
60	丝绸之路—克孜尔石窟	龟兹研究院	正处（县）级	1985–05	103
61	丝绸之路—苏巴什佛寺遗址	库车市文化体育广播电视和旅游局（龟兹博物馆）	副科（乡）级	2005–01	16
62	丝绸之路—炳灵寺石窟	炳灵寺文物保护研究所	正处（县）级	1955–06	55
63	丝绸之路—麦积山石窟	麦积山石窟艺术研究所	正处（县）级	1953–10	204

序号	遗产地名称	机构名称	机构级别	机构成立时间	机构人数（人）
64	丝绸之路—彬县大佛寺石窟	彬州市大佛寺石窟管理处	副科（乡）级	2013-08	45
65	丝绸之路—大雁塔	西安市大雁塔保管所	正处（县）级	1956-03	51
66	丝绸之路—小雁塔	西安博物院	正处（县）级	2007-04	182
67	丝绸之路—兴教寺塔	西安市长安区文化和旅游体育局	正处（县）级	2019-05	29
68	丝绸之路—张骞墓	城固县张骞纪念馆	副科（乡）级	1983-05	15
69	大运河—含嘉仓 160 号仓窖遗址	洛阳市文物考古研究院	副处（县）级	2013-08	103
70	大运河—通济渠郑州段	郑州市文物局	正处（县）级	2010-02	78
71	大运河—通济渠商丘南关段	通济渠商丘南关段管理所	副科（乡）级	2012-04	22
72	大运河—通济渠商丘夏邑段	通济渠商丘夏邑段遗址保护管理所	股级	2013-10	11
73	大运河—柳孜运河遗址	濉溪县文物事业管理局	正科（乡）级	1987-07	10
74	大运河—通济渠泗县段	泗县文物管理中心	正科（乡）级	2019-07	7
75	大运河—卫河（永济渠）滑县段	滑县大运河遗产管理处	正科（乡）级	2013-07	20
76	大运河—卫河（永济渠）浚县段	浚县文物旅游局	正科（乡）级	1998-01	56
77	大运河—清口枢纽	淮安市文物局	正处（县）级	2008-06	77
78	大运河—淮扬运河扬州段	大运河遗产保护管理办公室（扬州市世界遗产保护管理办公室）	正处级	2017-09	10
79	大运河—江南运河常州城区段	常州市文化广电和旅游局	正处级	2019-01	71

序号	遗产地名称	机构名称	机构级别	机构成立时间	机构人数（人）
80	大运河—江南运河无锡城区段	无锡市文化广电和旅游局（无锡市文物局）	行政处级	2019-01	71
81	大运河—江南运河苏州段	苏州市文化广电和旅游局（文物局）	副厅（局）级	2008-01	57
82	大运河—江南运河杭州段	杭州市园林文物局（杭州市京杭运河〈杭州段〉综合保护委员）	副厅（局）级	1956-07	20
		杭州市京杭运河（杭州段）综合保护中心	正处（县）级	2014-12	32
83	大运河—江南运河嘉兴段	嘉兴市文化广电旅游局	正处（县）级	2005-07	24
		嘉兴市文物保护所	正科（乡）级	1990-06	12
		海宁市文化广电新闻出版局	正科（乡）级	2015-04	17
		桐乡市文化广电新闻出版局（桐乡市体育局）	正科（乡）级	2005-03	40
84	大运河—江南运河南浔段	湖州市南浔古镇旅游度假区管理委员会	正科（乡）级	2011-03	30
85	大运河—浙东运河杭州绍兴段	绍兴市文化广电旅游局	正厅（局）级	2018-12	67
		绍兴市越城区文化广电旅游局	正处（县）级	2011-09	24
		绍兴市上虞区文物管理服务中心	股级	2019-06	7
		绍兴市柯桥区文物保护管理所	股级	1984-09	22
86	大运河—浙东运河宁波段	宁波市文物保护管理所	正处级	1991-01	38
87	大运河—通惠河北京旧城段	北京市西城区文物保护研究所	正处（县）级	2009-01	9
		北京东方容和物业管理有限责任公司	其他	2019-01	50
88	大运河—通惠河通州段	北京市通州区文物管理所	正科（乡）级	1997-01	10
89	大运河—北、南运河天津三岔口段	天津市西青区文化和旅游局	正处（县）级	2019-01	30
		天津市河北区文物管理所	副处（县）级	1984-08	16
		天津义和团纪念馆（天津市红桥区文物保护管理所）	正科（乡）级	1986-01	12
		天津市武清区博物馆	正科（乡）级	2014-11	23

序号	遗产地名称	机构名称	机构级别	机构成立时间	机构人数（人）
90	大运河—南运河德州段	德州市大运河遗产保护处	副处（县）级	2013–08	37
91	大运河—南运河沧州段	沧州市文物局	副处（县）级	2003–08	13
92	大运河—会通河临清段	临清市博物馆	股级	1984–10	12
93	大运河—会通河阳谷段	阳谷县文化和旅游局	正科（乡）级	2019–02	171
94	大运河—南旺枢纽（泰安）	东平县博物馆	正科（乡）级	2011–10	9
95	大运河—南旺枢纽（济宁）	汶上县文化和旅游局	正科（乡）级	2019–01	40
96	大运河—会通河微山段	微山县文物服务所（微山县大运河南阳服务所）	股级	1991–01	9
97	大运河—中河台儿庄段	枣庄市台儿庄区文化和旅游局	正科（乡）级	2019–01	3
98	大运河—中河宿迁段	宿迁市文化广电和旅游局（宿迁市文物局）	正处（县）级	1996–12	50
		宿迁市龙王庙行宫文物管理所	正科（乡）级	2006–12	40
99	土司遗址—海龙屯	遵义海龙屯文化遗产管理局	副县级	2013–10	27
100	土司遗址—老司城遗址	永顺老司城遗址管理处	正处（县）级	2015–11	72
101	左江花山岩画文化景观	崇左市文物管理局	正科（乡）级	2013–12	10
		宁明县文物管理所	正科（乡）级	1984–11	7
		宁明县花山岩画管理局	正科（乡）级	2013–12	15
		龙州县花山岩画管理局	正科（乡）级	2014–03	8
		崇左市江州区左江岩画管理局	其他	2015–02	3
		扶绥县岩画管理局	副科（乡）级	2015–09	5
		崇左市广西花山景区管理委员会	正处（县）级	2018–02	5
102	鼓浪屿：历史国际社区	厦门市鼓浪屿—万石山风景名胜区管理委员会	副厅（局）级	2003–10	140

序号	遗产地名称	机构名称	机构级别	机构成立时间	机构人数（人）
103	良渚古城遗址	杭州良渚遗址管理区管理委员会（浙江省杭州良渚遗址管理局）	副厅（局）级	2001-09	185
104	泰山	泰山风景名胜区管理委员会	副厅	1985-01	2700
105	黄山	黄山风景区管理委员会	正厅	1988-12	711
106	峨眉山—乐山大佛（乐山大佛）	乐山大佛乌尤文物保护管理局	正县级	1998-05	436
107	峨眉山—乐山大佛（峨眉山）	峨眉山风景名胜区管理委员会	正县级	1988-12	1130
108	武夷山—城村汉城遗址	福建闽越王城博物馆	副处（县）级	2001-01	41

3. 严重病害监测情况

序号	遗产地名称	遗产要素	病害类型	监测方法	实施机构
1	明清故宫—沈阳故宫	崇政殿	构件材料腐蚀、构件材料风化	观察	本单位其他部门/机构
2	秦始皇陵及兵马俑坑	兵马俑陪葬坑(一号坑)	裂隙坍塌	拍摄照片、观察、检测和测量	本单位其他部门/机构、西北有色勘测公司
		兵马俑陪葬坑(二号坑)	裂隙	检测和测量、拍摄照片、观察	本单位其他部门/机构、西北有色勘测公司
3	莫高窟	735个洞窟	危岩体、渗漏	前端设备、拍摄照片、观察、检测和测量	监测机构
		洞窟内的彩塑	裂隙与空鼓、缺损	检测和测量、拍摄照片、观察	监测机构
		木结构窟檐	渗漏	检测和测量、拍摄照片、观察	监测机构
		莫高窟窟区的塔	表面脱落、构件材料风化	检测和测量、拍摄照片、观察	监测机构

序号	遗产地名称	遗产要素	病害类型	监测方法	实施机构
3	莫高窟	窟区内古建筑	雨水灌墙	检测和测量、拍摄照片、观察	监测机构
		窟区（考古发现有历史遗存）	微生物	检测和测量、拍摄照片	监测机构
4	长城—嘉峪关	一墩长城	表层风化、裂隙	拍摄照片、前端设备	监测机构
		暗壁长城 1 段	裂隙	前端设备	监测机构
		暗壁支线长城	表层风化	拍摄照片	监测机构
		嘉峪关关城	表层风化、不均匀沉降、失稳、渗水、裂隙	检测和测量、拍摄照片、前端设备	监测机构
5	北京皇家园林—颐和园	清华轩东耳房	构件材料风化	拍摄照片、观察	北京市建筑工程研究院有限责任公司工程咨询中心
		清华轩垂花门	位移、构件材料腐蚀、构件材料风化	拍摄照片、观察	北京市建筑工程研究院有限责任公司工程咨询中心
		清华轩西抄手廊	位移	检测和测量、拍摄照片、观察	北京市建筑工程研究院有限责任公司工程咨询中心
		耕织图四展室	裂缝	观察、拍摄照片、检测和测量	北京市建筑工程研究院有限责任公司工程咨询中心
		大船坞东侧虎皮石院墙	构件材料风化、植物病害	拍摄照片、观察	北京市建筑工程研究院有限责任公司工程咨询中心
		二龙闸桥	构件材料风化、植物病害	拍摄照片、观察	北京市建筑工程研究院有限责任公司工程咨询中心
		前院东转角廊	构件材料腐蚀、构件变形	拍摄照片、观察	北京市建筑工程研究院有限责任公司工程咨询中心

序号	遗产地名称	遗产要素	病害类型	监测方法	实施机构
5	北京皇家园林—颐和园	前院西转角廊	微生物	观察、拍摄照片	北京市建筑工程研究院有限责任公司工程咨询中心
		十七孔桥	裂缝	拍摄照片、观察	北京市建筑工程研究院有限责任公司工程咨询中心
		半壁桥	构件材料风化	拍摄照片、观察	北京市建筑工程研究院有限责任公司工程咨询中心
		南湖岛驳岸	堤岸损坏	观察、拍摄照片、检测和测量	北京市建筑工程研究院有限责任公司工程咨询中心
		宿云檐	构件材料风化、构件缺失、裂缝	拍摄照片、观察	北京市建筑工程研究院有限责任公司工程咨询中心
		扬仁风	糟朽	观察、拍摄照片	北京市建筑工程研究院有限责任公司工程咨询中心
		昆明湖驳岸	堤岸损坏	观察、拍摄照片、检测和测量	北京市建筑工程研究院有限责任公司工程咨询中心
		玉带桥	工程干预、位移	拍摄照片、观察检测和测量	北京市建筑工程研究院有限责任公司工程咨询中心
		界湖桥	裂缝、植物病害	观察、拍摄照片	北京市建筑工程研究院有限责任公司工程咨询中心
		知春亭桥1	构件材料腐蚀、构件材料风化	观察	北京市建筑工程研究院有限责任公司工程咨询中心
		知春亭桥2	构件材料腐蚀	观察	北京市建筑工程研究院有限责任公司工程咨询中心
		碑亭	裂缝	拍摄照片、观察	北京市建筑工程研究院有限责任公司工程咨询中心

序号	遗产地名称	遗产要素	病害类型	监测方法	实施机构
5	北京皇家园林—颐和园	西三间	裂缝、糟朽、位移	拍摄照片、观察	北京市建筑工程研究院有限责任公司工程咨询中心
		西十三间	糟朽、位移	拍摄照片、观察	北京市建筑工程研究院有限责任公司工程咨询中心
6	大足石刻	大佛湾	失稳、生物病害、渗水、表层（面）风化	检测和测量、拍摄照片、观察、前端设备	监测机构、辽宁有色勘察研究院有限公司、中国矿业大学
		小佛湾	表面污染与变色、表层（面）风化、生物病害	前端设备、检测和测量、拍摄照片、观察	监测机构、中国文化遗产研究院、中国人民大学
		北山摩崖造像	表层（面）风化、表面污染与变色、生物病害	前端设备、检测和测量、拍摄照片、观察	监测机构
		营盘坡摩崖造像	脱落	检测和测量、拍摄照片、观察	监测机构
		南山摩崖造像	渗水	检测和测量、拍摄照片、观察	监测机构
		石门山摩崖造像	失稳	拍摄照片、观察	监测机构
7	明清皇家陵寝—十三陵	长陵、献陵、景陵、裕陵、茂陵、泰陵、康陵、永陵、昭陵、定陵、庆陵、德陵、思陵	渗水、位移、生物病害	拍摄照片、观察	监测机构
8	明清皇家陵寝—清东陵	清东陵	渗水	拍摄照片、观察	监测机构
9	明清皇家陵寝—清永陵	清永陵	生物病害	观察	本单位其他部门/机构
10	明清皇家陵寝—清西陵	行宫	构件变形	拍摄照片、检测和测量、观察	监测机构
		崇陵	坍塌	拍摄照片	监测机构

序号	遗产地名称	遗产要素	病害类型	监测方法	实施机构
11	龙门石窟	万佛洞（543）	渗漏	检测和测量、前端设备、拍摄照片	监测机构
		双窑（511 512）	渗漏	前端设备、观察、检测和测量	监测机构
		宾阳北洞（104）	渗漏	前端设备、观察	监测机构
		擂鼓台南洞（2050）	危岩体、倾斜、渗漏	前端设备	监测机构
		潜溪寺（20）	表层风化、渗漏、危岩体	前端设备	监测机构
		奉先寺（1280）	渗漏、表层风化	前端设备	监测机构
12	青城山—都江堰	青城山	滑坡、崩塌	观察	本单位其他部门／机构
		李冰石像	裂隙与空鼓	观察	本单位其他部门／机构
		明代飞龙铁炉	裂隙与空鼓	观察	本单位其他部门／机构
13	云冈石窟	石窟遗存	危岩体	前端设备	监测机构
14	登封"天地之中"历史建筑群	中岳庙	病虫害	拍摄照片、观察	监测机构
		少林寺建筑群（塔林）	不均匀沉降	拍摄照片、观察	监测机构
		初祖庵	构件变形	拍摄照片、观察	监测机构
		嵩阳书院	病虫害	拍摄照片、观察	监测机构
15	福建土楼—永定景区	振成楼	裂缝	检测和测量	监测机构
16	杭州西湖文化景观	飞来峰造像	裂隙与空鼓	检测和测量	浙江大学文物保护材料实验室、杭州秉公科技有限公司
17	丝绸之路—汉魏洛阳城遗址	汉魏洛阳城	裂隙	观察、拍摄照片	本单位其他部门／机构
18	丝绸之路—高昌故城	高昌故城	裂隙、失稳	拍摄照片、观察	监测机构
19	丝绸之路—锁阳城遗址	锁阳城遗址	表层风化	拍摄照片、观察	本单位其他部门／机构
		塔尔寺遗址	裂隙	拍摄照片、观察	本单位其他部门／机构

序号	遗产地名称	遗产要素	病害类型	监测方法	实施机构
20	丝绸之路—克孜尔石窟	克孜尔石窟	危岩体	观察、拍摄照片	监测机构
		克孜尔石窟壁画	裂隙与空鼓	前端设备、拍摄照片、观察	监测机构
21	丝绸之路—麦积山石窟	附属寺院、舍利塔	病虫害	拍摄照片、观察	监测机构
		麦积山石窟	危岩体	检测和测量、拍摄照片、观察	监测机构
		洞窟	失稳、脱落、生物病害、裂隙与空鼓	检测和测量、拍摄照片、观察	监测机构
22	丝绸之路—彬县大佛寺石窟	1980 余尊造像	表层（面）风化	拍摄照片、观察	监测机构
		清凉山	危岩体	拍摄照片、观察	监测机构、本单位其他部门 / 机构
23	大运河—柳孜运河遗址	柳孜运河遗址	渗漏、基坑剖面水土流失、不均匀沉降、渗漏	观察	本单位其他部门 / 机构
24	大运河—江南运河杭州段	拱宸桥	条石基础破损、松木桩外露、河床冲刷及掏空等	检测和测量、拍摄照片	浙江华东工程安全技术有限公司
25	大运河—江南运河南浔段	南浔镇历史文化街区	基础沉降严重，墙体开裂（嘉业堂藏书楼及小莲庄之东升阁），年久失修（洪济桥）	拍摄照片、观察	监测机构
26	鼓浪屿：历史国际社区	鼓浪屿会审公堂旧址	植物病害	观察、拍摄照片	监测机构
		美国领事馆旧址	不均匀沉降	前端设备、拍摄照片	监测机构
		毓德女校旧址	不均匀沉降	前端设备、拍摄照片	监测机构
		安献楼	裂缝	拍摄照片、观察	监测机构
		黄荣远堂	裂缝、不均匀沉降	观察、拍摄照片、前端设备	监测机构
		番婆楼	结构变形	观察	监测机构

序号	遗产地名称	遗产要素	病害类型	监测方法	实施机构
26	鼓浪屿：历史国际社区	四落大厝	裂缝	拍摄照片、观察	监测机构
		大夫第	坍塌、构件变形	拍摄照片、观察	监测机构
		黄氏小宗	糟朽	拍摄照片、观察	监测机构
27	泰山	泰山石刻（北齐至唐）—经石峪	表层风化	检测和测量、拍摄照片、观察	本单位其他部门/机构
28	峨眉山—乐山大佛（乐山大佛）	尔雅台	构件材料腐蚀	拍摄照片、观察	监测机构
		乐山大佛	风化、渗漏水、裂隙	前端设备、拍摄照片、观察	监测机构

4. 自然环境因素监测情况

序号	遗产地名称	监测内容	监测方法	实施机构
1	明清故宫—北京故宫	气态污染物，空气颗粒物，臭氧，降水，温度，紫外线，湿度，气压，风速，风向	前端设备，检测和测量	监测机构
		水质，土壤质量	采样检测	监测机构
2	秦始皇陵及兵马俑坑	气态污染物，空气颗粒物，臭氧，温度，降水，紫外线，湿度	检测和测量，拍摄照片，观察，前端设备	本单位其他机构/部门
3	莫高窟	降水，温度，湿度，气态污染物，空气颗粒物，气压，风沙，风速，风向	前端设备，检测和测量	监测机构
		水位	前端设备	监测机构
		动物，微生物	拍摄照片，检测和测量	监测机构
4	周口店北京人遗址	温度，湿度，降水，气压，风速，风向，酸雨	前端设备	监测机构
5	长城—嘉峪关	降水，温度，湿度，气压，风沙，风速，风向，紫外线，其他	前端设备，检测和测量，观察，拍摄照片	监测机构
6	拉萨布达拉宫历史建筑群—布达拉宫	温度，湿度	前端设备	监测机构

序号	遗产地名称	监测内容	监测方法	实施机构
7	承德避暑山庄及其周围寺庙	气态污染物，空气颗粒物	检测和测量	承德市环境监测中心
		水位，水质	检测和测量	本单位其他机构/部门
8	曲阜孔庙、孔林和孔府	气态污染物，空气颗粒物，温度，湿度	前端设备	环保局
9	庐山国家公园	植物，微生物，动物，气态污染物，空气颗粒物，水质，水污染因子，环境噪声	前端设备，检测和测量，拍摄照片，观察	监测机构，本单位其他机构/部门
10	苏州古典园林	水质	检测和测量，前端设备，拍摄照片，观察	监测机构
		水质，水位	观察，拍摄照片，检测和测量	本单位其他机构/部门
		水质，水位	拍摄照片，检测和测量，观察	苏州善清水环境工程有限公司
11	丽江古城	水质，流速	前端设备，观察，拍摄照片	监测机构
		环境噪声	前端设备，观察	监测机构
		水温，水质，水位	前端设备	本单位其他机构/部门
12	北京皇家园林—颐和园	温度，湿度，风速，风向，紫外线，环境噪声，照度	前端设备	监测机构
13	北京皇家祭坛—天坛	气态污染物，温度，湿度，风速，风向，降水	前端设备	北京市气象局；北京市环保局
14	大足石刻	气态污染物，空气颗粒物，臭氧，光污染，降水，紫外线，温度，湿度，气压，粉尘，风速，风向，酸雨，洞窟露点	前端设备，检测和测量	监测机构，重庆大学
		微生物，植物，动物	拍摄照片，观察，检测和测量	本单位其他机构/部门，监测机构，中国人民大学，中国文化遗产研究院

序号	遗产地名称	监测内容	监测方法	实施机构
14	大足石刻	凝结水	观察，拍摄照片，前端设备，检测和测量	监测机构
		水温，水质，水位，流速	检测和测量，拍摄照片，观察	重庆大学，监测机构
15	皖南古村落—宏村	水质	检测和测量	监测机构
16	明清皇家陵寝—明显陵	表层风化	前端设备，检测和测量，拍摄照片，观察	武汉数文科技有限公司
		山体，水体，水质，植被，污染	拍摄照片，观察	本单位其他机构/部门
17	明清皇家陵寝—清东陵	温度，湿度，降水	拍摄照片，观察	监测机构
18	龙门石窟	紫外线，湿度，温度，酸雨，风速，风向，紫外线	前端设备	监测机构
19	青城山—都江堰	空气颗粒物，臭氧，温度，湿度	前端设备	都江堰市生态和环境保护局
		水质，环境噪声	检测和测量	都江堰市生态和环境保护局
20	云冈石窟	气态污染物，空气颗粒物，光污染，降水，紫外线，温度，湿度，气压	前端设备	监测机构
21	高句丽王城、王陵及贵族墓葬—国内城、丸都山城及高句丽王陵和贵族墓葬	气压，温度，湿度，风速，空气颗粒物，降水，气态污染物，臭氧，大气质量，大气降水，降尘、噪声、PH、电导率、铜、硫化物、汞、砷、生化需氧量、铅、阴离子表面活性剂、挥发酚、总磷	前端设备，检测和测量，观察	公网数据、吉林省集安边境环境监测站
		降水，紫外线，温度，湿度，气压，光污染，空气颗粒物，风速，风向，酸雨，含水率、水温、大气压力、pH值、溶解氧、电导率、浊度、土壤含水率、水位、瞬时水温、电源电压、孔隙水压力等	前端设备，检测和测量，拍摄照片，观察	北京江云伟业科技有限公司
22	高句丽王城、王陵及贵族墓葬—五女山城	降水，温度，湿度，气压	检测和测量，拍摄照片，观察	监测机构

序号	遗产地名称	监测内容	监测方法	实施机构
23	殷墟	水质，水温，水位，流速，含氧量	检测和测量，拍摄照片，观察	监测机构
24	登封"天地之中"历史建筑群	温度，湿度，含水率	前端设备	监测机构
25	开平碉楼与村落	气态污染物	前端设备	本单位其他机构／部门
		水质	检测和测量	开平市环保局
26	福建土楼—南靖土楼	土壤湿度，土壤质量	前端设备，观察	水利局等
27	福建土楼—华安土楼	降水，温度，气压，湿度	检测和测量	华安县气象局
28	五台山—台怀	温度	前端设备	环境保护中心、气象站
29	五台山—佛光寺	降水，温度，湿度	前端设备	监测机构
30	杭州西湖文化景观	水温，水质，水位，流速	检测和测量，拍摄照片，观察	本单位其他机构／部门
		气态污染物，空气颗粒物，臭氧，光污染，降水，紫外线，温度，湿度，气压，风沙，粉尘，风速，风向，酸雨	检测和测量，拍摄照片，观察	杭州市气象局
31	红河哈尼梯田文化景观	温度，气压，湿度，紫外线，降水	前端设备，检测和测量	监测机构
32	丝绸之路—交河故城	土壤，气候，风力	前端设备	本单位其他机构／部门
33	丝绸之路—北庭故城遗址	气态污染物，温度，湿度，风速，气压，降水	前端设备，拍摄照片	敦煌学研究院文物保护部
34	丝绸之路—新安汉函谷关	土壤湿度，土壤温度	前端设备，拍摄照片，观察	本单位其他机构／部门
35	丝绸之路—崤函古道石壕段遗址	降水，温度，湿度，风速，酸雨，紫外线	前端设备，检测和测量，拍摄照片	监测机构
36	丝绸之路—锁阳城遗址	湿度，温度	检测和测量，拍摄照片，观察	本单位其他机构／部门
37	丝绸之路—克孜尔石窟	降水，紫外线，温度，湿度，粉尘，风速，风向	前端设备	监测机构

序号	遗产地名称	监测内容	监测方法	实施机构
38	丝绸之路—炳灵寺石窟	气态污染物,空气颗粒物,风向,风速,气压,湿度,温度,风沙,紫外线,降水	前端设备	本单位其他机构/部门
39	丝绸之路—麦积山石窟	温度,湿度	前端设备	监测机构
40	丝绸之路—彬县大佛寺石窟	紫外线,温度,湿度,风速,风向,位移,表面温度,二氧化硫,二氧化碳	前端设备,拍摄照片	监测机构
41	丝绸之路—小雁塔	气态污染物,空气颗粒物,臭氧,降水,温度,湿度,气压	前端设备,检测和测量	西安市生态环境局、西安市气象局
		环境噪声	前端设备,检测和测量	西安市生态环境局
		地震	前端设备	西安市地震局
		地质灾害	前端设备,检测和测量	西安市自然资源和规划局
42	丝绸之路—张骞墓	温度,湿度,风速,土壤,地哀	前端设备,拍摄照片	本单位其他机构/部门
43	大运河—通济渠郑州段	水位	拍摄照片	监测机构
		水质	检测和测量	郑州市环保局
44	大运河—通济渠商丘夏邑段	降水,风沙,粉尘,风速,风向,酸雨,温度	前端设备	夏邑县气象局
		水位	检测和测量	夏邑县水利局
45	大运河—卫河(永济渠)滑县段	水质,水位	检测和测量,观察	监测机构
46	大运河—清口枢纽	水质	前端设备	环保局
47	大运河—江南运河常州城区段	水位	前端设备	常州市水文局
		温度	前端设备	常州市气象局
		酸雨	检测和测量	常州市生态环境局
48	大运河—江南运河无锡城区段	水位	前端设备	无锡市水利局
		温度	前端设备	无锡市气象局
		酸雨	检测和测量	无锡市生态环境局

序号	遗产地名称	监测内容	监测方法	实施机构
49	大运河—江南运河苏州段	水质	自动测定、人工采样相结合	苏州市生态环境局
50	大运河—江南运河杭州段	温度，风速，风向，湿度，降水，空气颗粒物，臭氧，气态污染物，天气、云量	前端设备	杭州市气象局
		水质，水温，水位，流速	前端设备	杭州市生态环境局
51	大运河—浙东运河宁波段	温度，湿度，风速，风向	前端设备	气象局；环保局
52	大运河—会通河阳谷段	水质，水位，流速	检测和测量，前端设备	监测机构
53	土司遗址—老司城遗址	温度，湿度，大气挥发物，二氧化硫，二氧化碳，土壤湿度，土壤温度，电导率，水温，水质，水位，流速	前端设备	监测机构
54	左江花山岩画文化景观	温度，湿度，风速，风向	前端设备	监测机构
		降水，温度，湿度，风速，风向，酸雨	检测和测量	水文局；气象局；环保局
55	鼓浪屿：历史国际社区	温度，湿度，风速，风向，臭氧，气态污染物，空气颗粒物	与气象局对接，获取数据、前端设备	厦门市气象局
		台风	与气象局对接，获取数据	厦门市气象局
		地震	与地震局对接，获取数据	厦门市地震局
		海洋及浴场环境预报	与厦门海洋与渔业局对接，获取数据	厦门市海洋与渔业局
		温度，湿度，气压，降水，风速	前端设备	监测机构
56	良渚古城遗址	温度，湿度，风速，风向，酸雨，降水，气压，空气颗粒物，气态污染物	前端设备	监测机构，气象局；环保局
		土壤温度，土壤湿度	前端设备	监测机构，浙江省考古研究所
		水质，水位	前端设备	监测机构
		植物	拍摄照片，观察	监测机构

序号	遗产地名称	监测内容	监测方法	实施机构
57	泰山	降水，酸雨	检测和测量	监测机构
58	黄山	水质，气态污染物	检测和测量	本单位其他机构 / 部门
59	峨眉山—乐山大佛（乐山大佛）	空气颗粒物，降水，紫外线，温度，湿度，气压	前端设备	监测机构
60	峨眉山—乐山大佛（峨眉山）	空气颗粒物，臭氧，水温，水质，环境噪声	前端设备，检测和测量	峨眉山市环境监测站
61	武夷山—城村汉城遗址	植被	拍摄照片，观察	本单位其他机构 / 部门

5. 游客量监测情况

序号	遗产地名称	游客总量（万人）	预约游客量（万人）	境外游客量（万人）	讲解服务游客量（万人）
1	明清故宫—北京故宫	1933.63	1875.46	106.00	25.98
2	明清故宫—沈阳故宫	254.08	0.00	1.16	3.00
3	秦始皇陵及兵马俑坑	801.70	240.51	160.34	59.18
4	莫高窟	216.90	212.76	2.24	216.90
5	周口店北京人遗址	38.28	5.76	未统计	未统计
6	长城—山海关	424.90	0.00	3.95	164.84
7	长城—八达岭	1035.17	825.87	27.77	未统计
8	长城—嘉峪关	170.70	0.00	未统计	未统计
9	武当山古建筑群	937.21	96.25	未统计	未统计
10	拉萨布达拉宫历史建筑群—布达拉宫	173.70	130.25	3.38	未统计
11	拉萨布达拉宫历史建筑群—罗布林卡	77.45	0.00	未统计	0.05
12	承德避暑山庄及其周围寺庙	310.37	0.00	未统计	未统计

续表

序号	遗产地名称	游客总量 （万人）	预约游客量 （万人）	境外游客量 （万人）	讲解服务游 客量 （万人）
13	曲阜孔庙、孔林和孔府	558.16	46.46	0.92	未统计
14	庐山国家公园	2622.26	0.00	25.57	未统计
15	平遥古城	1753.00	0.00	12.04	未统计
16	苏州古典园林	1624.84	225.07	25.28	161.54
17	丽江古城	1437.44	0.00	27.03	0.06
18	北京皇家园林—颐和园	1522.21	0.00	114.46	未统计
19	北京皇家祭坛—天坛	1812.18	87.37	63.65	330.05
20	大足石刻	100.10	25.54	1.24	6.98
21	皖南古村落—西递	95.81	95.81	未统计	未统计
22	皖南古村落—宏村	275.90	151.74	未统计	未统计
23	明清皇家陵寝—十三陵	246.51	0.00	未统计	2.03
24	明清皇家陵寝—明显陵	62.75	11.69	未统计	未统计
25	明清皇家陵寝—明孝陵	210.53	0.00	未统计	0.81
26	明清皇家陵寝—清东陵	33.77	0.00	未统计	未统计
27	明清皇家陵寝—清永陵	3.55	0.11	未统计	未统计
28	明清皇家陵寝—清福陵	22.70	0.00	0.01	0.07
29	明清皇家陵寝—清昭陵	228.30	3.61	未统计	1.34
30	明清皇家陵寝—清西陵	34.23	11.45	未统计	未统计
31	龙门石窟	364.77	0.00	4.03	70.11
32	青城山—都江堰	938.65	0.00	9.55	未统计
33	云冈石窟	197.37	13.03	0.72	75.16
34	高句丽王城、王陵及贵族墓葬—国内城、丸都山城及高句丽王陵和贵族墓葬	21.81	0.00	3.25	3.95
35	高句丽王城、王陵及贵族墓葬—五女山城	10.04	0.62	1.15	2.37
36	殷墟	42.42	3.29	0.15	21.62
37	登封"天地之中"历史建筑群	380.13	17.10	未统计	未统计
38	开平碉楼与村落	30.89	15.43	未统计	未统计
39	福建土楼—南靖土楼	188.14	11.41	未统计	未统计

序号	遗产地名称	游客总量（万人）	预约游客量（万人）	境外游客量（万人）	讲解服务游客量（万人）
40	福建土楼—华安土楼	51.29	0.00	未统计	50.59
41	福建土楼—永定土楼	106.49	2.11	未统计	未统计
42	五台山—台怀	314.70	0.00	未统计	未统计
43	五台山—佛光寺	5.15	0.03	0.04	1.00
44	杭州西湖文化景观	2807.35	0.00	未统计	未统计
45	元上都遗址	10.61	0.00	0.01	2.39
46	红河哈尼梯田文化景观	23.53	0.58	未统计	未统计
47	丝绸之路—汉长安城未央宫遗址	4.90	0.00	未统计	0.24
48	丝绸之路—汉魏洛阳城遗址	0.10	0.10	0.00	未统计
49	丝绸之路—唐长安城大明宫遗址	1188.56	0.00	4.91	113.26
50	丝绸之路—隋唐洛阳城定鼎门遗址	4.05	0.00	未统计	3.68
51	丝绸之路—高昌故城	6.72	0.00	0.04	0.04
52	丝绸之路—交河故城	13.04	0.00	未统计	未统计
53	丝绸之路—北庭故城遗址	0.50	0.34	未统计	0.01
54	丝绸之路—新安汉函谷关	2.45	0.00	未统计	1.61
55	丝绸之路—崤函古道石壕段遗址	1.28	0.59	0.04	0.62
56	丝绸之路—锁阳城遗址	2.26	0.21	未统计	2.26
57	丝绸之路—悬泉置遗址	0.00	0.00	未统计	未统计
58	丝绸之路—玉门关遗址	28.75	3.51	未统计	未统计
59	丝绸之路—克孜尔尕哈烽燧	2.30	1.04	0.19	未统计
60	丝绸之路—克孜尔石窟	11.95	0.00	0.28	11.95
61	丝绸之路—苏巴什佛寺遗址	3.10	1.03	0.30	未统计
62	丝绸之路—炳灵寺石窟	10.18	0.00	0.46	未统计
63	丝绸之路—麦积山石窟	73.16	17.05	未统计	4.11
64	丝绸之路—彬县大佛寺石窟	7.57	0.00	未统计	未统计
65	丝绸之路—大雁塔	106.70	0.00	未统计	0.00
66	丝绸之路—小雁塔	334.20	0.00	19.28	未统计
67	丝绸之路—兴教寺塔	26.30	0.00	未统计	未统计

序号	遗产地名称	游客总量（万人）	预约游客量（万人）	境外游客量（万人）	讲解服务游客量（万人）
68	丝绸之路—张骞墓	8.47	0.37	0.01	0.51
69	大运河—含嘉仓160号仓窖遗址	0.10	0.10	未统计	未统计
70	大运河—通济渠郑州段	0.00	0.00	未统计	未统计
71	大运河—通济渠商丘南关段	0.33	0.00	未统计	0.01
72	大运河—通济渠商丘夏邑段	0.00	0.00	未统计	未统计
73	大运河—柳孜运河遗址	2.71	0.83	0.00	1.60
74	大运河—通济渠泗县段	19.34	6.90	未统计	未统计
75	大运河—卫河（永济渠）滑县段	142.70	2.27	未统计	4.46
76	大运河—卫河（永济渠）浚县段	333.65	15.00	未统计	12.72
77	大运河—清口枢纽	0.00	0.00	未统计	未统计
78	大运河—淮扬运河扬州段	0.49	0.00	未统计	未统计
79	大运河—江南运河常州城区段	0.00	0.00	未统计	未统计
80	大运河—江南运河无锡城区段	1143.00	0.00	未统计	未统计
81	大运河—江南运河苏州段	1319.15	0.00	82.68	未统计
82	大运河—江南运河杭州段	1315.90	0.00	4.61	未统计
83	大运河—江南运河嘉兴段	2702.16	0.00	未统计	未统计
84	大运河—江南运河南浔段	156.23	46.35	4.98	111.79
85	大运河—浙东运河绍兴段	2.17	0.39	未统计	0.10
86	大运河—浙东运河宁波段	31.48	0.00	未统计	未统计
87	大运河—通惠河北京旧城段	0.00	0.00	未统计	未统计
88	大运河—通惠河通州段	0.00	0.00	未统计	未统计
89	大运河—北、南运河天津三岔口段	1306.84	0.00	未统计	未统计
90	大运河—南运河德州段	0.24	0.00	未统计	未统计
91	大运河—南运河沧州段	2.00	0.00	未统计	未统计
92	大运河—会通河临清段	9.20	0.53	未统计	未统计
93	大运河—会通河阳谷段	0.00	0.00	未统计	未统计
94	大运河—南旺枢纽（泰安）	0.00	0.00	未统计	未统计
95	大运河—南旺枢纽（济宁）	10.65	9.37	0.00	未统计

序号	遗产地名称	游客总量（万人）	预约游客量（万人）	境外游客量（万人）	讲解服务游客量（万人）
96	大运河—会通河微山段	6.27	1.74	未统计	未统计
97	大运河—中河台儿庄段	649.09	0.00	未统计	未统计
98	大运河—中河宿迁段	18.10	0.00	未统计	未统计
99	土司遗址—海龙屯	16.61	6.25	未统计	未统计
100	土司遗址—老司城遗址	5.43	1.41	0.08	2.05
101	左江花山岩画文化景观	76.43	0.00	未统计	未统计
102	鼓浪屿：历史国际社区	1330.67	0.00	20.40	未统计
103	良渚古城遗址	25.10	25.10	0.15	3.76
104	泰山	640.05	0.00	未统计	未统计
105	黄山	350.08	0.00	未统计	未统计
106	乐山大佛	423.19	290.62	23.05	7.40
107	峨眉山	398.36	142.95	4.53	未统计
108	城村汉城遗址	12.75	0.00	未统计	0.55

6. 现场保护工程情况

序号	遗产地名称	工程名称
1	明清故宫—北京故宫	故宫西城墙(K0+330~K0+563 段）修缮工程 故宫博物院鸟枪三处古建筑抢险工程 大高玄殿（三期）修缮工程 养心殿研究性保护项目 南三所西所区古建筑群保护修缮工程 南三所西所区古建筑群彩画保护工程 延庆殿区修缮工程 延庆殿油饰彩画保护工程 宁寿宫花园保护维修工程 故宫怡情书史区古建筑修缮工程 长春宫油饰彩画保护工程 故宫筒子河围房建设工程（东华门一期）
2	明清故宫—沈阳故宫	沈阳故宫太庙建筑群修缮工程 沈阳故宫大政殿组群台明修缮工程

序号	遗产地名称	工程名称
3	秦始皇陵及兵马俑坑	秦陵内城墙及相关遗址展示项目—秦始皇陵内城垣遗保护展示工程 秦陵内城墙及相关遗址展示项目—秦始皇陵东西门阙保护展示工程 秦始皇陵内城垣北门、南门及封土东侧坡脚本体抢险加固工程 秦始皇陵封土周边铺石道路遗迹保护展示工程
4	莫高窟	敦煌莫高窟第 465 窟壁画保护修缮工程 莫高窟第 245 窟壁画彩塑保护修缮工程 莫高窟第 88 窟壁画彩塑保护修缮工程 莫高窟第 84 窟壁画保护修缮工程 莫高窟第 8 窟壁画保护修缮工程 莫高窟第 231 窟壁画彩塑保护修复工程 莫高窟 12 窟壁画彩塑保护修复项目 莫高窟第 3、4、5、28 号佛塔保护修缮工程
5	周口店北京人遗址	周口店遗址抢险加固工程
6	长城—山海关	山海关长城（关城北—旱门关段）保护维修工程靶场豁口至旱门关段 山海关长城抢险项目（镇东楼城台、瓮城城台、西门内北侧宇墙）
7	长城—八达岭	八达岭长城数字档案示范工程
8	长城—嘉峪关	嘉峪关长城石关峡口墩、大红泉堡和双井子堡日常保养维护工程 嘉峪关西长城、野麻湾长城重点段落保护范围环境恢复工程
9	武当山古建筑群	武当山古建筑群回龙观文物保护工程 武当山古建筑群仁威观文物保护工程 武当山古建筑群隐仙岩文物保护工程 武当山玉虚宫父母殿文物保护工程
10	拉萨布达拉宫历史建筑群—布达拉宫	布达拉宫附属石质文物保护维修工程 布达拉宫一期结构监测软件系统升级项目 西藏布达拉宫监测预警体系项目
11	拉萨布达拉宫历史建筑群—罗布林卡	罗布林卡文化遗产动态监测预警体系工程二期 罗布林卡达旦明久颇章等四个殿堂部分壁画抢修工程 罗布林卡信息留取与价值阐释（罗布林卡数字化） 湖心宫水塘防渗工程 原有历史路面整修及给水工程 金色颇章龙女池修复工程 罗布林卡智慧用电
12	承德避暑山庄及其周围寺庙	承德避暑山庄文物保护利用设施项目 普宁寺石质文物修缮项目
13	曲阜孔庙、孔林和孔府	孔庙古建筑（大成门、金声玉振门、东西庑）油饰彩画二期保护维修工程 孔庙东路古建筑油饰彩画第一期修缮工程 孔府中路古建筑群（大门至三堂）油饰彩画第二期修缮工程 孔府内宅门至后五间古建筑群修缮工程 孔庙大中门至奎文阁建筑群修缮保护工程

序号	遗产地名称	工程名称
14	庐山国家公园	白鹿书院、西碑廊维修工程 庐山宗教博物馆项目 庐山诗词博物馆项目 2019 年庐山博物馆日常馆舍维修项目 2019 年庐山博物馆绿化补植项目 2019 年庐山博物馆清理枯枝及移栽树木项目
15	平遥古城	平遥清虚观修缮工程 平遥县日昇昌保护修缮工程 平遥城墙外墙 52 号等 14 段墙体抢险修缮工程 平遥县博物馆馆藏文物预防性保护工程
16	苏州古典园林	林泉耆硕之馆修缮、揖峰轩修缮工程 拙政园小飞虹、得真亭、梧竹幽居、倒影楼、宜两亭、见山楼维修工程 留园（艺圃）池塘清淤 留园停车场入口改造
17	丽江古城	丽江古城东北片区环境整治项目 文庙武庙古建筑修缮工程 接风楼修缮工程 丽江古城十月文学馆建设项目 红军长征过丽江指挥部纪念馆建设项目 三联韬奋书店（丽江古城店）修缮及装修项目 丽江古城徐霞客纪念馆装修及布展工程
18	北京皇家园林—颐和园	颐和园知春亭修缮工程 菁华献颂—颐和园福寿文物展 颐和园 2019 年古树保护及修复工程 颐和园福荫轩院修缮工程 颐和园画中游建筑群修缮工程 颐和园荇桥西牌楼保护修缮项目 颐和园瞰碧台保护修缮项目 颐和园辇库修缮工程 颐和园须弥灵境建筑群遗址保护与修复工程 颐和园澄怀阁修缮项目 "园说"—北京古典名园文物展
19	北京皇家祭坛—天坛	天坛内坛墙及坛门修缮工程（泰元门） 天坛祈谷坛门及圜丘门值房修复工程 天坛祈年殿、丹陛桥、圜丘重点古建筑保养维护
20	大足石刻	大足石刻石篆山摩崖造像佛惠寺修缮工程 大足石刻世界文化遗产监测预警体系建设 川渝石窟保护示范项目—大足石刻宝顶山卧佛、小佛湾石刻保护修缮工程 大足石刻宝顶山大佛湾水害治理工程 大足石刻宝顶山结界造像抢险加固保护工程 大足石刻宝顶山大佛湾石刻三维测绘与数字化工程（二期） 宝顶山大悲阁修缮工程

序号	遗产地名称	工程名称
21	明清皇家陵寝—十三陵	明十三陵裕陵监监墙抢险加固工程 明十三陵献陵监监墙抢险加固工程 长陵祾恩殿木构件无损检测及台基沉降变形监测 神路北五孔桥结构安全检测监测 明十三陵神路五孔桥监测项目 明十三陵泰陵监内监墙局部段落保养维护工程
22	明清皇家陵寝—明显陵	明显陵影壁监测项目工程 明显陵部分地墁修缮工程
23	明清皇家陵寝—清东陵	裕陵维修工程 景陵圣德神功碑及碑楼保护维修 清东陵定妃园寝整体保护工程 清东陵惠妃园寝保护修缮工程 清东陵普祥峪定东陵修缮工程 清东陵裕陵妃园寝建筑保护修缮工程 2019 年维护保养工程
24	明清皇家陵寝—清永陵	清永陵启运门及果膳房修缮工程 清永陵防雷工程
25	明清皇家陵寝—清西陵	昌妃园寝彩画保护修缮工程 慕东陵彩画保护修缮工程 泰妃园寝彩画保护修缮工程 泰陵保护修缮工程
26	龙门石窟	龙门石窟东山万佛沟区修缮工程
27	云冈石窟	第 3 窟危岩体抢险加固 第 14 窟顶部防水及抢险加固 第 21 窟至 30 窟危岩体抢险加固
28	高句丽王城、王陵及贵族墓葬—国内城、丸都山城及高句丽王陵和贵族墓葬	将军坟、好太王碑变形破坏与岩土环境监测项目 高句丽壁画墓三维重建测绘二期工程 角觚墓、舞踊墓防渗工程
29	殷墟	殷墟遗址入口区及宫庙区环境整治工程 殷墟保护区司母戊鼎埋藏处吴家大院后院杂物房两侧稍间建设项目
30	登封"天地之中"历史建筑群	中岳庙白蚁防治项目 观星台白蚁防治项目
31	福建土楼—华安土楼	华安大地土楼群白蚁综合治理方案项目 二宜楼内环屋面保养维护工程 二宜楼电气线路改造工程

序号	遗产地名称	工程名称
32	福建土楼—永定土楼	福建土楼—高北土楼群之侨福楼 保护修缮工程 福建永定振福楼保护修缮工程 福建土楼—高北土楼群之世泽楼 保护修缮工程
33	五台山—台怀	南山寺善德堂整体修缮工程
34	杭州西湖文化景观	保俶塔保养维护工程
35	红河哈尼梯田文化景观	土锅寨传统民居修缮工程
36	丝绸之路—汉长安城未央宫遗址	汉长安城未央宫遗址保护展示深化项目 未央宫南宫门遗址保护展示工程（未央宫宫门、宫墙、西南角楼遗址保护展示工程的一部分）
37	丝绸之路—汉魏洛阳城遗址	汉魏洛阳城内城西城垣近洛河段抢险加固工程 汉魏洛阳城内城西城垣保护展示工程
38	丝绸之路—唐长安城大明宫遗址	丹凤门遗址博物馆内部提升改造工程
39	丝绸之路—新安汉函谷关	新安函谷关遗址本体抢险加固项目
40	丝绸之路—玉门关遗址	酒泉市长城（玉门关遗址）文物保护利用设施建设项目
41	丝绸之路—克孜尔尕哈烽燧	克孜尔尕哈烽燧文物保护利用设施建设项目
42	丝绸之路—克孜尔石窟	克孜尔千佛洞危岩体加固二期项目 克孜尔石窟测绘二期
43	丝绸之路—苏巴什佛寺遗址	苏巴什佛寺遗址一期抢险加固工程
44	丝绸之路—炳灵寺石窟	第173窟壁画塑像修缮和何灌题记保护与展示工程 炳灵寺石窟第169窟防鸟项目
45	丝绸之路—彬县大佛寺石窟	大佛寺石窟岩体与僧房窟保护加固工程 明镜台上岩体卵石层脱落抢险加固工程
46	大运河—通济渠郑州段	纪信墓及碑刻保护维修工程
47	大运河—通济渠商丘南关段	通济渠商丘南关段遗址本体保护展示工程
48	大运河—通济渠商丘夏邑段	河南省大运河（通济渠）夏邑县汴河济阳镇段遗址保护展示工程

序号	遗产地名称	工程名称
49	大运河—柳孜运河遗址	柳孜运河遗址—桥梁遗址病害整治工程
50	大运河—淮扬运河扬州段	盐宗庙古建筑彩绘保护修复方案
51	大运河—江南运河无锡城区段	清名桥沿河建筑—贺弄 7 号、胡氏务本堂修缮工程 大运河无锡段环城古运河滨河景观提升改造工程建设项目
52	大运河—江南运河苏州段	京杭大运河堤防加固工程 苏州市城市中心区清水工程
53	大运河—江南运河杭州段	杭州富义仓专项监测实施工程（2019） 大运河杭州段遗产监测数据采集及分析处理项目（2019–2020） 大运河（杭州段）遗产监测中心大屏更换 杭州拱宸桥周期性监测实施工程（2019） 京杭运河（杭州段）水质监测项目 京杭运河（杭州段）底泥监测项目 运河市区段干流清淤疏浚工程 大运河（杭州段）拱宸桥三维数字化项目 京杭运河下城段游步道修缮三期工程 拱宸桥水下基础加固工程 中国大运河（杭州段）世界文化遗产杭州塘等遗产点、段基础图件绘制及现状病害调查、病害图绘制项目
54	大运河—江南运河南浔段	丝业会馆及丝商建筑之刘氏梯号清醒书屋廊道抢修工程 嘉业堂藏书楼修缮工程
55	大运河—浙东运河绍兴段	古纤道日常养护维修工程
56	大运河—南运河德州段	德州码头保护展示工程
57	大运河—会通河临清段	钞关主事官房历史建筑修缮工程 临清运河钞关甬道环境整治工程 鳌头矶维护性修缮工程
58	大运河—中河台儿庄段	大运河中河台儿庄（月河）段驳岸维修保护工程 大运河中河台儿庄（月河）段防护栏加固保护工程
59	土司遗址—海龙屯	海龙屯飞龙关危岩体抢险加固工程
60	土司遗址—老司城遗址	永顺老司城遗址监测预警体系三期工程
61	左江花山岩画文化景观	花山岩画抢险加固工程 花山岩画表面污染物清理工程

序号	遗产地名称	工程名称
62	鼓浪屿：历史国际社区	八卦楼穹顶室内抢修工程 三一堂第二阶段工程 鼓浪屿三落姑娘楼修缮综合服务 毓德女学屋顶小修保养工程 海关验货员公寓旧址围墙小修保养 天主堂修女楼及主教楼屋顶修缮工程
63	良渚古城遗址	良渚古城遗址现场陈列与展示项目 荀山村美丽乡村建设项目 荀山村水口头西街综合提升整治 良渚遗址公园旅游基础设施配套工程 新港村乡村实践课堂培训基地 荀山村其他重点区域整治项目 良渚北片全域美丽项目 良渚遗址周边景观提升 安西线沿线周边整治工程 长下线彭安线综合整治工程 荀山村美丽乡村高标准示范项目
64	泰山	泰山古建筑群—万仙楼修缮工程 泰山古建筑群—红门宫修缮工程
65	黄山	黄山登山古道及古建筑—毗卢殿修缮工程
66	峨眉山—乐山大佛（乐山大佛）	乐山大佛胸腹部开裂残损区域抢救性保护前期研究及勘察工程
67	峨眉山—乐山大佛（峨眉山）	峨眉山万年寺保护修缮工程（一期）

附录Ⅲ：2019 年我国世界文化遗产[85]
主要保护管理工作的数据图纸

1、2019 年中国世界文化遗产分布情况

2、2019 年中国世界文化遗产总体格局变化情况

3、2019 年中国世界文化遗产遗产要素单体变化情况

4、2019 年中国世界文化遗产遗产使用功能变化情况

5、2019 年中国世界文化遗产严重病害监测情况

6、2019 年中国世界文化遗产影响因素情况

7、2019 年中国世界文化遗产游客量情况

8、2019 年中国世界文化遗产保护管理规划情况

9、2019 年中国世界文化遗产保护工程实施情况

---

[85] 含文化和自然混合遗产。

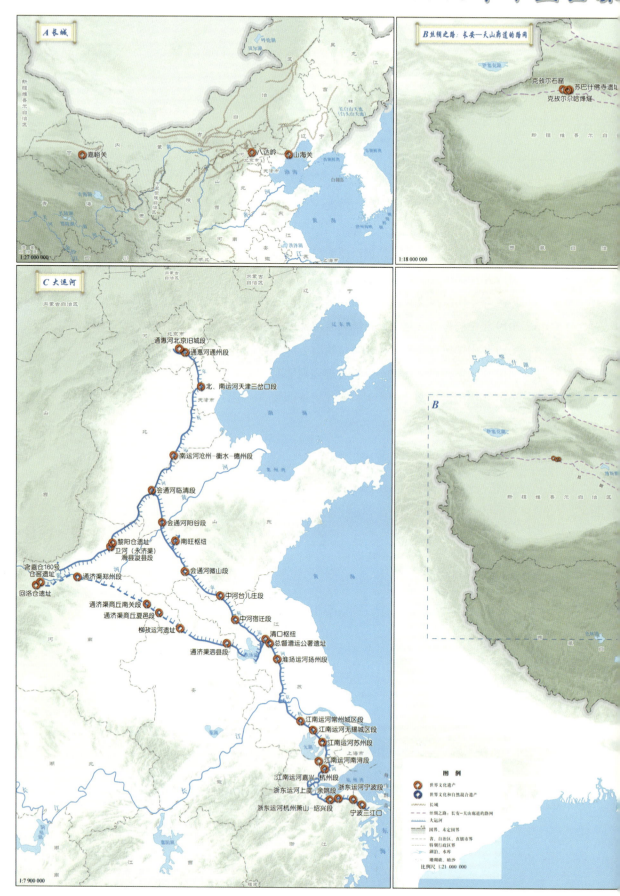

A 长城

嘉峪关
八达岭　山海关

1:27 000 000

B 丝绸之路：长安—天山廊道的路网

克孜尔石窟　苏巴什佛寺遗址
克孜尔尕哈烽燧

1:18 000 000

C 大运河

通惠河北京旧城段
通惠河通州段
北、南运河天津三岔口段
南运河沧州-衡水-德州段
会通河临清段
会通河阳谷段
黎阳仓遗址　南旺枢纽
卫河（永济渠）
浚县滑县段
含嘉仓160号
仓窖遗址　　会通河微山段
通济渠郑州段
回洛仓遗址
中河台儿庄段
通济渠商丘南关段
通济渠商丘夏邑段
中河宿迁段
柳孜运河遗址
清口枢纽
通济渠泗县段　总督漕运公署遗址
淮扬运河扬州段
江南运河常州城区段
江南运河无锡城区段
江南运河苏州段
江南运河南浔段
江南运河嘉兴-杭州段
浙东运河上虞-余姚段　浙东运河宁波段
浙东运河杭州萧山-绍兴段
宁波三江口

1:7 900 000

B

图 例
世界文化遗产
世界文化和自然混合遗产
长城
丝绸之路：长安-天山廊道的路网
大运河
国界、未定国界
省、自治区、直辖市界
特别行政区界
湖泊、水库
雪被雪、略沙
比例尺 1:21 000 000

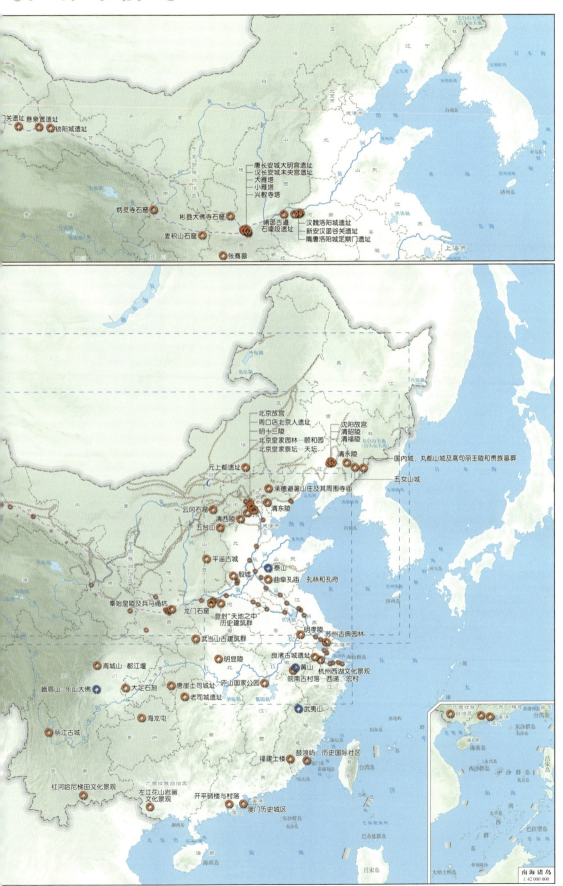

门关遗址 悬泉置遗址
锁阳城遗址

唐长安城大明宫遗址
汉长安城未央宫遗址
大雁塔
小雁塔
兴教寺塔

炳灵寺石窟   彬县大佛寺石窟
麦积山石窟   靖函古道
                 石壕段遗址   汉魏洛阳城遗址
                 张骞墓   新安汉函谷关遗址
                                 隋唐洛阳城定鼎门遗址

北京故宫   沈阳故宫
周口店北京人遗址   清昭陵
明十三陵   清福陵
北京皇家园林—颐和园
北京皇家祭坛—天坛   清永陵   国内城、丸都山城及高句丽王陵和贵族墓葬

元上都遗址   五女山城

                承德避暑山庄及其周围寺庙
云冈石窟
        清东陵
五台山   清西陵

平遥古城
                泰山
        殷墟   曲阜孔庙   孔林和孔府

秦始皇陵及兵马俑坑
        龙门石窟
        登封"天地之中"
        历史建筑群
        武当山古建筑群   明孝陵   苏州古典园林

        明显陵   良渚古城遗址
青城山—都江堰   黄山   杭州西湖文化景观
峨眉山 乐山大佛   皖南古村落—西递、宏村
        大足石刻 唐崖土司城址—庐山国家公园
                老司城遗址
丽江古城 海龙屯   武夷山

                福建土楼   鼓浪屿：历史国际社区
红河哈尼梯田文化景观
        左江花山岩画   开平碉楼与村落
        文化景观   澳门历史城区

南海诸岛
1:42 000 000

2019年中国世界文

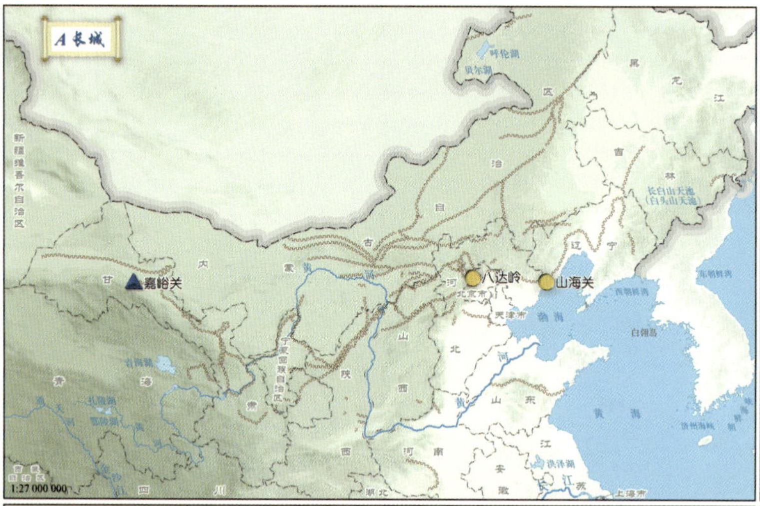
A 长城
嘉峪关
八达岭
山海关
北京市
天津市
渤海
黄海
上海市
1:27 000 000

B 丝绸之路：长安—天山廊道的路网
克孜尔石窟
苏巴什佛寺遗址
克孜尔尕哈烽燧
新疆维吾尔自治区
1:18 000 000

C 大运河
通惠河北京旧城段
通惠河通州段
北、南运河天津三岔口段
南运河德州段
南运河沧州段（含南运河衡水段）
会通河临清段
会通河阳谷段
南旺枢纽—济宁
南旺枢纽—泰安
卫河（永济渠）浚县段
（含黎阳仓遗址）
卫河（永济渠）滑县段
会通河微山段
通济渠郑州段
含嘉仓160号仓窖遗址
（含回洛仓遗址）
通济渠商丘南关段
通济渠商丘夏邑段
柳孜运河遗址
通济渠泗县段
中河台儿庄段
中河宿迁段
清口枢纽（含总督漕运公署遗址）
淮扬运河扬州段
江南运河常州城区段
江南运河无锡城区段
江南运河苏州段
江南运河南浔段
江南运河杭州段（含浙东运河杭州萧山段）
江南运河嘉兴段
浙东运河绍兴段（含浙东运河上虞段）
浙东运河宁波段
（含宁波三江口、浙东运河余姚段）
北京市
天津市
渤海
黄海
上海市
1:7 900 000

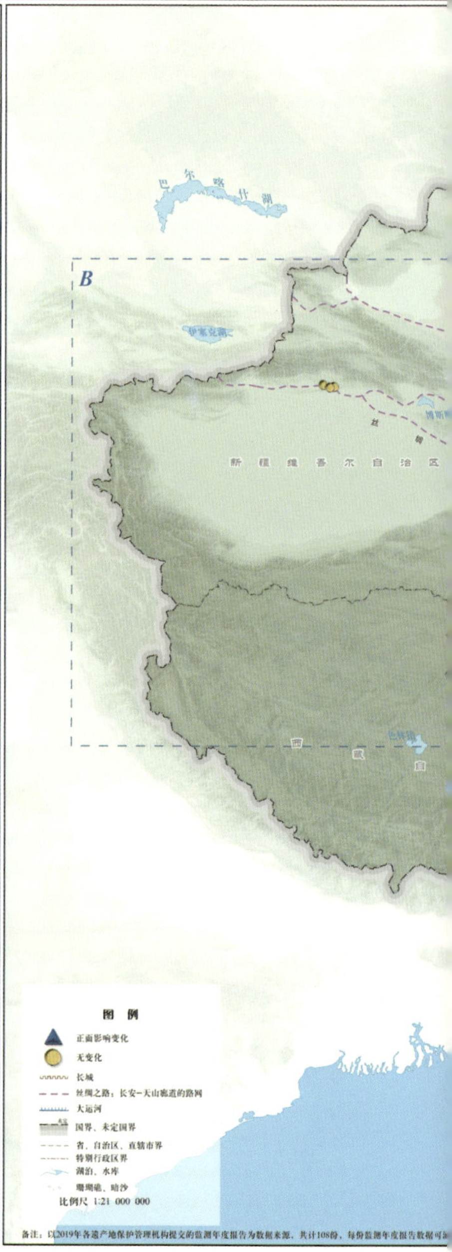
B
新疆维吾尔自治区
图例
正面影响变化
无变化
长城
丝绸之路：长安–天山廊道的路网
大运河
国界、未定国界
省、自治区、直辖市界
特别行政区界
湖泊、水库
珊瑚礁、暗沙
比例尺 1:21 000 000

备注：以2019年各遗产地保护管理机构提交的监测年度报告为数据来源，共计108份，每份监测年度报告数据可

关遗址 悬泉置遗址
锁阳城遗址

唐长安城大明宫遗址
汉长安城未央宫遗址
大雁塔
小雁塔
兴教寺塔

炳灵寺石窟
彬县大佛寺石窟
靖函古道
石壕段遗址

汉魏洛阳城遗址
新安汉函谷关遗址
隋唐洛阳城定鼎门遗址

麦积山石窟
张骞墓

沈阳故宫
清昭陵
清福陵

北京故宫
明十三陵
北京皇家园林-颐和园
元上都遗址

清永陵
国内城、丸都山城及高句丽王陵和贵族墓葬
五女山城

承德避暑山庄及其周围寺庙

云冈石窟
清东陵
清西陵
北京皇家祭坛-天坛
台怀
佛光寺
周口店北京人遗址

平遥古城
殷墟
泰山
曲阜孔庙 孔林和孔府

秦始皇陵及兵马俑坑
龙门石窟
登封"天地之中"历史建筑群

明孝陵 苏州古典园林

武当山古建筑群

青城山-都江堰
明显陵
良渚古城遗址
黄山
西递
宏村
杭州西湖文化景观

大足石刻
峨眉山
乐山大佛
庐山国家公园
老司城遗址
海龙屯
城村汉城遗址

丽江古城
南靖土楼
华安土楼
永定土楼
鼓浪屿：历史国际社区

红河哈尼梯田文化景观
左江花山岩画
文化景观
开平碉楼与村落

南海诸岛
1:42 000 000

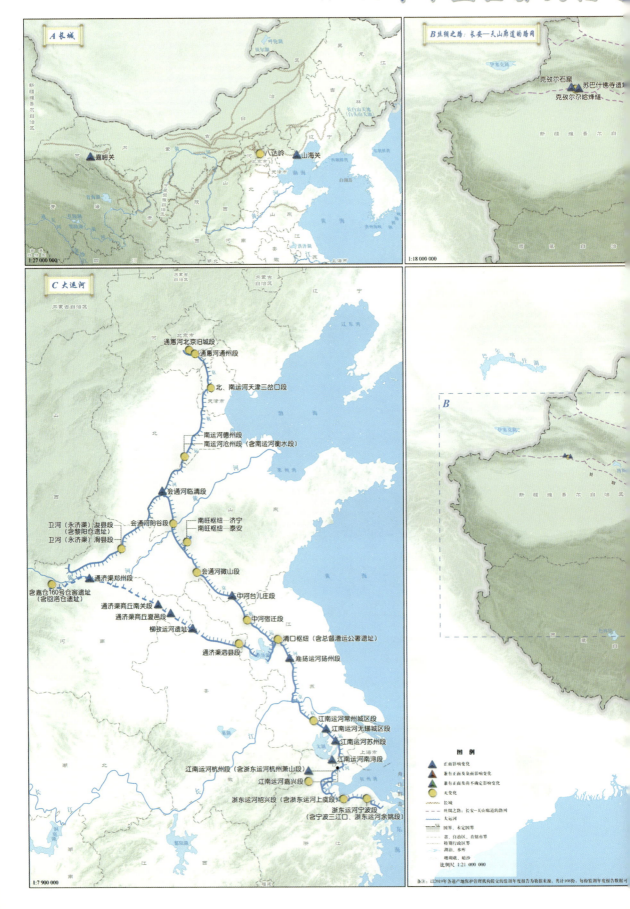

关遗址 悬泉置遗址

锁阳城遗址

炳灵寺石窟

彬县大佛寺石窟

麦积山石窟

张骞墓

唐长安城大明宫遗址

汉长安城未央宫遗址

大雁塔

小雁塔

兴教寺塔

崤函古道
石壕段遗址

汉魏洛阳城遗址

新安汉函谷关遗址

隋唐洛阳城定鼎门遗址

沈阳故宫

清昭陵

清福陵

清永陵

国内城、丸都山城及高句丽王陵和贵族墓葬

五女山城

北京故宫

明十三陵

北京皇家园林—颐和园

元上都遗址

承德避暑山庄及其周围寺庙

云冈石窟

清东陵

北京皇家祭坛 天坛

清西陵

台怀
佛光寺

周口店北京人遗址

平遥古城

泰山

殷墟

曲阜孔庙 孔林和孔府

秦始皇陵及兵马俑坑

龙门石窟

登封"天地之中"
历史建筑群

明孝陵 苏州古典园林

武当山古建筑群

明显陵

良渚古城遗址

黄山 杭州西湖文化景观

西递
宏村

青城山—都江堰

庐山国家公园

峨眉山
乐山大佛

大足石刻

老司城遗址

海龙屯

城村汉城遗址

丽江古城

南靖土楼

华安土楼

永定土楼

鼓浪屿：历史国际社区

红河哈尼梯田文化景观

左江花山岩画
文化景观

开平碉楼与村落

南海诸岛
1:42 000 000

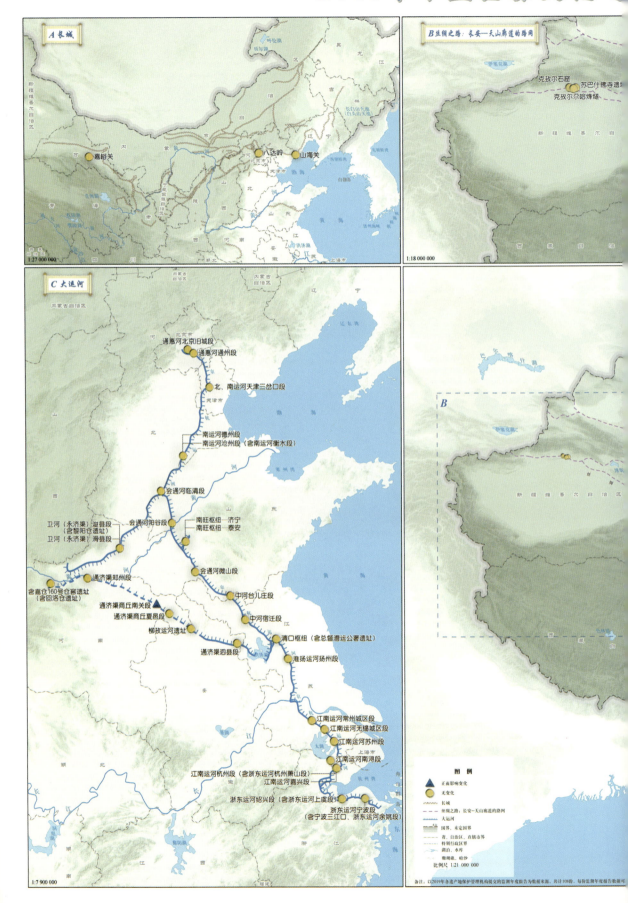

A 长城

B 丝绸之路：长安—天山廊道的路网

1:27 000 000

1:18 000 000

C 大运河

通惠河北京旧城段
通惠河通州段
北、南运河天津三岔口段
南运河德州段
南运河沧州段（含南运河衡水段）
会通河临清段
卫河（永济渠）浚县段（含黎阳仓遗址）
会通河阳谷段
卫河（永济渠）滑县段
南旺枢纽—济宁
南旺枢纽—泰安
通济渠郑州段
会通河微山段
含嘉仓160号仓窖遗址（含回洛仓遗址）
中河台儿庄段
通济渠商丘南关段
中河宿迁段
通济渠商丘夏邑段
清口枢纽（含总督漕运公署遗址）
柳孜运河遗址
通济渠泗县段
淮扬运河扬州段

江南运河常州城区段
江南运河无锡城区段
江南运河苏州段
江南运河南浔段
江南运河杭州段（含浙东运河杭州萧山段）
江南运河嘉兴段
浙东运河绍兴段（含浙东运河上虞段）
浙东运河宁波段
（含宁波三江口、浙东运河余姚段）

1:7 900 000

图例

- ▲ 正面影响变化
- ○ 无变化
- —— 长城
- —·— 丝绸之路：长安—天山廊道的路网
- ▬▬▬ 大运河
- 国界、未定国界
- 省、自治区、直辖市界
- 特别行政区界
- 湖泊、水库
- 珊瑚礁、暗沙
- 比例尺 1:21 000 000

备注：以2019年各遗产地保护管理机构提交的监测年度报告为数据来源，共计108处，与历年监测年度报告数据可

B

克孜尔石窟 苏巴什佛寺遗址
克孜尔尕哈烽燧

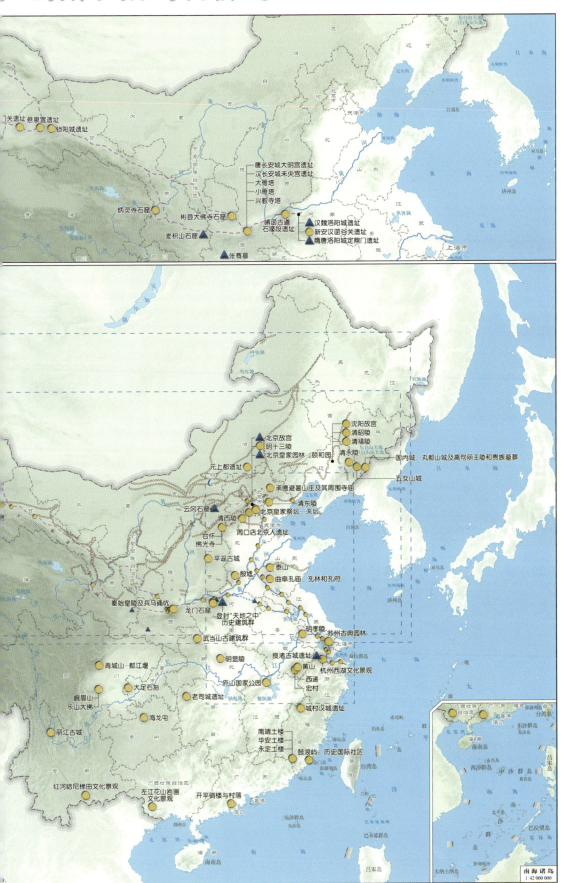

玉门关遗址　悬泉置遗址
锁阳城遗址

炳灵寺石窟　彬县大佛寺石窟
麦积山石窟

唐长安城大明宫遗址
汉长安城未央宫遗址
大雁塔
小雁塔
兴教寺塔

崤函古道
石壕段遗址

汉魏洛阳城遗址
新安汉函谷关遗址
隋唐洛阳城定鼎门遗址

张骞墓

沈阳故宫
清昭陵
清福陵
清永陵

国内城、丸都山城及高句丽王陵和贵族墓葬

五女山城

北京故宫
明十三陵
北京皇家园林—颐和园

元上都遗址

承德避暑山庄及其周围寺庙

云冈石窟

清东陵
清西陵

北京皇家祭坛—天坛

台怀
佛光寺
周口店北京人遗址

平遥古城

泰山
殷墟
曲阜孔庙　孔林和孔府

秦始皇陵及兵马俑坑

龙门石窟

登封"天地之中"
历史建筑群

明孝陵　苏州古典园林

武当山古建筑群

青城山　都江堰

明显陵

良渚古城遗址

黄山
杭州西湖文化景观
西递
宏村

大足石刻

庐山国家公园

老司城遗址

峨眉山
乐山大佛

海龙屯

城村汉城遗址

丽江古城

南靖土楼
华安土楼
永定土楼

鼓浪屿：历史国际社区

红河哈尼梯田文化景观
左江花山岩画
文化景观

开平碉楼与村落

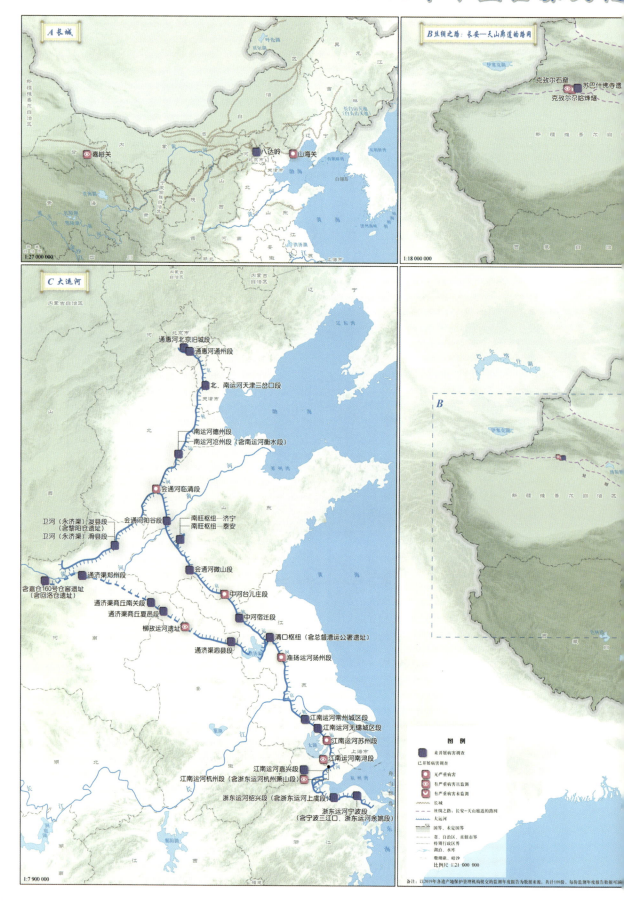

关遗址 悬泉置遗址
锁阳城遗址

唐长安城大明宫遗址
汉长安城未央宫遗址
大雁塔
小雁塔
兴教寺塔

炳灵寺石窟
彬县大佛寺石窟
麦积山石窟

靖函古道
石壕段遗址

汉魏洛阳城遗址
新安汉函谷关遗址
隋唐洛阳城定鼎门遗址

张骞墓

沈阳故宫
清昭陵
清福陵
清永陵

国内城、丸都山城及高句丽王陵和贵族墓葬

五女山城

北京故宫
明十三陵
北京皇家园林—颐和园
元上都遗址

承德避暑山庄及其周围寺庙
清东陵
北京皇家祭坛—天坛
云冈石窟
清西陵
台怀
佛光寺
周口店北京人遗址
平遥古城
泰山
殷墟
曲阜孔庙、孔林和孔府
秦始皇陵及兵马俑坑
龙门石窟
登封"天地之中"历史建筑群
明孝陵
武当山古建筑群
苏州古典园林

青城山—都江堰
明显陵
良渚古城遗址
黄山
杭州西湖文化景观
大足石刻
庐山国家公园
西递
宏村
峨眉山
乐山大佛
老司城遗址
城村汉城遗址
海龙屯
丽江古城
南靖土楼
华安土楼
永定土楼
鼓浪屿：历史国际社区

红河哈尼梯田文化景观
左江花山岩画
文化景观
开平碉楼与村落

南海诸岛
1:42 000 000

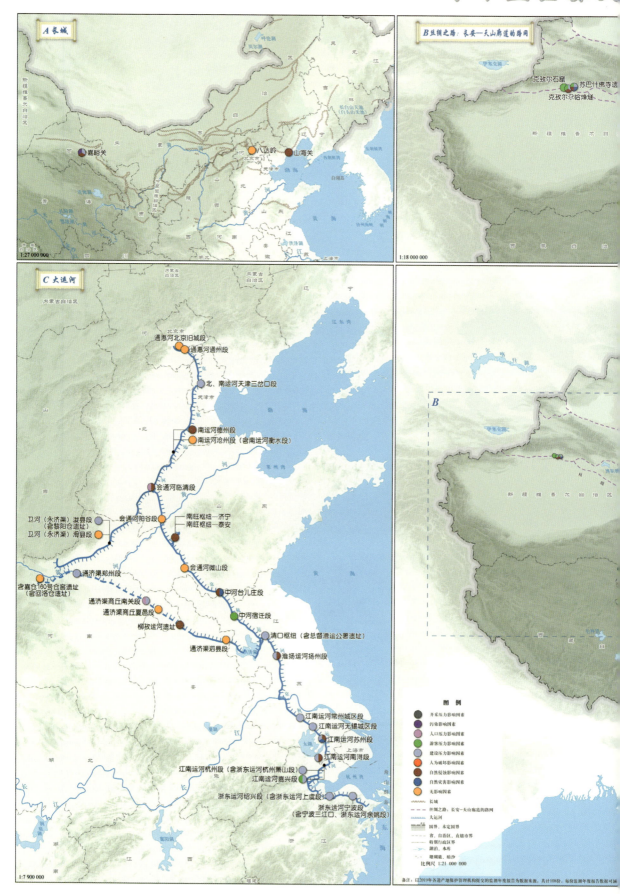

A 长城

嘉峪关

八达岭　山海关

1:27 000 000

B 丝绸之路：长安—天山廊道的路网

克孜尔石窟　苏巴什佛寺遗

克孜尔尕哈烽燧

1:18 000 000

C 大运河

内蒙古自治区

通惠河北京旧城段

通惠河通州段

北、南运河天津三岔口段

南运河德州段

南运河沧州段（含南运河衡水段）

会通河临清段

卫河（永济渠）浚县段
（含黎阳仓遗址）　会通河阳谷段

南旺枢纽—济宁

南旺枢纽—泰安

卫河（永济渠）滑县段

通济渠郑州段　会通河微山段

含嘉仓160号仓窖遗址
（含回洛仓遗址）

通济渠商丘南关段　中河台儿庄段

通济渠商丘夏邑段　中河宿迁段

柳孜运河遗址　清口枢纽（含总督漕运公署遗址）

通济渠泗县段　淮扬运河扬州段

江南运河常州城区段

江南运河无锡城区段

江南运河苏州段

江南运河南浔段

江南运河杭州段（含浙东运河杭州萧山段）

江南运河嘉兴段

浙东运河绍兴段（含浙东运河上虞段）

浙东运河宁波段
（含宁波三江口、浙东运河余姚段）

1:7 900 000

B

1:21 000 000

图　例

- 开采压力影响因素
- 污染影响因素
- 人口压力影响因素
- 游客压力影响因素
- 建设压力影响因素
- 人为破坏影响因素
- 自然侵蚀影响因素
- 自然灾害影响因素
- 无影响因素

—— 长城
—— 丝绸之路：长安—天山廊道的路网
—— 大运河
—— 国界、未定国界
—— 省、自治区、直辖市界
—— 特别行政区界
—— 湖泊、水库
—— 珊瑚礁、暗沙

比例尺 1:21 000 000

备注：以2019年各遗产保护管理机构提交的监测年度报告为数据来源，共计108处。每份监测年度报告数据可涵

玉门关遗址 悬泉置遗址
锁阳城遗址
炳灵寺石窟
麦积山石窟
彬县大佛寺石窟
唐长安城大明宫遗址
汉长安城未央宫遗址
大雁塔
小雁塔
兴教寺塔
崤函古道石壕段遗址
汉魏洛阳城遗址
新安汉函谷关遗址
隋唐洛阳城定鼎门遗址
张骞墓

沈阳故宫
清昭陵
清福陵
清永陵
国内城、丸都山城及高句丽王陵和贵族墓葬
五女山城

北京故宫
明十三陵
北京皇家园林—颐和园
元上都遗址
承德避暑山庄及其周围寺庙
云冈石窟
清东陵
北京皇家祭坛—天坛
清西陵
崇礼
佛光寺
周口店北京人遗址
平遥古城
泰山
殷墟
曲阜孔庙、孔林和孔府
秦始皇陵及兵马俑坑
龙门石窟
登封"天地之中"历史建筑群
武当山古建筑群
明孝陵
苏州古典园林
青城山—都江堰
良渚古城遗址
黄山
大足石刻
杭州西湖文化景观
庐山国家公园
西递
宏村
老司城遗址
峨眉山乐山大佛
城村汉城遗址
海龙屯
丽江古城
南靖土楼
华安土楼
永定土楼
鼓浪屿—历史国际社区
红河哈尼梯田文化景观
左江花山岩画文化景观
开平碉楼与村落

南海诸岛
1:42 000 000

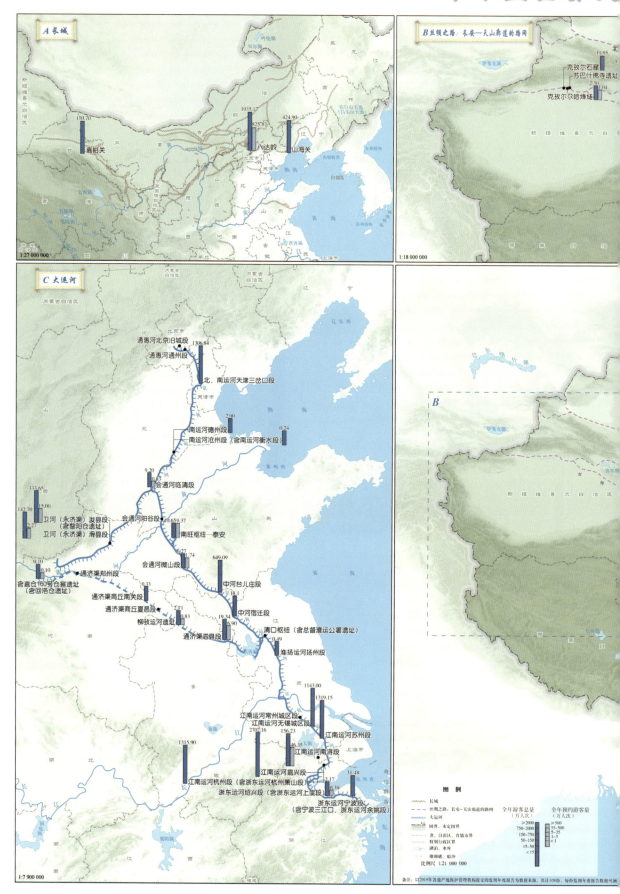

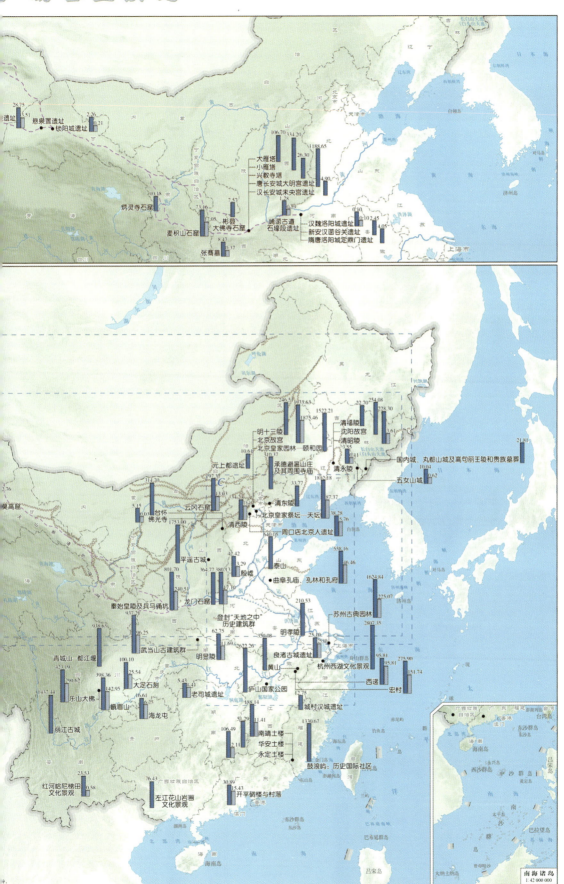

28.75
遗址
1.51 悬泉置遗址
2.26
0.21 锁阳城遗址

大雁塔
小雁塔
兴教寺塔
唐长安城大明宫遗址
汉长安城未央宫遗址

106.70 334.20
1188.65
26.30
4.90

210.18
炳灵寺石窟
73.16   7.52
麦积山石窟   彬县
              大佛寺石窟
0.89
函谷道
石壕段遗址

0.10
0.12 2.45
4.05

汉魏洛阳城遗址
新安汉函谷关遗址
隋唐洛阳城定鼎门遗址

8.37
0.17
张骞墓

22.70 254.08
228.30
明十三陵   246.51 933.63
北京故宫   1875.46
北京皇家园林—颐和园 1522.21
承德避暑山庄   3.61
及其周围寺庙
元上都遗址

清福陵
沈阳故宫
清昭陵

21.81

国内城、丸都山城及高句丽王陵和贵族墓葬

10.04
0.62

10.61

314.20
五台怀
佛光寺 云冈石窟
清西陵

3.55
0.41
清永陵

五女山城

5.13
5.15

13.03

北京皇家祭坛—天坛
周口店北京人遗址

18.12.18
33.77
清东陵

87.37

28.28
5.76

1753.00

801.70 364.77 380.13
240.51
秦始皇陵及兵马俑坑
937.39
938.65
青城山 都江堰
431.19
280.62
398.36 川
142.95
乐山大佛 166.61
观眉山
1437.14
丽江古城

平遥古城
3.29
0.42
殷墟
12.10
龙门石窟
62.75
登封"天地之中"
历史建筑群
26.25
100.10
大足石刻
3.43
老司城遗址
海龙屯
488.14

210.53
泰山

558.16
146.46

1624.84
225.07
苏州古典园林

明孝陵
350.08 25.18
340
良渚古城遗址
2807.18
杭州西湖文化景观

曲阜孔庙 孔林和孔府
95.81
275.90
95.81
西递   151.74
宏村

440.08

1.69 3622.26
武当山古建筑群
明显陵
黄山
庐山国家公园
城村汉城遗址

50.29 11.41
1330.67
106.49
南靖土楼
华安土楼
2.11
永定土楼
鼓浪屿：历史国际社区

23.53
0.58
红河哈尼梯田
文化景观

76.43
30.89
15.43
左江花山岩画
文化景观
开平碉楼与村落

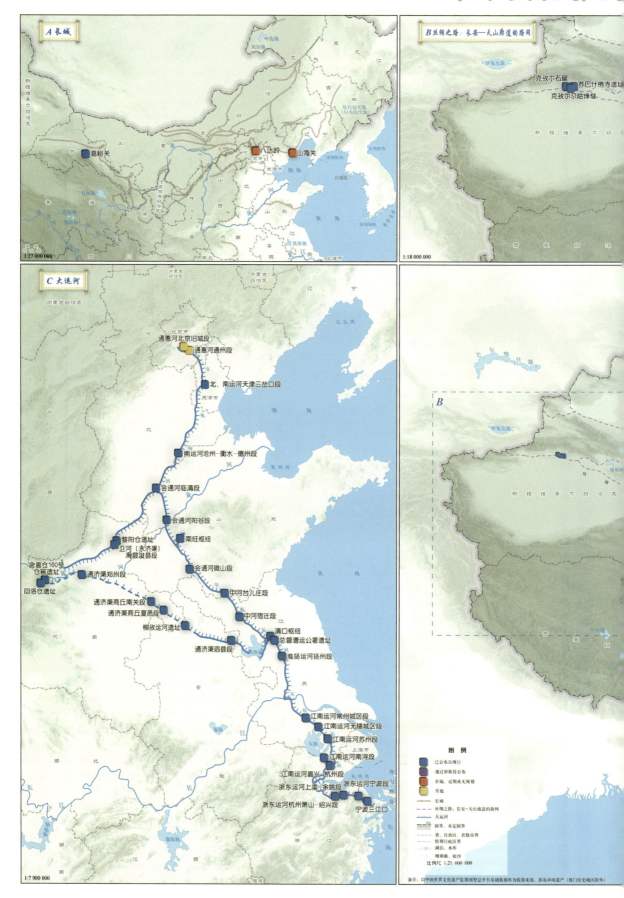

A 长城

B 丝绸之路：长安—天山廊道的路网

克孜尔石窟
苏巴什佛寺遗址
克孜尔尕哈烽燧

嘉峪关
八达岭　山海关

1:27 000 000

1:18 000 000

C 大运河

通惠河北京旧城段
通惠河通州段

北、南运河天津三岔口段

南运河沧州－衡水－德州段

会通河临清段

会通河阳谷段
南旺枢纽
黎阳仓遗址
卫河（永济渠）
浚县浚县段
会通河微山段
含嘉仓160号
仓窖遗址
通济渠郑州段
回洛仓遗址
通济渠商丘南关段
中河台儿庄段
通济渠商丘夏邑段
中河宿迁段
柳孜运河遗址
清口枢纽
通济渠泗县段
总督漕运公署遗址
淮扬运河扬州段

江南运河常州城区段
江南运河无锡城区段
江南运河苏州段
江南运河南浔段
江南运河嘉兴－杭州段
浙东运河上虞－余姚段
浙东运河宁波段
浙东运河杭州萧山－绍兴段
宁波三江口

B

图例

已公布且现行
通过审批待公布
在编、过期或无规划
其他
长城
丝绸之路：长安—天山廊道的路网
大运河
国界、未定国界
省、自治区、直辖市界
特别行政区界
湖泊、水库
珊瑚礁、暗沙
比例尺 1:21 000 000

1:7 900 000

备注：以中国世界文化遗产监测预警总平台基础数据库为数据来源，涉及40项遗产（澳门历史城区除外）。

玉门关遗址　悬泉置遗址
锁阳城遗址

唐长安城大明宫遗址
汉长安城未央宫遗址
大雁塔
小雁塔
兴教寺塔

炳灵寺石窟
彬县大佛寺石窟
麦积山石窟
崤函古道
石壕段遗址
汉魏洛阳城遗址
新安汉函谷关遗址
隋唐洛阳城定鼎门遗址
张骞墓

明十三陵
北京皇家园林—颐和园
北京故宫
元上都遗址
云冈石窟
清西陵
台怀
佛光寺
平遥古城
秦始皇陵及兵马俑坑
龙门石窟
登封"天地之中"
历史建筑群
武当山古建筑群
青城山—都江堰
大足石刻
唐崖土司城址
峨眉山
乐山大佛
明显陵
庐山国家公园
老司城遗址
海龙屯
丽江古城
红河哈尼梯田文化景观
左江花山岩画
文化景观
开平碉楼与村落

沈阳故宫
清昭陵
清福陵
清永陵
国内城、丸都山城及高句丽王陵和贵族墓葬
五女山城
承德避暑山庄及其周围寺庙
清东陵
北京皇家祭坛—天坛
周口店北京人遗址
殷墟
泰山
曲阜孔庙、孔林和孔府
明孝陵
苏州古典园林
良渚古城遗址
黄山
西递
宏村
杭州西湖文化景观
武夷山景区
城村汉城遗址
南靖土楼
华安土楼
永定土楼
鼓浪屿：历史国际社区

南海诸岛
1:42 000 000

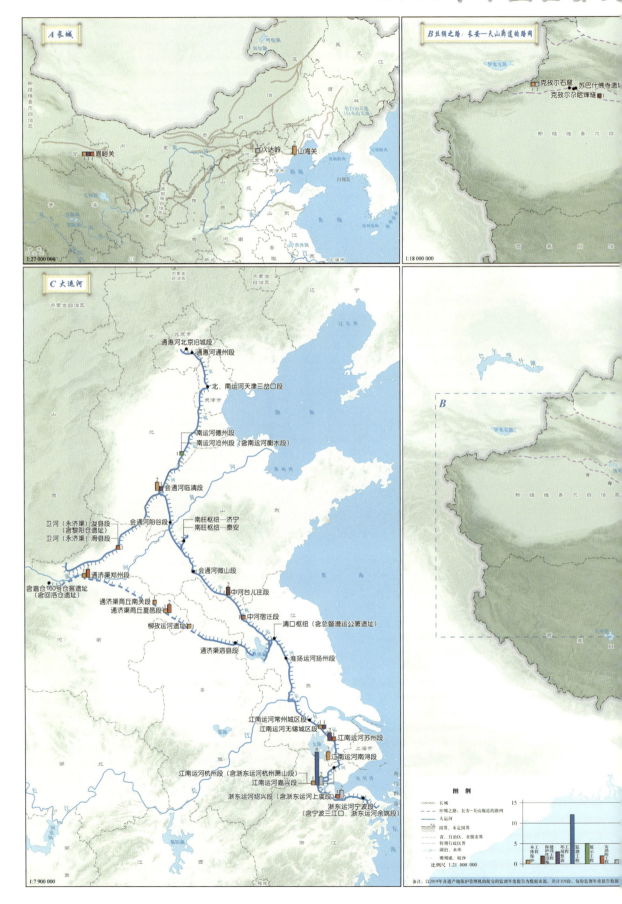

产保护工程实施情况

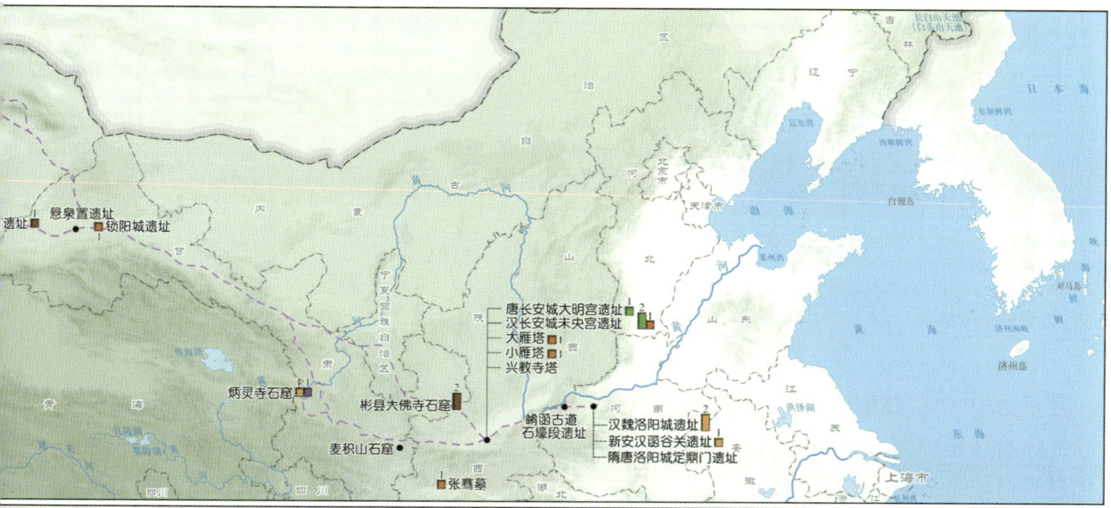
悬泉置遗址
锁阳城遗址
唐长安城大明宫遗址
汉长安城未央宫遗址
大雁塔
小雁塔
兴教寺塔
炳灵寺石窟
彬县大佛寺石窟
崤函古道
石壕段遗址
汉魏洛阳城遗址
新安汉函谷关遗址
隋唐洛阳城定鼎门遗址
麦积山石窟
张骞墓
上海市
日本海
东海
济州岛

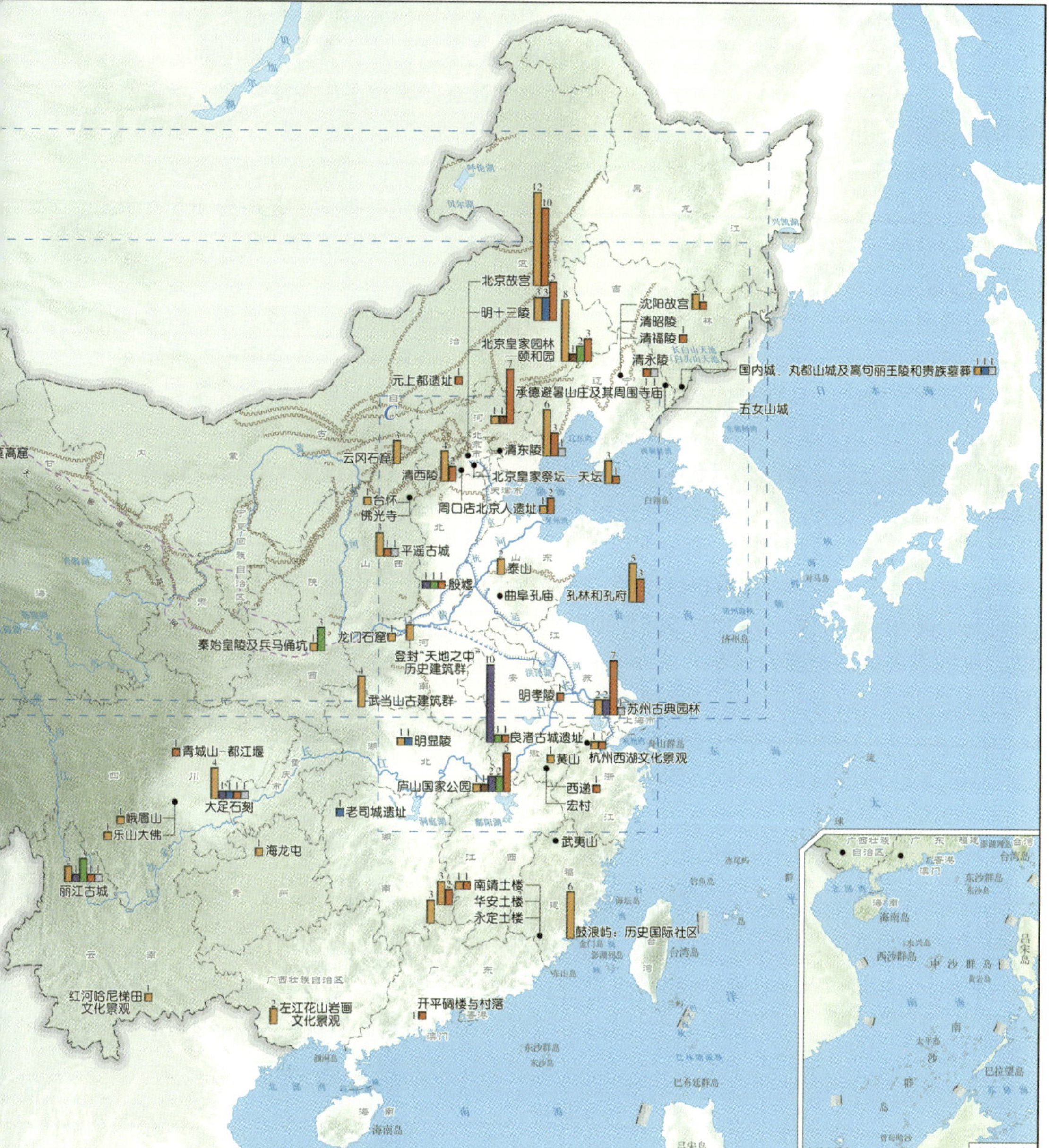
北京故宫
明十三陵
北京皇家园林
—颐和园
沈阳故宫
清昭陵
清福陵
清永陵
国内城、丸都山城及高句丽王陵和贵族墓葬
五女山城
元上都遗址
承德避暑山庄及其周围寺庙
清东陵
云冈石窟
清西陵
北京皇家祭坛—天坛
台怀
佛光寺
周口店北京人遗址
平遥古城
泰山
殷墟
曲阜孔庙、孔林和孔府
秦始皇陵及兵马俑坑
龙门石窟
登封"天地之中"
历史建筑群
武当山古建筑群
明孝陵
苏州古典园林
明显陵
良渚古城遗址
青城山—都江堰
黄山
杭州西湖文化景观
庐山国家公园
西递
宏村
大足石刻
老司城遗址
峨眉山
乐山大佛
海龙屯
武夷山
丽江古城
南靖土楼
华安土楼
永定土楼
鼓浪屿：历史国际社区
红河哈尼梯田
文化景观
左江花山岩画
文化景观
开平碉楼与村落
台湾岛
海南岛
吕宋岛
南海诸岛
1:42 000 000

附录Ⅳ：2019 年我国世界文化遗产舆情监测分析报告

前言

截至 2019 年，我国已有 41 项文化遗产[86]列入了联合国教科文组织《世界遗产名录》。世界文化遗产是中国文化遗产最精华的部分，它们的保护管理与展示利用状况代表了中国文化遗产管理的整体水平。

随着我国经济社会的持续发展，人民大众的生活水平得到大幅提高。越来越多的人在满足基本生活需要之余，开始追求更加丰富的精神文化生活，并且具备了相应的能力。在此背景下，文化遗产尤其是世界文化遗产受到媒体与社会越来越多的关注。除了能满足人们精神需求之外，世界文化遗产对于提高当地群众的生活水平也有现实意义。如在 2018 年，云南红河州哈尼梯田等遗产地尝试将遗产保护与精准扶贫相结合，取得了较好的效果[87]。如果以"世界遗产"+"精准扶贫"为关键词在百度搜索引擎中进行搜索，在所得 465 万余个结果中，哈尼梯田案例的新闻报道与研究文章囊括前五名。这是舆情对于世界遗产管理工作的积极反映。

人们渴望获得世界文化遗产相关知识和信息，表达自己的看法，希望参与、影响世界文化遗产的保护管理与展示利用工作，并从中获益。在这一背景下，社会舆论对世界文化遗产保护管理工作的反映与影响也日益增加。因此，舆情监测与跟踪已成为世界文化遗产研究与管理工作的重要组成部分。

舆情应对能力是治理能力现代化的重要指标。2019 年，中国世界文化遗产监测中心通过抓取互联网、电视、报刊等新兴和传统媒体信息，对我国世界文化遗产（含文化和自然混合遗产）进行舆情监测，并形成本报告，旨在全面客观掌握世界文化遗产舆情信息，发挥舆论对世界文化遗产保护的积极作用，协助各级各地遗产保护管理机构不断完善管理体制机制，提高工作水平，同时对公众加强教育引导，推广遗产价值，不断探索创新管理模式，使世界文化遗产惠及民生，从而在遗产保护与人民物质和精神生活改善方面实现双赢。

1. 舆情总体情况

据统计，2019 年海内外媒体发布涉及世界文化遗产地的相关舆情信息共计 44,176,866 篇，

---

[86] 其中 37 项为文化遗产，4 项为文化和自然混合遗产。
[87] 蒋哲妹、陈红磊，蒋高中 . 中国农学通报 [J]. 2018（23）：160–164.

经筛选获得核心舆情信息[88]14,971篇。其中针对我国41项世界文化遗产的共计11,487篇，占全部核心舆情信息的77%，报道对象覆盖了我国全部世界文化遗产。此外还有世界文化遗产其他相关宏观信息（未涉及具体遗产地）279篇。本报告主要针对我国世界文化遗产的核心舆情信息进行研究（图1）。

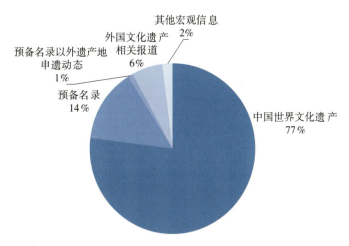

图1　2019年核心舆情信息分布概况

2. 舆情特点与趋势

2.1 舆情增幅明显，古建筑类遗产最受关注

2019年，我国世界文化遗产核心舆情信息数量增幅明显，相较于2018年同比增幅达30.83%[89]。其中信息量排在前五名的遗产分别是明清故宫（北京故宫、沈阳故宫）、大运河、长城、莫高窟、丝绸之路：长安—天山廊道的路网，除排名顺序略有不同外，与2018年的前五名一致（图2）。

---

〔88〕　核心舆情信息，即非转载的独立报道。为确保信息的准确性，避免冗余信息的干扰，本报告以核心舆情信息分析为主，以转载报道分析为辅。

〔89〕　2018年核心舆情信息8,780篇，参见：中国文化遗产研究院. 2018年度中国世界文化遗产舆情分析报告 [J]. 中国文化遗产，2019（6）.

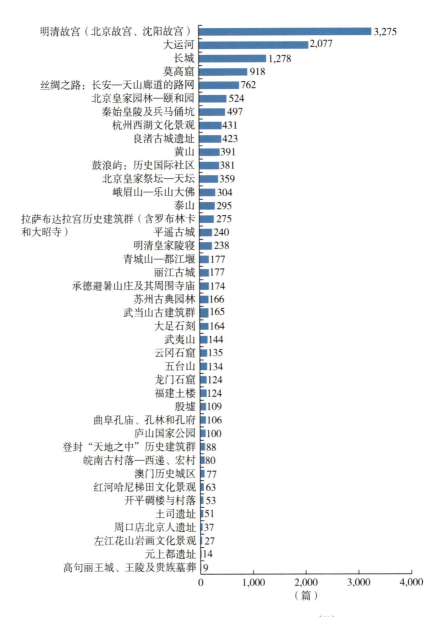

图 2　2019 年各项遗产核心舆情数量情况[90]

从报道对象看，核心舆情信息覆盖了我国全部的世界文化遗产。

从报道涉及的遗产类型看，古建筑类遗产的报道数量遥遥领先，占全部舆情信息的53%。以下依次为古遗址及古墓葬（13%），石窟寺及石刻（11%），古村落、历史城镇和中心（10%），文化和自然混合遗产（8%）和文化景观（5%）（图 3）。

〔90〕　一篇核心舆情可能会涉及多个遗产地。

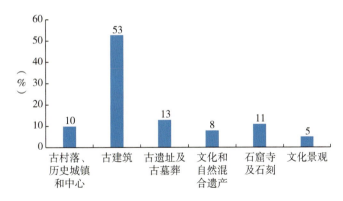

图 3　2019 年不同遗产类型的舆情数量情况

2.2 宣传展示利用话题最受关注，保护管理话题热度上升

从报道话题看，2019 年我国世界文化遗产核心舆情涉及《中国世界文化遗产监测数据规范（试行版）》[91] 提及的"宣传展示利用""保护管理""旅游与游客管理""机构与能力"和"遗产保存情况与影响因素"等五方面的全部内容。其中"宣传展示利用"话题关注度最高，核心舆情信息量占到我国世界文化遗产核心舆情总量的 64.32%，涉及 36 项遗产；其次为"保护管理"，占比为 17.73%，较去年同比上升 6.44%，热度从第三升至第二；接下来是"旅游与游客管理"，占比 12.28%，同比下降 6.27%，排名降至第三；"机构与能力"相关报道较去年也有上升，从 2.62% 升至 4.51%，主要关注"机构、经费、人员"、"人才培养与培训"和"政策法规规章"；"遗产保存情况与影响因素"相关信息最少，占比仅为 1.17%，同比下降约一半，其中以"商业开发与城市建设"为代表的人为影响因素相关内容为主，自然环境和灾害影响也是关注点之一，对遗产本体病害的关注则较少（图 4）。

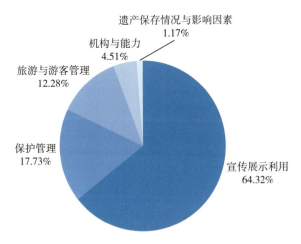

图 4　2019 年核心舆情信息的内容分布情况

〔91〕　中国文化遗产研究院，国信司南（北京）地理信息技术有限公司 . 中国世界文化遗产监测数据规范（试行版）[Z]. 2014.

各项遗产受关注侧重点不尽相同。其中：

以"宣传展示利用"内容为主的遗产有明清故宫（北京故宫、沈阳故宫），左江花山岩画文化景观，红河哈尼梯田文化景观，北京皇家祭坛—天坛，大运河，良渚古城遗址，北京皇家园林—颐和园，周口店北京人遗址，开平碉楼与村落，殷墟，福建土楼，澳门历史城区，平遥古城，丝绸之路：长安—天山廊道的路网，秦始皇陵及兵马俑坑，苏州古典园林，鼓浪屿：历史国际社区，云冈石窟，曲阜孔庙、孔林和孔府，承德避暑山庄及其周围寺庙等20项。

以"保护管理"内容为主的遗产有土司遗址，大足石刻，龙门石窟，明清皇家陵寝，长城，五台山，拉萨布达拉宫历史建筑群（含罗布林卡和大昭寺），高句丽王城、王陵及贵族墓葬等8项。

以"旅游与游客管理"内容为主的遗产有登封"天地之中"历史建筑群，武夷山，青城山—都江堰，元上都遗址，丽江古城，黄山，武当山古建筑群等7项。

以"机构与能力"内容为主的遗产有莫高窟，皖南古村落—西递、宏村，峨眉山—乐山大佛等3项。

以"遗产保存情况与影响因素"内容为主的遗产有杭州西湖文化景观，泰山，庐山国家公园等3项。

2.3 下半年舆情高发，年底公众转载量大

从舆情发生的时间看，2019年下半年我国世界文化遗产核心舆情数量明显高于上半年。具体说来，7—12月报道数量占到全年的55.86%，是1—6月份报道数量的1.27倍，核心舆情峰值出现在7月和12月（图5）。

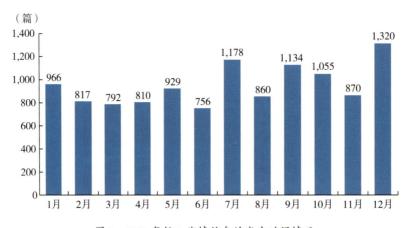

图5　2019年核心舆情信息的发生时间情况

从社交媒体转发量上看，2019年6—10月均在210—280万条之间浮动，11月则出现了爆发式增长，达到531万条，超过10月近1倍。12月稍有回落，也高达453万条（图6）。

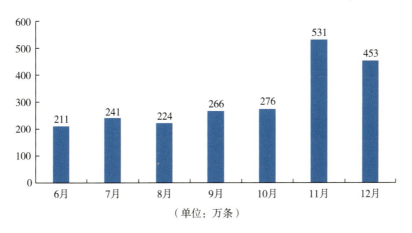

（单位：万条）

图6　2019年6-12月核心舆情信息转发量情况（1-5月无数据）

表1　2019年核心舆情转载量Top10

序号	新闻标题	涉及遗产地	日期	转载量
1	中办、国办印发《长城、大运河、长征国家文化公园建设方案》	长城、大运河	2019/12/5	1629篇
2	习近平主持召开中央全面深化改革委员会第九次会议	长城、大运河	2019/7/24	1020篇
3	网友质疑"秦兵马俑坑内浇水"管理部门回应：既防尘又保护文物	秦始皇陵及兵马俑坑	2019/12/21	811篇
4	文明之光照亮复兴之路—以习近平同志为核心的党中央关心文化和自然遗产保护工作纪实	明清皇家陵寝，明清故宫（北京故宫、沈阳故宫），长城，大运河，鼓浪屿：历史国际社区，丝绸之路：长安—天山廊道的路网	2019/6/9	709篇
5	"须弥福寿—当扎什伦布寺 遇上紫禁城"展亮相故宫	明清故宫（北京故宫、沈阳故宫）	2019/12/8	625篇
6	世界遗产大会落幕 新增29处世界遗产	良渚古城遗址	2019/7/11	527篇
7	京杭启动大运河文化带对话	大运河	2019/12/5	423篇
8	第44届世界遗产大会将于2020年在中国福州举行	良渚古城遗址	2019/7/9	420篇
9	7月21日起布达拉宫参观需提前一天预约	拉萨布达拉宫历史建筑群（含罗布林卡和大昭寺）	2019/7/21	410篇
10	2019年国庆假期文化和旅游市场情况	武当山古建筑群，长城，黄山，峨眉山—乐山大佛	2019/10/7	351篇

2.4 九成舆情信息以非负面情绪为主，"遗产保存情况与影响因素"相关负面舆情发生率最高

从情感倾向看，我国世界文化遗产核心舆情信息绝大多数为非负面，负面舆情仅 99 篇，占比 0.86%（图 7），共涉及 15 项遗产。其中与长城相关的负面舆情数量最多，达 23 篇，占全国负面舆情信息总量的近四分之一。

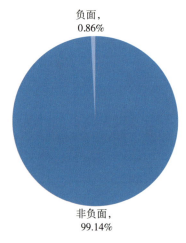

图 7　2019 年核心舆情信息情感倾向情况

表 2　2019 年主要负面舆情一览表

序号	新闻标题	涉及遗产地	日期
1	文旅部处理 7 家 5A 级旅游景区 乔家大院被取消质量等级	峨眉山—乐山大佛	2019-07-31
2	不买东西走不出鼓浪屿？厦门导游威胁游客，被取消带团资格	鼓浪屿：历史国际社区	2019-11-25
3	市民投诉：这里违法停车 交管回应称找文物部门	大运河	2019-11-21
4	国务院安委办挂牌督办 33 家博物馆和文物建筑重大火灾隐患单位	青城山—都江堰	2019-04-17
5	西湖鸳鸯惨遭游客"黑手" 出窝 57 只现存仅 39 只	杭州西湖文化景观	2019-05-23
6	杭州西湖景区再现"辣手摧花" 文明赏花有这么难吗？	杭州西湖文化景观	2019-03-27
7	一声叹息 带着素质出行 五一节西湖草坪上长满游客	杭州西湖文化景观	2019-05-02
8	南京明孝陵神烈山碑被恶意描红 "山"字被涂污	明清皇家陵寝	2019-11-29

续表

序号	新闻标题	涉及遗产地	日期
9	永定一座300年土楼垮塌！如何妥善修复保存这些世界文化遗产？	福建土楼	2019-04-23
10	"世遗"明孝陵神烈山碑被描红，警方：已锁定涂污者	明清皇家陵寝	2019-07-04
11	不止掰坏兵马俑，外国游客还在颐和园干了这种过分的事！	北京皇家园林—颐和园	2019-04-11
12	颐和园内两商家检出卖假玛瑙玉镯被行政处罚！实为石英岩或玻璃	北京皇家园林—颐和园	2019-08-23
13	国家文物局督察平遥古城武庙火灾：施工存明显违规	平遥古城	2019-06-02
14	庐山龙首崖突发火灾	庐山国家公园	2019-08-01
15	不文明行为曝光台｜少数游客无视禁令 在武当山禁烟区这样做！	武当山古建筑群	2019-02-07
16	河北一4A景区被"摘牌"承德避暑山庄被责令整改	承德避暑山庄及其周围寺庙	2019-10-02
17	陕西秦始皇陵控制地带要建酒店引热议 官方回应	秦始皇陵及兵马俑坑	2019-10-17
18	熊孩子故宫随地便溺惹中国游客众怒	明清故宫（北京故宫、沈阳故宫）	2019-02-18
19	故宫商业大跃进 逐渐失控的IP洪流	明清故宫（北京故宫、沈阳故宫）	2019-02-20
20	什么素质啊！故宫古香炉浮雕被嵌入多枚硬币	明清故宫（北京故宫、沈阳故宫）	2019-03-29
21	游客故宫吸烟并发视频炫耀 警方已启动调查程序	明清故宫（北京故宫、沈阳故宫）	2019-07-19
22	秦皇岛长城砖数次遭破坏、盗窃！警方悬赏5万元，当地曾立法保护	长城	2019-02-04
23	北京昌平一处明长城疑遭人为损伤城墙豁口2米多长	长城	2019-07-02
24	明长城屡遭破坏，文物保护 榆林是认真的吗？	长城	2019-05-29
25	被水浸泡、遭工地包围陕西定边明长城保护陷窘境	长城	2019-05-29
26	金山岭长城举办音乐节被指破坏文	长城	2019-06-06
27	陕西省明长城古遗址—府谷县"镇羌堡"遭破坏	长城	2019-06-17
28	济南绕城高速规划穿越齐长城遗址 被国家文物局否决	长城	2019-10-18
29	为转运，俩男子爬长城偷砖，"运气"来了，被困悬崖	长城	2019-12-27
30	最后五天，长城被迫加入年度沙雕新闻竞争……	长城	2019-12-30

表3 2019年负面舆情转载量 Top10

序号	标题	涉及遗产地	来源	日期	转载量
1	国务院安委办挂牌督办33家文物建筑等火灾隐患单位	青城山—都江堰	中国新闻网	2019/4/17	127篇
2	鼓浪屿导游斥责游客：在岛上信不信让你走不出去	鼓浪屿：历史国际社区	北京青年报	2019/11/25	115篇
3	文旅部处理7家5A级旅游景区 乔家大院被取消质量等级	峨眉山—乐山大佛	中国新闻网	2019/7/31	95篇
4	北京昌平一处明长城疑遭人为损伤 城墙豁口2米多长	长城	北京青年报	2019/7/2	43篇
5	国家文物局督察平遥古城武庙火灾：施工存明显违规	平遥古城	中国新闻网	2019/6/2	25篇

从遗产类别看，文化景观类遗产负面舆情率最高（1.82%），其次是文化和自然混合遗产（1.8%），古村落、历史城镇和中心（1.68%）、古遗址和古墓葬（1.29%）、古建筑（1.22%），石窟寺及石刻类最低，仅占0.25%（图8）。

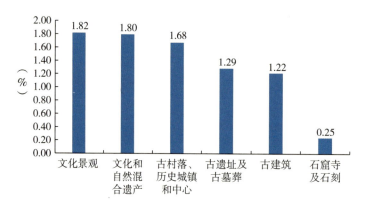

图8 2019年不同类型遗产的负面舆情发生率情况

从舆情内容看，"遗产保存情况与影响因素"的负面舆情发生率高达25.4%，"保护管理""旅游与游客管理"的负面舆情发生率较低，分别为4.3%和2.8%，"宣传展示利用""机构与能力"则未发生负面舆情（图9）。

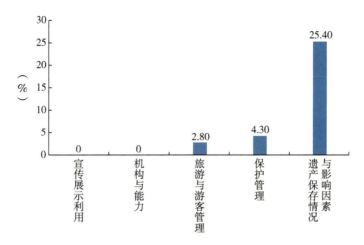

图 9　2019 年不同主题的负面舆情发生率情况

2.5 中国内地媒体、网络媒体主导，报道情感倾向各异

2019 年，我国世界文化遗产核心舆情涉及的媒体源共 1,304 个，包括中国内地媒体 1,279 个，国际及港澳台媒体 25 个（图 10），其中内地媒体中的中国新闻网、《新京报》、新华网、《中国旅游报》、腾讯微信、人民网、《北京青年报》《光明日报》《北京晚报》《北京日报》等 10 个媒体源的报道较多。

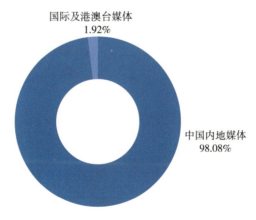

图 10　2019 年核心舆情信息中国内地／国际及港澳台外媒体来源统计

从媒体类型看，传统媒体数量占 37.45%，网络媒体数量占 62.55%（图 11）。

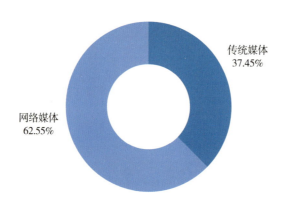

图 11 2019 年核心舆情信息传统 / 网络媒体来源统计

从舆情情感倾向看，2019 年我国世界文化遗产的负面舆情主要来自 82 个媒体源。中国新闻网、环球网、《新京报》、参考消息网、新华网、人民网、澎湃新闻、海外网（人民日报旗下）、腾讯微信、新华社等 10 个媒体源报道的负面舆情数量较多。其中，排在第一位的中国新闻网报道量明显多于其他媒体（图 12）。

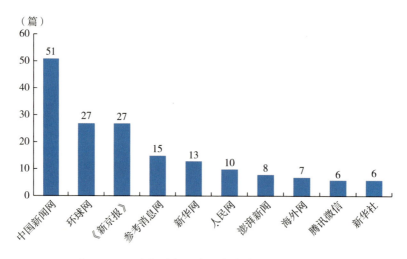

图 12 2019 年报道核心负面舆情媒体 TOP10 统计

从舆情情感倾向的发生率来看，人民日报海外版、《北京晚报》、《扬州日报》、《光明日报》、《中国文化报》等媒体更倾向于报道及转载非负面舆情；而环球网、《北京商报》、参考消息网、澎湃新闻、海外网等媒体报道及转载负面舆情的概率较高。

2019 年，共有 25 家国际及港澳台媒体报道了我国世界文化遗产舆情 56 篇，涉及 15 项遗产，全部为非负面报道。其中，报道量最大的是明清故宫（北京故宫、沈阳故宫），占到全部国际及港澳台媒体报道量的 26.8%，其次是莫高窟（19.6%），丝绸之路：长安—天山廊道的路网（16.1%）、长城（12.5%）和澳门历史城区（12.5%），5 项遗产的舆情数量占到国际及港澳台舆情总量的 87.5%（图 13）。

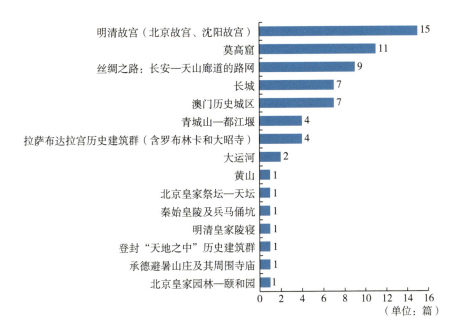

图 13　2019 年国际及港澳台媒体核心舆情报道情况

　　从舆情内容看，除"遗产保存情况与影响因素"内容传统媒体报道量与网络媒体基本相当外，其他内容均是网络媒体明显高于传统媒体（图 14）。从上可以看出，现今互联网时代，网络媒体的发展和传播的效果及速度远远优于传统媒体。

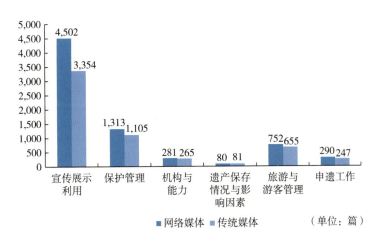

图 14　2019 年网络媒体与传统媒体报道的舆情内容情况

3. 舆情反映的问题及其原因

3.1 舆情分布不平衡

3.1.1 各遗产地主客观条件决定了遗产地舆情总量的不平衡

排名前五的我国世界文化遗产的报道量占核心舆情总量的72.34%（图15），其中排名第一的明清故宫约为排名第二名和排名第三之和，是报道量最少的遗产地（高句丽王城、王宫及贵族墓葬）的近364倍。良渚古城遗址在2019年7月6日，于联合国教科文组织第43届世界遗产委员会大会上审议通过，成功列入《世界遗产名录》，作为新晋遗产地，热度排在第9名，但相关报道量也仅占舆情总量的3.7%。

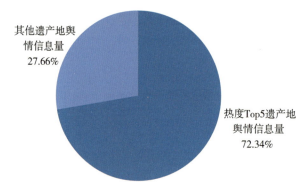

其他遗产地舆
情信息量
27.66%

热度Top5遗产地
舆情信息量
72.34%

图15 2019年核心舆情信息主要分布情况

从核心舆情增量看，与2018年相比，2019年我国世界文化遗产新增舆情数量的72.07%来自热度前五名的遗产地。造成这一现象的原因是多方面的。

首先，受到"世界遗产"身份的影响。据统计，尽管我国世界文化遗产与列入预备名单中的文化遗产数量基本相当，但前者的报道量达到了后者的5.7倍。可见社会对具有世界遗产身份的遗产关注明显更多。这说明申报世界遗产，对于遗产地扩大影响和价值传播具有明显的推动作用。

第二，与遗产规模与分布范围相关。舆情数量居前五名的遗产中，跨行政区分布的遗产有4项，其中大运河、长城、丝绸之路更是跨越多个省级行政区分布，长度自数千千米至2万千米不等，均是世界范围内规模较大的文化遗产，报道量多也在情理之中。

第三，与遗产地知名度相关。舆情数量居前五名的遗产知名度普遍较高，主要受以下4个方面因素的影响：1. 观赏性。普遍具有观赏性强、旅游价值高的特点；2. 易达性。大都交通便利，容易到达，莫高窟地处相对偏僻，但道路条件较好，旅游设施完备；3. 管理机构负责人知名度高。如故宫博物院原院长单霁翔，是名副其实的"网红"，在他担任院长期间，大力推动管理体制机制改革创新，扩大开放区域和藏品展出，拆除违建，积极与社会互动，参与《国家宝藏》等电视节目，支持文创产品开发以及《我在故宫修文物》等纪录片的拍摄，举办文化讲座等，凭借其丰富的学识和个人魅力扩大了故宫的影响力。以新浪微博话题为例，通过搜索可获得与单霁翔相关的热门话题70余个，其中"故宫院长单霁翔退休""网红院长单霁翔谈故宫的猫""单霁翔不想被叫网红"等话题的阅读量均超过亿次；敦煌研究院原院长、"敦煌的女儿"樊锦诗，以其对莫高窟文物保护事业的热爱、坚持与重大贡献，感动了无数公众，当选中央电视台"感动中国2019年度人物"，并于当年获颁共和国勋章和"文物保护杰出贡献者"国家荣誉称号。新浪微博上"樊锦诗先生守护敦煌56年"等话题阅读量也超过了1,000万；4.管理机构具有较强的宣传与社会沟通能力。以故宫博物院为例，他们建立了专门的新媒体运营团队，利用新浪微博、微信及多种手机app等新媒体平台，从受众体验出发，通过年轻化的语言，寓教于乐的传播方式主动开展故宫文化推广，充分发掘故宫文化资源，结合社会关注热点适时设置话题、推出文创产品和线下活动，扩大故宫的影响，同时拉近遗产地与媒体读者和游客的情感距离，使北京故宫在舆情数量上相较其他遗产遥遥领先的同时，负面舆情率持续保持在较低的比例。

表4　2019年核心舆情数量Top5的遗产地特点一览表

遗产地	易达性	观赏性	网红领导	具有较强宣传沟通能力和意愿
明清故宫（北京故宫、沈阳故宫）	√	√	√	√
大运河	√	√		
长城		√		
莫高窟		√	√	
丝绸之路：长安—天山廊道的路网	√	√		

第四，大多与国家发展战略和相关政策契合，或受到党和国家领导人，或遗产所在地主要领导的关注。如丝绸之路：长安—天山廊道的路网是"一带一路"倡议的历史文化渊源，并且成为这一倡议覆盖地区的基本线索；长城、大运河则是2019年底中办、国办印发《长城、大运河、长征国家文化公园建设方案》的实施对象；莫高窟是"一带一路"沿线重要的文化遗产地，2019年8月习近平总书记考察了莫高窟，并在敦煌研究院座谈时发表重要讲话，高度肯定了莫高窟的历史文化价值，作出了推动敦煌文化研究服务共建"一带一路"和加强敦煌学研究的指示。领导的关心重视无疑增加了这些遗产地的曝光度和社会关注度。

3.1.2 热点事件、名人效应、报道主体与受众需求差异等共同导致各遗产地舆情增量与时间分布不平衡

与2018年相比[92]，2019年我国世界文化遗产涉及的核心舆情增量为4235条，其中明

---

〔92〕　2018年遗产地涉及的核心舆情数量为10,931篇。

清故宫、大运河、长城和莫高窟4项遗产的核心舆情增量达到3052条，占总增量的72.07%（图16）。通过对4项遗产核心舆情分析可知，2019年《长城、大运河、长征国家文化公园建设方案》的发布，使长城、大运河受到了广泛关注，新闻媒体对这一消息进行了广泛报道，转载量也位居全年核心舆情转载量之首。另一方面，在方案发布后，在社交媒体新浪微博上以"国家文化公园"为关键词进行话题搜索，可得"2023年底基本完成国家文化公园建设"和"长城大运河长征国家文化公园建设方案"两条，阅读量分别达到1.3亿次和1,000万次。北京故宫和莫高窟受到热点事件和名人效应的双重影响。微博上某知名艺人发布的关于北京故宫的一条微博转载量高达100万条，另外《上新了故宫第二季》开播，节目邀请的明星及众多网友也纷纷转发消息，此外北京故宫的雪也引发众多网友刷屏；樊锦诗先生获颁共和国勋章和"文物保护杰出贡献者"国家荣誉称号等新闻，也使莫高窟备受关注。而丝绸之路由于没有发生热点关注事件，舆情总量与去年相比出现了明显减少。

图16　2018-2019年明清故宫等5项遗产核心舆情数量变化情况

　　热点事件和名人效应也导致了月度核心舆情数量时间分布不平衡的现象。

　　2019年，我国世界文化遗产核心舆情数量出现了7月、12月两个高峰。其中7月报道量与6月相比增加了近50%，而12月则比11月增加近35%。在2019年核心舆情转载量Top10（表1）中，有8篇发生在7月和12月。其中12月5日发布的"中办、国办印发《长城、大运河、长征国家文化公园建设方案》"和7月24日发布的"习近平主持召开中央全面深化改革委员会第九次会议"[93]等两篇报道分别被各大媒体转发1629次和1020次，位居全年核心舆情转载量前两名。

　　社交媒体转载量方面，高峰集中出现于11月、12月。其中11月较10月激增92.4%。这是由于百万转载量的明星微博和《上新了故宫第二季》开播均发生在11月。

　　此外，舆情增量的不平衡、新闻媒体和社交媒体舆情高峰差异现象还反映了报道主体

---

[93]　会议指出，建设长城、大运河、长征国家文化公园，对坚定文化自信，彰显中华优秀传统文化的持久影响力、革命文化的强大感召力具有重要意义。

与公众之间存在客观的需求差异。新闻媒体方面。他们出于职能定位和工作需要，比较重视发布政府官方消息，包括宏观政策发布、党和国家领导人对遗产地进行考察或发表讲话等。部分遗产地往往具有重大政治影响或较好工作基础，能够对地区或国家发展进行战略支撑。而作为社交媒体主要使用者的公众则主要注重遗产地的艺术价值和获得的文化体验，遗产地周边居民则更加关心经济效益。再加上新闻热点和名人发布消息时间的随机性，导致了新闻媒体和社交媒体舆情转载量和高峰时段的差异。

3.2 舆情偏离我国世界文化遗产客观实际

3.2.1 社会与专业人员需求差异导致舆情热点不能全面反映我国世界文化遗产保护管理需求

从报道涉及的遗产类型看，古建筑类遗产的报道数量遥遥领先，占全部核心舆情信息的53%。以下依次为古遗址及古墓葬（13%），石窟寺及石刻（11%），古村落、历史城镇和中心（10%），文化和自然混合遗产（8%）和文化景观（5%）。相较于不同遗产类型的数量，古遗址及古墓葬作为我国世界文化遗产类型最多的遗产地（38%），舆情信息占比仅有13%，这表明社会对古遗址及古墓葬类遗产地的关注度明显不足（图17）。

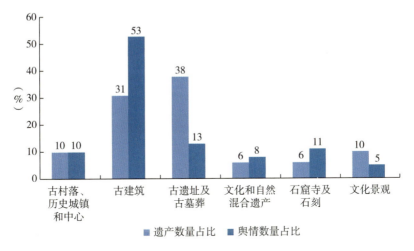

图17　2019年不同遗产类型的数量与核心舆情信息数量占比情况

从中可见社会公众和专业遗产保护管理人员之间存在客观的需求差异。

据前文所述，社会对遗产的关注，聚焦在工作基础好和艺术价值高者身上，古建筑类遗产的特点决定了它们更能够满足媒体和公众的需要。

但从专业力量角度来看，不同类型的遗产同样具有突出普遍价值，不存在优劣高下之分，他们关注遗产本体和环境的保存与保护，希望对于保护力量相对弱、保存环境相对差的遗产投入更多资源，古遗址及古墓葬类遗产中有很多就属于这种情况。与此同时，古遗址类遗产可观赏性相对差，在没有阐释的情况下，公众很难看懂，这也削弱了该类遗产地对社会的吸引力。

由此，社会与专业需求之间就产生了偏差，导致各类遗产数量与报道量的不匹配。

3.2.2 宏观舆情不能客观反映保护管理水平

从各类负面舆情比例看，2019年"保护管理""旅游与游客管理""遗产保存情况与影响因素"这三项内容的负面舆情占比远高于舆情占比，"遗产保存情况与影响因素"的负面舆情发生率远高于其他四项内容（图18）。

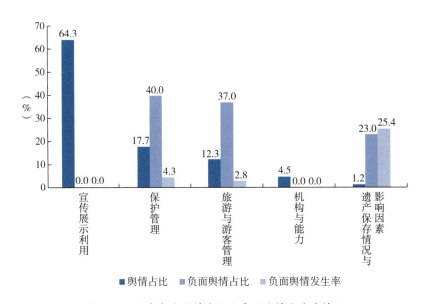

图18　2019年各类舆情占比和负面舆情发生率情况

一方面，"保护管理""旅游与游客管理""遗产保存情况与影响因素"三类舆情所反映出的问题较明显。从舆情发生率看，"遗产保存情况与影响因素"的问题十分突出。另一方面，这一统计结果与文化遗产专业保护管理人员的认知存在较明显的差异。

遗产保存情况是遗产保护的结果，当遗产本体与景观环境遭受破坏，最易被发现，而部分影响因素如自然灾害、生产建设活动等，也能够通过肉眼观察到。遗产保护与旅游管理行为，包括制度、政策的制定与实施等作为遗产保护效果的直接原因，则需要经过一定程度的思考与调查才能了解。而机构与能力建设是遗产保护工作的基础，专业队伍建设的薄弱才是遗产遭受破坏和部分影响因素存在的根本原因，一般情况下只有专业人员才有机会接触到，而未经过专业训练的普通公众和公共新闻媒体不易触及，也并不关注。因此，"遗产保存情况与影响因素"负面舆情发生率高，实际上意味着遗产保护管理机构与能力有待提高。这一点从负面舆情统计结果中得不到体现。与此同时，社会关注度最高的"宣传展示利用"未发生负面舆情，并不意味着这项工作内容不存在问题，而是由于目前对于遗产的宣传展示利用好坏缺乏评价标准。

此外，各类负面舆情的绝对数量也不能反映各项工作的相对好坏，这与遗产的规模和管理力量相关。以长城为例，长城负面舆情数量最多，但负面舆情率并不高。如果仅以纳入世界文化遗产的山海关、八达岭、嘉峪关三地计算，则负面舆情数量与负面舆情率均跌出遗产地排名前十。由此可见，长城的负面舆情并不算突出。而负面舆情绝对数量大，与它们的高知名度有关，长城更以其无比宏大的规模和象征意义，导致社会对其关注度高，但破坏容忍度低。

3.3 小结

综上所述，2019年我国世界文化遗产核心舆情信息反映了如下几个方面的问题：

1、各遗产地舆情分布极不平衡，受遗产地主客观环境特点影响较大。首先是受到"世界遗产"身份的影响。列入《世界遗产名录》的遗产受到社会关注明显比其他文化遗产地更多，可见申报世界遗产，对于遗产地扩大影响具有明显的推动作用。第二与遗产地本身的规模和分布范围有关，总体上看，规模越大、分布范围越广的遗产地，舆情数量越多。第三与遗产地的知名度相关，而遗产地知名度客观上受遗产地的可观赏性和易达性等客观条件影响，主观上取决于遗产保护管理机构社会沟通能力、意愿以及机构负责人个人的影响力等因素。第四是遗产地与国家发展大局密切相关。舆情最集中的遗产，往往与国家发展战略及相关政策相契合，或受到国家或遗产地主要领导的关注。

2、热点事件、名人效应，以及报道主体与受众需求差异等共同导致各遗产地舆情增量与时间分布不平衡。一是月度舆情数量分布的不平衡。热点事件和名人效应成为遗产地舆情数量高峰出现的直接原因；二是新闻媒体报道量与社交媒体舆情峰值出现的时间不一致，体现了媒体与公众关注点的差异。前者倾向于传播遗产保护相关政策，后者则聚焦于遗产的艺术价值与文化体验，而不同焦点的热点事件出现时间存在随机性和差异性。

3、舆情热点不能全面反映我国世界文化遗产保护管理需求。具体体现在各类型遗产地的数量比例与报道量比例存在明显差异。社会对古建筑类遗产地的关注度高，而对古遗址和古墓葬类遗产地关注度相对低。古建筑类遗产地观赏价值高，社会资源投入也更多；古遗址和古墓葬类遗产地在缺乏足够阐释的情况下很难被普通公众所理解，与此同时，后者的保护压力也更大。

4、宏观舆情不能客观反映各遗产地的保护管理水平。从情感倾向上看，负面舆情主要涉及"保护管理""旅游与游客管理""遗产保存情况与影响因素"三类内容。"宣传展示利用"和"机构与能力"两方面内容则未发生负面舆情；从舆情发生率看，"遗产保存情况与影响因素"的问题十分突出。但这一统计结果与文化遗产专业保护管理人员的认知存在较明显的差异。遗产保护工作的好坏，是遗产管理机构能力的体现，社会公众易于观察到遗产破坏的结果，但一般不会思考和触及造成结果的根本原因。与此同时，社会关注度最高的"宣传展示利用"未发生负面舆情，并不意味着这项工作内容不存在问题，而是由于目前对于遗产的宣传展示利用好坏缺乏评价标准。此外，各类负面舆情的绝对数量也不能反映各项工作的相对好坏，这与遗产的规模和管理力量、经费，以及个别遗产地的特殊价值相关。

4. 对策建议

针对2019年度我国世界文化遗产核心舆情信息所反映的问题，本报告面向各级世界文化遗产保护管理机构提出以下几点工作建议：

4.1 提高工作站位，用足国家政策，推动我国世界文化遗产保护管理工作融入国家发展大局

通过上面的舆情分析，可以看到我国世界文化遗产保护得到了国家层面的日益重视，但舆情所体现的专业需求与社会需求差异，表明遗产保护事业与当地社会联系不够紧密，尚不足以支撑地区发展和国家战略实施。世界文化遗产不是孤立存在的，其可持续发展需要得到全社会的支持。因此世界文化遗产保护管理工作者需要转变观念，站在更高的层面看待事业，充分利用"一带一路"、国家文化公园建设提供的契机，认真学习十九大以来国家发布的关于文化遗产保护，乃至经济社会发展的相关政策，开展社会调查，了解和满足国家需求与公众需求，以哈尼梯田精准扶贫案例为榜样，努力做到使世界文化遗产保护惠及民生，发挥遗产保护工作的社会效益与经济效益，从而争取各级人民政府的政策和资源支持；在此基础上，从专业角度出发，积极探索文化遗产保护管理的新方法和新途径，在实践中逐步建立符合遗产保护实际的展示利用标准，提升世界文化遗产保护工作者在遗产利用中的话语权，最终实现保护与发展的双赢。

4.2 补齐工作短板，发挥比较优势，实现我国世界文化遗产各项工作和各遗产地的均衡发展

各遗产地应从本地实际出发，通过比较研究，了解遗产地的优势和不足，并有针对性地开展工作。如，地处偏远的遗产地应加强基础设施建设，改善交通条件；古遗址、古墓葬等观赏性较差的遗产地应加强价值阐释和本体展示，提高阐释与展示内容的通俗性和趣味性，讲好遗产故事，以引起公众的兴趣。

国家和遗产所在地省级文物行政部门应将舆情作为决策的重要参考，进一步统筹我国世界文化遗产保护管理工作，尽量避免在经费投入过程中产生"会哭的孩子有奶吃"的现象。

4.3 加强舆情分析，提升处置能力，积极应对舆情快速增长，负面舆情频发的新形势所带来的挑战

遗产地监测机构应对遗产相关舆情开展持续的搜集、跟踪，及时向遗产保护管理机构通报舆情热点与动态。加强数据积累与分析，并通过长期的数据积累进行规律总结和趋势分析，形成报告，在此基础上向遗产保护管理机构提出相应的工作建议，发挥舆情监测对于改进工作的作用。

　　各级遗产保护管理机构应建立与政府、媒体、社会公众等行业外利益相关方的有效沟通机制。一是可以考虑在长城、大运河、丝绸之路等规模大、知名度高的遗产中选择几处工作基础较好，有一定宣传能力的遗产地开展试点工作，研究建立中国世界文化遗产新闻发言人制度，定期发布遗产地保护、管理、利用相关信息，传播科学的遗产保护理念；与中国新闻网等发布负面消息较多的媒体开展定向交流活动；对本遗产地新发生的负面舆情积极、主动、及时地做出正面回应。二是顺应时代潮流和社会需要，推动新媒体建设，打造专业团队，扩大遗产地的影响力，主动设置话题，引导媒体和公众正确认识遗产保护工作；利用社会热点，有针对性的开展公众宣传教育，用活泼的形式传播科学的遗产知识，推动社会加深对行业的理解。

附录 V：我国世界文化遗产〔94〕基本信息

1. 明清故宫（北京故宫、沈阳故宫）

英文名称： Imperial Palaces of the Ming and Qing Dynasties in Beijing and Shenyang

列入时间： 1987 年（2004 年扩展）

遗产种类： 文化遗产

符合的世界遗产遴选标准：

标准 (i)：　明清故宫是中国皇家宫殿建筑发展史上的杰作。

标准 (ii)：　明清故宫建筑群，尤其是沈阳故宫，展示了 17—18 世纪中国传统建筑和宫殿建筑之间重要的交流和融合。

标准 (iii)：　明清故宫为明清时期中国文明提供了独特见证，真实保存了当时的景观、建筑、室内装饰、艺术藏品，并为满族数世纪以来萨满教的传统和习俗提供特别的佐证。

标准 (iv)：　明清故宫是中国最高等级宫殿建筑群的杰出范例。它展现了清代追溯到早期的明代和元代皇家建制的宏大规模，也为满族传统和 17、18 世纪建筑演变提供了突出例证。

2. 秦始皇陵及兵马俑坑

英文名称： Mausoleum of the First Qin Emperor

列入时间： 1987 年

遗产种类： 文化遗产

---

〔94〕　包含文化遗产、文化和自然混合遗产。该项数据截至 2019 年年底。

符合的世界遗产遴选标准：

标准 (i)： 兵马俑、陶质马匹和陪葬的青铜马车凭借它们独一无二的技术水平和艺术价值，成为在汉代之前中国雕塑的主要作品。

标准 (iii)： 陶塑的军队见证了中国在战国时期（公元前 475 年至公元前 221 年）和秦朝（短暂的"千代王朝"，公元前 221 年至公元前 210 年）时的作战队形。在当地挖掘出的物件如矛、剑、钺、戟、弓、箭等就是最直接最明显的证据。这些高度仿真的雕塑极具文献价值：从战士的制服、手臂甚至马匹的缰绳都没有一处细节遗漏。此外，关于陶艺家和青铜匠人的手艺和他们的制作技术，我们也可以从这些兵马俑身上获得大量的信息。

标准 (iv)： 秦始皇陵是中国现存面积最大的陵墓。其独特的建筑格局模仿了当时的都城咸阳的城市规划，都城的皇宫由两层城墙维护。秦都咸阳（即现在的西安——西汉、隋、唐三代首都）是"中国"——中央之国的缩影。秦始皇希望统一（迫使在全国范围内统一文字、货币、度量衡），并保护这块地域免受四方外夷的侵扰（在陵墓里士兵都面朝外以保护已故的皇帝）。

标准 (vi)： 秦始皇陵与一件举世瞩目的事件密切相关，那就是：在公元前 221 年，由一个独裁者建立的中央集权政府第一次统一了中国这片土地。

3. 莫高窟

英文名称： Mogao Caves

列入时间： 1987 年

遗产种类： 文化遗产

符合的世界遗产遴选标准：

标准 (i)： 莫高窟石窟群代表了绝无仅有的艺术成就，既体现在 492 个窟龛分凿于 5 层崖壁的精妙的空间组织，又体现在石窟中 2000 多件彩塑和约 45000 平方米壁画，而这其中许多作品是中华艺术之瑰宝。

标准 (ii)： 从北魏（公元 386–534 年）到蒙元时期（公元 1276–1368 年）的一千多年间，莫高窟在中国与中亚和印度的艺术交流中扮演着至关重要的角色。

标准 (iii)：莫高窟的绘画艺术是古代中国隋、唐、宋三代文明独一无二的见证。

标准 (iv)：千佛洞是杰出的佛教石窟艺术圣殿。

标准 (v)：19 世纪末到 1930 年，莫高窟石窟群曾有佛教僧侣居住。由敦煌文物研究所管理的莫高窟石窟艺术整体，保存了传统僧侣居所的范例。

标准 (vi)：这些洞窟与欧亚大陆交流史以及佛教在亚洲的传播史紧密相关。敦煌及附近地区是丝绸之路南北两道的交汇处，也是各种商品和思想的交流之地。这一点已被洞窟中所发现的汉、藏、粟特、于阗、回鹘甚至希伯来的文献所证实。

4. 周口店北京人遗址

英文名称：Peking Man Site at Zhoukoudian

列入时间：1987 年

遗产种类：文化遗产

符合的世界遗产遴选标准：

标准 (iii)：周口店北京人遗址是从更新世中期到旧石器时代亚洲大陆古人类的例证，阐明了人类进化的过程。

标准 (vi)：周口店遗址的发现以及二十世纪二三十年代的后续科学研究，引发了世界范围的关注，并推翻了当时人们普遍接受的人类历史年表。周口店北京人遗址的发掘或研究工作是世界人类考古史上的重大事件，在世界科学史上具有重要地位。

5. 长城

英文名称：The Great Wall

列入时间：1987 年

遗产种类：文化遗产

符合的世界遗产遴选标准：

标准 (i)： 明长城的杰出之处，不仅在于这项事业所体现的雄才伟略，也在于其建造本身的完美无缺。作为从月球上能看到的唯一人工建造物，长城分布于辽阔的大陆上，是建筑融入景观的完美范例。

标准 (ii)： 春秋时期，中国人运用建造理念和空间组织模式，在北部边境修筑了防御工程，因长城的存在而带来的人口流动，进一步加深了华夏文明的传播。

标准 (iii)： 长城是中国古代文明的独特见证，保存在甘肃省的西汉时期的夯土墙，以及明代令人赞叹和闻名于世的砖砌城墙，都印证着这一点。

标准 (iv)： 这个历经时间长河的复杂的文化遗产是军事建筑体系的突出、独特范例。2000 年来，为了始终如一的战略目标，长城的建造历史反映了防御技术的不断提升以及对形势多变的政治环境的应对。

标准 (vi)： 长城在中国历史上有着无与伦比的象征意义。它的用途是防御外敌入侵，也保护着中华文化不受外族蛮夷习俗的渗透。同时，长城的修建也意味着磨难，这成为许多中国古代文学中的重要题材，在汉代的陈琳、唐代的杜甫（公元 712–770 年）等人的诗歌，以及明代的流行小说等古文献中都有记载。

6. 泰山

英文名称： Mount Taishan
列入时间： 1987 年
遗产种类： 文化和自然混合遗产

符合的世界遗产遴选标准：

标准 (i)： 作为中国传统的五大圣山之一，泰山景观彰显了独一无二的艺术成就。散落在起伏于天地间的 6660 个台阶的十一个门、十四个拱门、十四座亭子和四座阁楼，不仅具有简约的建筑成就，而且还是人类对壮丽自然景观的最后触碰。它的规模宏大，风景优美，历经 2000 年的演变，是人类历史上最宏伟的成就之一。

标准 (ii)：泰山，作为中国最受崇拜的圣山，2000 年来对艺术的发展产生了多重广泛的影响。岱庙和碧霞祠（供奉碧霞元君，俗称泰山老母），都是最早作为原型在泰山上建造，后来成为此类建筑范例在帝王统治时期全国范围内被应用。一座承载人类印记的山的概念模型，结构优美的桥梁、门户或亭台楼阁，与郁葱的松林或威严峭壁形成对比，其起源最早追溯到泰山。

标准 (iii)：泰山是中国古代遗失的封建文明的独特见证，尤其是在宗教、艺术和文字等领域。两千年来，泰山是天子封禅、祭拜天地的主要场所之一。自汉代以来，它一直是象征天国的五岳之一，按照五行学说，是中国思想的基本前提。

标准 (iv)：泰山是圣山的杰出典范。建于公元 1008 年的天贶殿位于岱庙内，是中国最古老的三大宫殿之一。同样建于宋代的碧霞祠，在庭院和建筑的布局上是一座典型的高山建筑群，而灵岩寺及其千佛殿雄伟壮观，堪称杰出而完整的寺庙之典范。他们共同展现了唐宋时期的文化和宗教。

标准 (v)：泰山文化和自然混合遗产包括新石器时代（大汶口）以祭祀为中心形式的传统人类聚居区。由于不断增加的到访者和不断发展的旅游业，传统文化发生着不可逆转的变化，该遗产也是其变化影响下的突出范例。

标准 (vi)：泰山直接而有形地与历史上的一些重大事件联系在一起，其中包括儒学的出现、中国的统一、中国文字及文学的出现。

标准 (vii)：历经近 30 亿年的自然演化，泰山在复杂的地质和生物过程中形成，是一个被茂密的植被所覆盖的巨大的岩体，俯瞰着周围的平原。这座雄伟壮丽的山峰在几千年来人类文化的影响下，与自然景观完美结合。

7. 黄山

英文名称：Mount Huangshan

列入时间：1990 年

遗产种类：文化和自然混合遗产

符合的世界遗产遴选标准：

标准 (ii)：　黄山景观的文化价值自唐代以来名扬四海、广为赞誉。公元 747 年，唐朝皇帝敕改黔山为黄山。自此，黄山以其奇峰、云海吸引无数的隐士、诗人和画家前来创作，留下了丰厚的文学艺术瑰宝。在元朝（公元 1271–1368 年），黄山已有 64 座寺庙。公元 1606 年，普门和尚来到黄山并建造了法海禅院。直至明朝（大约公元 16 世纪），黄山之景成为中国风景画家最喜欢的主题，并创立了风景画派中颇具影响的山水画派。在这个高度景物化的背景下，展示人与自然间的互动，这也激发了一代又一代中国艺术家和作家的灵感。

标准 (vii)：黄山因其壮丽的自然景色—生长在花岗岩石上的奇松和浮现在云海中的怪石而著称，展现了独特的自然美景和自然与文化元素的完美结合。黄山复杂的地质史塑造了秀丽壮美的景观，包括无数峻峭的花岗岩山峰、众多的奇石、瀑布、湖泊和温泉等，其中有 77 座山峰海拔在 1000 米以上，以莲花峰最高，海拔 1864 米，蔚为壮观。

标准 (x)：　黄山为大量区域或国家特有物种提供栖息地，其中有些是濒危物种。黄山拥有丰富的植物，其中包含中国三分之一的苔藓类植物和超过一半的蕨类植物。黄山特有的物种包括 13 种蕨类植物和 6 种高等植物。黄山还拥有脊椎动物 300 种，其中包括 48 种哺乳动物、170 种鸟类、38 种爬行动物、20 种两栖动物和 24 种鱼类。有包括云豹和东方白鹳在内的 13 个物种属于国家级保护动物。

8. 武当山古建筑群

英文名称： Ancient Building Complex in the Wudang Mountains

列入时间： 1994 年

遗产种类： 文化遗产

符合的世界遗产遴选标准：

标准 (i)：　武当山古建筑群代表了中国近千年最高的艺术和建筑成就。

标准 (ii)： 武当山古建筑群对中国的宗教及民间艺术和建筑的发展产生了深远影响。

标准 (vi)： 武当山的宗教体系以道教为中心（道教是东方主要宗教之一），对地区宗教信仰和哲学思想的发展发挥了重要作用。

9. 拉萨布达拉宫历史建筑群（含罗布林卡和大昭寺）

英文名称： Historic Ensemble of the Potala Palace, Lhasa (Including Norbulingka and the Jokhang Temple)

列入时间： 1994 年（2000、2001 年扩展）

遗产种类： 文化遗产

符合的世界遗产遴选标准：

标准 (i)： 因其杰出的设计、装饰及其与特殊自然景观的和谐统一，布达拉宫历史建筑群可谓人类想象力与创造力的杰作。布达拉宫一点三处的历史建筑群，包括宫殿城堡建筑群布达拉宫、园林居所罗布林卡和寺庙建筑大昭寺，各具特色，共同构成传统西藏建筑的杰出范例。

标准 (iv)： 布达拉宫历史建筑群的宏大规模和艺术价值，代表了西藏建筑的最高成就，是政教合一建筑的杰出典范，也是现代世界此类建筑的唯一现存例证。

标准 (vi)： 布达拉宫历史建筑群是西藏传统政教合一制度的特殊和最有力的象征。

10. 承德避暑山庄及其周围寺庙

英文名称： Mountain Resort and its Outlying Temples, Chengde

列入时间： 1994 年

遗产种类： 文化遗产

符合的世界遗产遴选标准：

标准 (ii)： 避暑山庄及其周围寺庙的独特景观是中国古代将建筑、园林设计与自然环境完美融合的杰出代表，对中国乃至世界范围内景观设计产生了重大影响，并继续展现重要意义。

标准 (iv)：避暑山庄及周围寺庙以杰出的建筑和园林作品呈现了中国封建社会最后的
辉煌。

11. 曲阜孔庙、孔林和孔府

英文名称：Temple and Cemetery of Confucius and the Kong Family Mansion in Qufu

列入时间：1994 年

遗产种类：文化遗产

符合的世界遗产遴选标准：

标准 (i)： 曲阜孔庙、孔林、孔府建筑群具有杰出的艺术价值，这得益于 2000 多年以
来中国历代帝王对孔子的尊崇，从而保证了中国历代最为优秀的艺术家和
工匠参与了这组献给孔子的建筑物和景观的设计和建造。

标准 (iv)： 曲阜孔庙、孔林、孔府是中国建筑群杰出范例，体现了中国物质文化在相
当长时间内的演变。

标准 (vi)： 孔子在哲学和政治理论方面的贡献，不仅影响东方国家 2000 多年，还对
18 和 19 世纪的欧洲和西方产生影响，成为现代思想和政府治理演变中最
为深刻的原因之一。

12. 庐山国家公园

英文名称：Lushan National Park

列入时间：1996 年

遗产种类：文化遗产

符合的世界遗产遴选标准：

标准 (ii)： 庐山的寺庙与书院散布于自然景观之中，其建筑与布局特色所形成的文化
景观展示了从公元前三世纪晚期的汉代到二十世纪初这一漫长岁月里人们
精神价值的更迭。

标准 (iii)： 庐山美景是哲学与艺术的灵感之源。优质文化遗产经过精雕细琢，与自然景观浑然一体，是中华民族对于人文、自然和谐互动的深入理解的见证。

标准 (iv)： 庐山白鹿洞书院古建群代表了中国传统书院建筑模式。观音桥独特的榫卯石拱结构在中国桥梁建造中扮演着重要的角色。庐山近代别墅群是西方文化在十九世纪末到二十世纪中期进入中国腹地的实物见证。

标准 (vi)： 慧远在东林寺创立"净土"法门，开创了佛教中国化的新局面。朱熹重振白鹿洞书院，使之成为传播宋明理学以及书院教育的典范，影响了宋代以后七百余年的中国历史。朱熹的理学思想和教育模式远播日本、韩国、印度尼西亚等国，在世界教育史上有重要影响。

13. 峨眉山—乐山大佛

英文名称：Mount Emei Scenic Area, including Leshan Giant Buddha Scenic Area

列入时间：1996 年

遗产种类：文化和自然混合遗产

符合的世界遗产遴选标准：

标准 (iv)： 峨眉山有 30 多座寺庙，其中 10 座为建筑规模宏大的古刹。他们极具当地传统风格，凭借地形优势，大多数建在半山腰。在选址、设计和建造上，他们是匠心独创的伟大杰作。先进的建筑建造技巧堪称中国寺庙建筑之典范。与这些寺庙相关的是中国最重要的一些文化瑰宝，包括公元 8 世纪于凌云山栖鸾峰雕刻而出的杰作—乐山大佛，端坐于大渡河、青衣江和岷江三江汇流处，高达 71 米，是世界上最高的坐佛像雕塑。

标准 (vi)： 在峨眉山，有形与无形，自然与文化间的联结至关重要。峨眉山作为中国四大佛教名山之一，具有重要的历史意义。公元 1 世纪，佛教传入中国即通过丝绸之路由印度到达峨眉山，并在峨眉山上建造了第一座佛教寺院。据文献记载，峨眉山璀璨的佛教文化遗产已有超过 2000 年的历史。其中包括考古遗址、重要的建筑、陵墓、宗教选址，在其他传统艺术品中，还有像雕塑、石刻、书法、绘画和音乐等文化艺术品的收藏。

标准 (x)： 峨眉山植被种类多样，对其保存、科学研究都具有特殊的意义。由于峨眉山地处四川盆地与青藏高原东缘的过渡地带，其生物种类丰富，242 个物种中的约 3200 种植物被记录在案。其中有 31 种是国家重点保护物种，100 多种地方性物种。在其海拔 2600 米内，植被丰富多样，包括亚热带常绿阔叶林、混合阔叶和针叶林以及亚高山针叶林。这种特殊的植物群也造就了丰富的动物物种，有大约 2300 个物种被记录在册，其中还包括一些全球濒危物种。

14. 平遥古城

英文名称： Ancient City of Ping Yao

列入时间： 1997 年

遗产种类： 文化遗产

符合的世界遗产遴选标准：

标准 (ii)： 平遥古城的城市景观集中展现了五个世纪以来中国的建筑风格和城市规划的演变，后者还受到来自中国不同民族及其他地区的影响。

标准 (iii)： 19 至 20 世纪初期，平遥古城是中国金融业的中心。平遥古城内的商业店铺、传统民居，是平遥古城这一时期经济繁荣的历史见证。

标准 (iv)： 平遥古城是中国汉民族城市在明清时期（14–20 世纪）的杰出范例，它极大程度地保留了这一时期城市建筑的所有特征。

15. 苏州古典园林

英文名称： Classical Gardens of Suzhou

列入时间： 1997 年（2000 年扩展）

遗产种类： 文化遗产

符合的世界遗产遴选标准：

标准 (i)：　苏州古典园林深受中国传统写意绘画的传统工艺和造园手法的影响，是中国传统文化精髓的极致体现，其艺术的完美展现使其成为中国古代最具创造性的造园杰作。

标准 (ii)：　苏州古典园林在跨度 2000 余年内，形成独特并系统的造园艺术体系，其规划、设计、施工技术、艺术效果，对中国乃至世界园林发展产生了重大影响。

标准 (iii)：　苏州古典园林反映了中国古代文人士大夫所追求的与自然和谐、修身养性的文化传统，是体现中国古代文人智慧和传统的最完美的遗存。

标准 (iv)：　苏州古典园林是 11 至 19 世纪中国江南地区最生动的文化标本，其蕴含的哲学、文学、艺术和传承的建筑、园艺及各类手工技艺，代表了该地区当时社会文化和科学技术的发展成就。

标准 (vi)：　苏州古典园林是中国传统居所与精心设计的自然环境完美结合的杰出范例，反映了 11-19 世纪江南地区的生活、礼仪和习俗。

16. 丽江古城

英文名称： Old Town of Lijiang

列入时间： 1997 年

遗产种类： 文化遗产

符合的世界遗产遴选标准：

标准 (ii)：　丽江古城从 12 世纪开始逐步成为中国川（四川）滇（云南）藏（西藏）贸易重要的物资集散地，是南方丝绸之路与茶马古道的交汇点。丽江古城逐渐成为纳西、汉、藏、白等民族经济文化交流的重要枢纽。8 个多世纪文化技术的交流形成了融汉、白、藏等各民族精华，并独具纳西族特色的地方建筑、艺术、城镇规划和景观以及社会生活、风俗习惯、工艺美术及其他文化特征。尤其是宗教建筑及其他建筑中的壁画，反映了儒家学说、道教和佛教和谐相容并存。

标准 (iv)： 丽江古城的三个组成部分：大研古城（含黑龙潭）、白沙居民建筑群和束河
居民建筑群，充分体现了不同历史阶段的社会经济文化特征，沿着山体、
水源的自然地形形成了一个兼具纳西族、汉族、白族和藏族民居传统的优
良定居地。

标准 (v)： 丽江古城山水、树木和建筑融为一体，营造了"天人合一"的人居环境。
丽江古城北侧以深入平坝的山体为屏障，东面和南面为田园平川，拥有非
常良好的风水关系和生态格局。自雪山而下的水系呈脉络状分布，穿越村
镇与农田。黑龙潭与散布的井和泉构成完整的水系，供全城消防、日常生
活和生产用水之需。同时，水在丽江古城独特的建筑风格、城市布局和景
观中起了重要作用，主街傍河、小巷临水、跨水筑楼、小桥不计其数。丽
江古城作为人与自然和谐共生的人居环境杰出典范，充分体现了人类利用
土地的聪明智慧。

17. 北京皇家园林—颐和园

英文名称： Summer Palace, an Imperial Garden in Beijing
列入时间： 1998 年
遗产种类： 文化遗产

符合的世界遗产遴选标准：

标准 (i)： 北京颐和园是中国风景园林造园艺术的杰出体现，将人造景观与大自然和
谐地融为一体。

标准 (ii)： 颐和园是中国造园思想和实践的集中体现，对整个东方的园林艺术这种文
化形式的发展起了关键性的作用。

标准 (iii)： 以颐和园为代表的中国皇家园林，是作为世界主要文明之一的中华文明的
有力象征。

18. 北京皇家祭坛—天坛

英文名称：Temple of Heaven：an Imperial Sacrificial Altar in Beijing

列入时间：1998 年

遗产种类：文化遗产

符合的世界遗产遴选标准：

标准 (i)： 天坛是建筑和景观设计之杰作，朴素而生动地说明了一种对世界伟大文明之一的发展具有重要意义的宇宙观。

标准 (ii)： 天坛所独具的象征性布局和设计，数世纪以来对远东的建筑和规划产生了深远影响。

标准 (iii)： 两千多年来，中国一直处于封建王朝统治之下，而天坛的设计和布局正是这些封建王朝合法性的象征。

19. 大足石刻

英文名称：Dazu Rock Carvings

列入时间：1999 年

遗产种类：文化遗产

符合的世界遗产遴选标准：

标准 (i)： 大足石刻美学价值之高，风格和题材之多样化，代表了中国石刻艺术的最高水平。

标准 (ii)： 从印度传入中国的佛教密宗，与中国的道教和孔子儒家在大足石刻造像中三教合一，首次形成了影响深远的三教和谐相处的现象。

标准 (iii)： 在中国封建社会晚期，宗教信仰兼收并蓄的现象在大足石刻这一特殊的艺术遗产中得到了具体而形象的表现。

20. 武夷山

英文名称： Mount Wuyi

列入时间： 1999 年

遗产种类： 文化和自然混合遗产

符合的世界遗产遴选标准：

标准 (iii) ： 武夷山是一处被保存了 12 个多世纪的景观。它包含一系列特殊的考古遗址，如公元前 1 世纪建立的汉城遗址，以及众多于公元 11 世纪诞生的朱子理学相关的寺庙和书院遗址。

标准 (vi) ： 武夷山是朱子理学的摇篮，几个世纪以来这一学说在东亚和东南亚国家发挥着主导作用，对世界许多地区的人生观和统治产生了影响。

标准 (vii) ： 九曲溪（下峡）东岸风景区地貌壮观、风景优美，该地区特有的红砂岩孤立地向一侧倾斜耸立着。突兀绝立的丹霞峭壁沿着九曲溪蜿蜒达 10 公里，高高耸立在离河床约 200–400 米之处，然后渐渐隐入清澈、深邃的河水中。古老的崖壁栈道是风景名胜区的一个重要部分，游客可以在栈道上"鸟瞰"九曲溪。

标准 (x) ： 武夷山是世界上最著名的亚热带森林之一。它是最具代表性的原始森林范例，包含有中国面积最大的亚热带森林和华南雨林，具有很高的植物多样性。这里也是众多古代孑遗植物物种的庇护所，其中许多是中国特有的，且在其他地区非常罕见。它还具有突出的动物多样性，尤其在爬行动物、两栖类和昆虫物种方面。

21. 皖南古村落—西递、宏村

英文名称： Ancient Villages in Southern Anhui – Xidi and Hongcun

列入时间： 2000 年

遗产种类： 文化遗产

符合的世界遗产遴选标准：

标准 (iii)： "西递、宏村"是封建时期以繁荣的贸易经济为基础而建立的一种人类住区的生动例证。

标准 (iv)： 皖南两村落的建筑和街道格局反映了中国历史上的农耕定居社会的经济结构。

标准 (v)： "西递、宏村"特别完好地保存了中国传统的乡村聚落，而在 20 世纪这些聚落和乡土建筑在其他地方已大范围地消失。

22. 明清皇家陵寝

英文名称： Imperial Tombs of the Ming and Qing Dynasties

列入时间： 2000 年（2003 年、2004 年扩展）

遗产种类： 文化遗产

符合的世界遗产遴选标准：

标准 (i)： 非凡的建筑群与符合风水标准的自然环境构成了一个和谐的整体，使明清皇家陵寝成为人类创造性天才的杰作。

标准 (ii)： 明清皇家陵寝代表了一个发展阶段，其所反映的明清两代建筑模式融入了早期的传统，并为后来建筑的发展奠定了基础。

标准 (iii)： 明清皇家陵寝是主导中国五百多年的明清两代文化和建筑传统的杰出见证。

标准 (iv)： 明清皇家陵寝的人文建筑与自然环境完美地融为一体，形成了独特的文化景观群，是中国古代皇家陵寝的杰出实例。

标准 (vi)： 明清皇家陵寝是中国古代社会盛行的信仰、世界观和风水理论的绝美例证。它们既是中国古代著名人物的陵寝，也曾作为中国重大历史事件发生的场所。

23. 龙门石窟

英文名称: Longmen Grottoes

列入时间: 2000 年

遗产种类: 文化遗产

符合的世界遗产遴选标准:

标准 (i): 龙门石窟的雕像展现了人类杰出的艺术创造力。

标准 (ii): 龙门石窟完美地展现了石雕这一古老艺术形式的魅力,在亚洲地区的文化发展中起了极为重要的作用。

标准 (iii): 龙门石窟精美绝伦的石雕体现了中国唐朝高度发达的社会文化水平。

24. 青城山—都江堰

英文名称: Mount Qingcheng and the Dujiangyan Irrigation System

列入时间: 2000 年

遗产种类: 文化遗产

符合的世界遗产遴选标准:

标准 (ii): 始建于公元前 2 世纪的都江堰灌溉系统是水利管理和技术发展的重要里程碑之一,且仍然完好地发挥着功能。

标准 (iv): 都江堰灌溉系统生动地说明了中国古代科技的巨大进步。

标准 (vi): 青城山道观群与历史上长期最具影响力的几大东亚宗教中的道教的创立息息相关。

25. 云冈石窟

英文名称： Yungang Grottoes

列入时间： 2001 年

遗产种类： 文化遗产

符合的世界遗产遴选标准：

标准 (i)： 云冈石窟是中国早期佛教石窟艺术的杰作。

标准 (ii)： 云冈石窟艺术表现了从 5 世纪开始在皇室推动下的中亚和南亚的佛教象征艺术与中国文化传统的有机融合。

标准 (iii)： 云冈石窟生动说明了中国佛教信仰的强大和持久。

标准 (iv)： 佛教石窟艺术传统在云冈产生了它的第一个重大影响，形成了与众不同的特色和艺术感染力。

26. 高句丽王城、王陵及贵族墓葬

英文名称： Capital Cities and Tombs of the Ancient Koguryo Kingdom

列入时间： 2004 年

遗产种类： 文化遗产

符合的世界遗产遴选标准：

标准 (i)： 这些墓葬的壁画与构造是人类创造的天才杰作。

标准 (ii)： 高句丽王朝的都城是山城的早期范例，之后被其临近文化争相仿效。墓葬，尤其是好太王碑及其碑文，体现了中华文化对高句丽文化（他们并未发展出自己的文字）的影响。墓室中的壁画不仅展示了艺术手法与独特的风格，同时也反映了其他文化对于高句丽文化的强大影响力。

标准 (iii)： 古高句丽王朝的都城和墓葬是已消逝的高句丽文明的独特见证。

标准 (iv)： 由国内城和丸都山城构成的都城体系也影响了高句丽政权后期都城的建造；高句丽墓葬则为积石墓及封土墓建造工艺的演进提供了杰出的范例。

标准 (v)： 高句丽王朝的都城代表了人类创造与自然环境的完美融合，不论岩石、森林还是河流都能加以巧妙运用，浑然一体。

27. 澳门历史城区

英文名称： Historic Centre of Macao
列入时间： 2005 年
遗产种类： 文化遗产

符合的世界遗产遴选标准：

标准 (ii)： 澳门在中国领土内的战略位置以及中葡当局之间建立的特殊关系有利于数世纪以来文化、科技、艺术、建筑等不同领域的人类价值观的重要交流。

标准 (iii)： 澳门是中西文明交流最早及最悠久的地方，从 16 至 20 世纪，澳门是国际贸易商旅、传教机构和各种知识的聚合点，其影响可见于澳门历史城区内的不同文化融合。

标准 (iv)： 澳门代表了建筑群的一个杰出实例，该建筑群说明了四个半世纪间中西文明交汇的发展；这种发展以历史路线为代表，其中一系列的建筑群和广场空间将中式港口与葡式城区连成一片。

标准 (vi)： 澳门关联着中西文明之间多种文化、宗教、科学和技术影响的交流。这些思想直接推动了中国的变革，最终结束了封建帝制时代，建立了现代共和国。

28. 殷墟

英文名称： Yin Xu
列入时间： 2006 年
遗产种类： 文化遗产

符合的世界遗产遴选标准：

标准 (ii)： 殷墟是商代晚期的都城，它显示了各种重要影响力的相互交流，代表了中国古代青铜文化及文字体系发展的最高水平。

标准 (iii)： 殷墟的文化遗存为商代晚期的文化传统提供了独特证据，并且是诸如阳历、阴历历法等许多科技成果和创新的见证，是甲骨文系统书写汉字的最早证据。

标准 (iv)： 殷墟的宫殿、宗庙和王陵是中国早期建筑的杰出代表，在树立早期中国宫殿建筑群和王陵群的典范具有重要意义。

标准 (vi)： 在殷墟发现的实物遗存为具有突出普遍价值的中国文字和语言系统的早期历史、古代信仰、社会体系以及重大历史事件提供了确凿证据。

29. 开平碉楼与村落

英文名称： Kaiping Diaolou and Villages
列入时间： 2007 年
遗产种类： 文化遗产

符合的世界遗产遴选标准：

标准 (ii)： 碉楼引人注目的独特造型反映出了人类价值观——从北美归来的华侨带回来的建筑风格与本地的乡村传统的融合——在世界特定文化区域内的重要交流。

标准 (iii)： 从明朝开始，为了应对当地的匪患，开平地区就有了建造防御性碉楼的传统，申报的碉楼代表了这一传统最为繁荣的时期，归国华侨带回来的引人注目的财富促使匪患猖獗，而他们所建造的碉楼就是一个极端的应对措施。

标准 (iv)： 碉楼主楼以其环境和奢华的财富展示，成为一种建筑形式，反映出开平华侨在 19 世纪末 20 世纪初对南亚、澳大利亚和北美数国的发展所发挥的重要作用，以及开平社区与世界上这些地区的华人社区之间的持续联系。

30. 福建土楼

英文名称： Fujian Tulou

列入时间： 2008 年

遗产种类： 文化遗产

符合的世界遗产遴选标准：

标准 (iii)： 土楼为一个悠久的聚族而居的防御性建筑文化传统提供了独特见证，体现了高度发展的建造传统与和谐协作的理念。

标准 (iv)： 土楼在建筑体量、传统和功能上，体现了一个特殊聚居社会在一个相对广阔的区域中对不同历史时期的经济、社会发展阶段的非凡应对方式。

标准 (v)： 土楼尤其是申报项目福建土楼的奇特形式是聚居和防御需求的特殊体现，而其与自然环境的和谐关系，又是优美人居环境的典型范例。

31. 五台山

英文名称： Mount Wutai

列入时间： 2009 年

遗产种类： 文化遗产

符合的世界遗产遴选标准：

标准 (ii)： 由佛教建筑、佛像和佛塔构成的整个五台山宗教寺庙文化景观，由自然山岳逐渐成为佛教圣山，吸纳来自尼泊尔和蒙古的思想，并影响了整个中国的佛教寺庙的发展，反映了深刻的思想交流。

标准 (iii)： 五台山是宗教圣山文化传统的独特见证，山与寺的发展相辅相成，最终形成了亚洲地区的朝圣中心，这种朝圣传统延续至今。

标准 (iv)： 五台山的景观和建筑群共同反映了千余年来中国帝王支持的营造活动对山岳风貌的重要影响，这些建筑、雕塑、绘画、碑刻使五台山成为重要的佛教圣地。

标准 (vi)：五台山珠联璧合地将自然景观和佛教文化融为一体，典型地将对佛的崇信凝结在对自然山体的崇拜之中，完美体现了中国"天人合一"的哲学思想，并产生了深远影响：中国周边国家日本、韩国和国内如甘肃、山西、河北、广东等其他省份地区都有类似的山丘以五台命名。

32. 登封"天地之中"历史建筑群

英文名称：Historic Monuments of Dengfeng in "The Centre of Heaven and Earth"

列入时间：2010 年

遗产种类：文化遗产

符合的世界遗产遴选标准：

标准 (iii)：天地之中的天文思想与皇权概念、与天地之中作为帝都的绝佳选址、与其自然要素嵩山及其相关的礼仪仪式紧密相连。这一系列遗产点反映了该地区拥有很高的威望，并得到了皇恩的眷顾。

标准 (vi)：登封地区汇聚的宗教和世俗建筑体现了天地之中文化传统深远持久的影响力，这一传统与圣山崇拜相关联，在 1500 余年的时间里维系着皇家祭祀和皇家支持，在中国文化中具有非凡的意义。其中的佛教建筑也与圣山有着象征性的关系。

33. 杭州西湖文化景观

英文名称：West Lake Cultural Landscape of Hangzhou

列入时间：2011 年

遗产种类：文化遗产

符合的世界遗产遴选标准：

标准 (ii)：西湖景观反映了从印度传入中国的佛教思想，如"佛法祥和"和"自然如画"，进而极大地影响了东亚地区的景观设计。其堤、岛、桥、寺、塔和风格鲜明的景色在中国各地和日本被广为效仿，尤其是在北京的颐和园。西湖十景的设计理念在整个中国流传了七个世纪，并在 16 世纪朝鲜文人造访西湖后传到朝鲜半岛。

标准 (iii)： 西湖景观是一种独特文化传统的杰出见证，这一传统旨在对景观进行不断完善，从而创造出一组"图画"，展现人与自然的完美融合。这一传统在唐宋两代得到了发展，并流传至今。经人为"改善"的西湖及其背衬青山、缀以人造堤、岛、桥、园、塔、寺的独特布局，可以被看作是反映这种传统的突出实体。

标准 (vi)： 唐宋时期，通过改善自然景观来表现人与自然的和谐，并由画家为景观作画、由诗人为景观题名的这一彰显天人合一的文化在西湖景观及其岛、堤、寺、塔和观赏植物上得到完美体现。这一传统的价值在西湖延续了七个世纪，并且传播到中国各地以及日本和朝鲜，产生广泛影响。

34. 元上都遗址

英文名称：Site of Xanadu

列入时间：2012 年

遗产种类：文化遗产

符合的世界遗产遴选标准：

标准 (ii)： 元上都所处的位置和环境体现了来自汉蒙两族价值观和生活方式的影响。其城址反映了汉蒙两族融合的城市规划格局。元朝通过兼采汉蒙思想和制度，得以将其统治扩张到当时已知世界的最大范围。元上都遗址是融合不同民族的整体城市规划的独特实例。

标准 (iii)： 元上都遗址是元代征服者忽必烈汗最高统治的独特见证，是吸收和皈依被征服者的文化与政治制度的见证，是忽必烈汗遵循和维护原文化传统的决心和努力的见证。

标准 (iv)： 元上都遗址所处的位置、环境及其城市格局体现了游牧和农耕文化的共处与融合。元上都遗址把汉族的城市规划与蒙古族生活方式中不可缺少的苑圃和景观结合起来造就了一个城市规划的杰出典范，见证了人类历史的一个重要时期。

标准 (vi)： 元上都是 13 世纪"佛道大辩论"的发生地。这起事件导致了藏传佛教在东北亚的传播。

35. 红河哈尼梯田文化景观

英文名称： Cultural Landscape of Honghe Hani Rice Terraces
列入时间： 2013 年
遗产种类： 文化遗产

符合的世界遗产遴选标准：

标准 (iii)： 红河哈尼梯田完美地反映出一个精密复杂的农业、林业和水分配体系，该体系通过长期以来形成的独特社会经济宗教体系而得以加强。红米是梯田的主要作物，其耕作是通过一个复杂的耕作和饲养一体化体系，在该体系中，鸭为幼苗提供了肥料，鸡和猪为更成熟的稻苗提供肥料，水牛在水田里劳作为下一年的耕作做准备，生活在梯田里的螺蛳以各种害虫为食。稻米的耕作过程靠一个复杂的社会经济宗教体系得以维系，通过对自己和社区的田地尽责，该体系强化了人类同环境的关系，重申了自然的神圣。这种被称为"人神合一的社会制度"相互依赖，以梯田的形式得以表现，是重要的依旧生命力旺盛的文化传统。

标准 (v)： 哈尼梯田彰显出与环境互动的一种重要方式，通过一体化耕作和水管理体系之间的调和得以实现，其基石是重视人与神灵以及个人与社区相互关系的社会经济宗教体系。从大量档案资料可以看出，该体系已经存在了至少一千年。

36. 丝绸之路：长安—天山廊道的路网

英文名称： Silk Roads: the Routes Network of Chang'an–Tianshan Corridor

列入时间： 2014 年

遗产种类： 文化遗产

符合的世界遗产遴选标准：

标准 (ii)： 广阔无垠的大陆路网、超长使用时限、遗产遗迹及其动态互连的多样性及其所促进的丰富的文化交流、连接并交叉穿越的不同地理环境，都清晰地展示了公元前 2 世纪至公元 16 世纪之间，欧亚大陆不同文化区域内发生的大量交流，尤其是游牧草原和定居耕地／绿洲／牧业文明之间的相互交流。从建筑和城市规划的发展、宗教和信仰、城市文化和居住地、商品贸易以及路线沿线区域不同种族间的关系等几个方面来说，这些相互交流和影响是深远的。天山廊道展示了一个动态发展的通道如何将欧亚大陆上的文明和文化连接起来，并实现文明与文化之间最广泛、最持久的相互交流，这是世界历史上非常典型的范例。

标准 (iii)： 天山廊道独特见证了公元前 2 世纪至公元 16 世纪期间欧亚大陆经济、文化、社会发展之间的交流和互通传统。贸易对景观定居结构产生了深远影响，表现在：城镇和城市的发展将游牧社区和定居社区有机结合起来，水力管理系统为定居地的发展提供了基础条件，广泛分布的要塞、烽火台、路站和商队旅馆为旅行者提供了食宿并确保他们的人身安全，佛教圣地和石窟寺的不断兴建，拜火教、摩尼教、基督教教派和伊斯兰教等其他宗教受益于在高价值贸易背景下组织形成的国际化多民族社区的发展而得到展示和传播。

标准 (v)： 天山廊道是一个出色的范例，反映在以下方面：高价值长途贸易推动了大型城镇和城市的发展，精心设计的复杂水力管理系统从河流、水井和地下泉水引流并传送作为饮用水或灌溉用水，支持了居民和旅行者的生活。

标准 (vi)： 天山廊道与张骞出使西域完成外交使命直接相关，这是欧亚大陆人类文明和文化交流史上的一个里程碑事件。它也深刻地反映出佛教对古代中国以及东亚文化所产生的重大实质性的影响，以及基督教教派（于公元 500 年传至中国）、摩尼教、拜火教和早期伊斯兰教的广泛传播。廊道沿线许多城镇和城市也以特别的方式展示其受到了水力管理、建筑和城市规划等思想的影响。

37. 大运河

英文名称： The Grand Canal

列入时间： 2014 年

遗产种类： 文化遗产

符合的世界遗产遴选标准：

标准 (i)：　大运河是人类历史上水利工程的杰出代表，因为它起源非常古老、规模宏大、连续发展并在不同时代应对不同环境进行了改进。它是人类智慧、决心和勇气的确凿证据，是人类创造力的杰出实例，体现了一个直接起源于古代中国的辽阔农业帝国的技术能力和对水文学的掌握。

标准 (iii)：　大运河见证了通过漕运系统管理运河的这一独特文化传统的盛衰变迁，包括它的起源、繁盛发展、为不同朝代及其相继建立的都城所进行的适应性改变，以及 20 世纪的废弃不用。漕运系统包括皇家对漕粮、盐、铁的垄断运输和存储以及征税体制。大运河有助于农民经济、朝廷和对百姓和军队的粮食供应之间的根本联系。从古至今，大运河促进了中华帝国的稳定。大运河沿岸经济和城市的发展见证了一个伟大农业文明的功能核心，见证了水道网络的发展在这方面所起的决定性作用。

标准 (iv)：　大运河是世界上最长的、最为古老的运河。它见证了早期水利工程的卓越发展，是工业革命开始之前的一项重要技术成就。大运河许多建筑与当时环境的多样性和复杂性完全契合，这为应对复杂的自然环境提供了一个基准。大运河充分体现了东方文明的技术能力。大运河包含了重要的、创新的而且很早的水利技术实例。大运河同时也见证了堤岸、河坝和桥梁的特殊建筑技术，以及石头、素土夯实和混合材料（如黏土和稻草）的独创而精巧的利用。

标准 (vi)： 自公元 7 世纪起，大运河是历代中国王朝直至现代中国经济和政治统一的
一个有利因素，也是一个主要的文化交流地带。它创建并维持的生活方式
和运河沿岸居民特有的文化，在很长一段历史时期内影响了中国很大一部
分地区和人口。大运河体现了中国古代的大一统哲学观念，并曾是中国这
一伟大农业帝国自古以来实现统一、互补和团结的重要因素。

38. 土司遗址

英文名称： Tusi Sites
列入时间： 2015 年
遗产种类： 文化遗产

符合的世界遗产遴选标准：

标准 (ii)： 老司城遗址、唐崖土司城址和海龙屯清晰地展现了中国西南地区少数民族
文化与中央政府之间在国家认同等方面的价值观交流。

标准 (iii)： 老司城遗址、唐崖土司城址和海龙屯作为中国西南地区土司行政管理制度
的物证，为土司制度这一中国少数民族管理的早期制度和元明清时代提供
了特殊的见证。

39. 左江花山岩画文化景观

英文名称： Zuojiang Huashan Rock Art Cultural Landscape
列入时间： 2016 年
遗产种类： 文化遗产

符合的世界遗产遴选标准：

标准 (iii)： 左江花山岩画文化景观将独特的岩画和景观融于一体，生动地表现出公元
前 5 世纪至公元 2 世纪期间，骆越先民在左江沿岸一带的精神生活和社会
生活。这是目前该传统的唯一见证。

标准 (vi)： 左江花山岩画中的铜鼓及相关元素与当地曾经广泛分布的铜鼓文化直接相
关。现在铜鼓在中国南方仍被公认为是权力的象征。

40. 鼓浪屿：历史国际社区

英文名称： Kulangsu, a Historic International Settlement

列入时间： 2017 年

遗产种类： 文化遗产

符合的世界遗产遴选标准：

标准 (ii)： 鼓浪屿展现出独特的建筑特色和风格，以及中国、东南亚和欧洲在建筑、
文化价值与传统上的交流，它们经由定居在岛上的外来侨民或还乡华侨传
播而来。这一国际社区不仅反映出定居者在受到本土化不同程度的影响，
同时还融合产生出一种新的混合风格——即所谓的厦门装饰风格，它诞生
于鼓浪屿，并在东南亚沿海地区及更远地区产生了较为深远的影响。在这
方面，鼓浪屿国际社区成为亚洲全球化早期阶段不同价值观的碰撞、交流
和融合的集中体现。

标准 (iv)： 鼓浪屿是厦门装饰风格的发源地和杰出范例。该风格以厦门当地方言闽南
语命名，意指一种产生于鼓浪屿独特的建筑风格和类型，它的产生来自于
闽南传统风格、早期西方尤其是现代主义风格以及福建南部移民文化的融
合。在此基础上，厦门装饰风格反映出传统建筑类型向新型模式的转变过
程，对后来东南亚的建筑风格具有一定的借鉴意义，在更广阔的区域内产
生了深远影响。

41. 良渚古城遗址

英文名称： Archaeological Ruins of Liangzhu City

列入时间： 2019 年

遗产种类： 文化遗产

符合的世界遗产遴选标准：

标准 (iii)： 良渚古城遗址是良渚文化的权力和信仰中心，是新石器时代晚期中国长江流域下游一带出现的早期区域性国家的杰出见证，这里以稻作农业为经济支撑，并出现了明显社会分化和统一的信仰体系。该遗产为中国和该地区新石器时代晚期和青铜器时代早期的文化认同、社会和政治组织以及社会文化发展状况提供了独一无二的证据。

标准 (iv)： 良渚古城遗址阐明了从小规模新石器社会向具有明显社会分化、礼制和工艺相结合的大规模统一的政治社会的过渡。这反映在以下杰出的例证中：陶制遗迹、城市和景观规划反映了早期城市化特征；遗产现存墓葬等级体系反映了社会分化现象；对空间的组织安排和权力的物质化反映了社会－文化策略。该遗产代表了 5000 多年以前中国史前稻作农业文明所取得的伟大成就，也是早期城市化文明的杰出代表。

后 记

  《中国世界文化遗产 2019 年度保护状况总报告》（以下简称《2019 年总报告》）是我国世界文化遗产年度保护状况总报告系列的第六本，编写于这项工作开展的第六个年头。《2019 年总报告》在国家文物局文物保护与考古司（世界文化遗产司）的指导下，世界遗产处的严格要求和大力支持下，终于在 2020 年年末完稿。《2019 年总报告》相较于前 5 次总报告，迎来了一次华丽转身，首次以专著的形式对外发布。按照新的标准、新的要求，我们对《2019 年总报告》的框架架构、对比角度、阐述方式都进行了更为深入的研究和尝试，在此特别感谢八位年轻同志在一整年准备过程中的辛苦付出。虽然这八位同志的平均年龄只有 34 岁，但他们几乎都是从参加工作开始，就投入到世界文化遗产保护管理事业中，可以说对世界文化遗产工作有着丰富的经验和成熟的见解。为了报告的编写，他们收集、整理了大量的资料，对数据进行了仔细的校核，尽力从全方位、多角度地去解读和阐释数据背后的意义，为此付出了巨大的心血，最终完成了这部数据翔实、内容丰富，同时具有较高学术性和可读性的报告。其中，罗颖负责总体组织、框架策划、质量把控和编写遗产本体保存相关章节以及指导图纸绘制，王喆负责编写绪论相关章节，高晨翔负责编写世界文化遗产事业国内外形势相关章节，宋晓微负责编写承诺事项履行及机构与能力建设相关章节，张玉敏负责编写遗产影响因素及遥感监测相关章节，王芳、刘懿夫负责编写保护项目及研究相关章节，张依萌负责编写舆情监测相关章节。感谢我院中国世界文化遗产监测中心赵云主任、吴婷副主任、燕海鸣副主任对《2019 年总报告》整体框架、关键技术的支持，他们为总报告的编写提供了重要的思路。

  《2019 年总报告》的数据主要来源于遗产地的监测年度报告，在此衷心的感谢各世界文化遗产地监测机构竭尽全力的按照要求收集、整理、汇总监测年度报告数据。为了确保数据的准确性，我们对报告中的重点数据进行了多次校核，尽管数据量较大（300 项数据 / 每份报告，共有 108 份报告），核对工作异常繁重，但得益于我院中国世界文化遗产监测中心遗产专员制度，20 余位专员（包括燕海鸣、罗颖、宋晓微、张玉敏、王芳、张依萌、高晨翔、王喆、刘懿夫、冯辽、李雪、李雨馨、张欣、白静、彭雪、郝爽、范家昱、李嘉妮、许凡、黄玉琴、侯文潇、张正秋、赵瑗、梁智尧、霍焱、于丹等）帮助我们反复核实各自负责遗产地的监测年度报告数据，力求准确、真实地反映每个遗产地的实际情况，在此向他们致以诚挚的感谢。同时，也非常感谢各遗产地监测机构在后期数据核对、选配图片时的支持与配合。国信司南（北京）地理信息技术有限公司为报告的数据统计、分析提供了技术支持，并为报告制作了附录Ⅲ的图件，也向他们表示感谢。

  "2020 中国世界文化遗产年会"为《2019 年总报告》的首次发布提供了专业性平台，

进一步扩大了《2019年总报告》的影响力，我们非常感谢国家文物局局长刘玉珠先生和各省级文物管理部门领导在年会上对《2019年总报告》的指导和鼓励，以及年会主办单位浙江省文物局、杭州市人民政府，承办单位杭州市园林文物局、余杭区人民政府、杭州良渚遗址管理区管理委员会，协办单位杭州良渚古城遗址世界遗产监测管理中心、中国古迹遗址保护协会、良渚文化保护研究基金会、中国文物报社、腾讯公益慈善基金会的大力支持。

感谢我院原院长刘曙光先生、我院原副总工程师沈阳先生、苏州市文化广电和旅游局尹占群先生、中山大学张朝枝先生、苏州园林博物馆薛志坚先生、浙江大学艺术与考古学院王毅先生、国家统计局余秋梅女士等专家们在总报告策划、编写过程中给予的指导、鼓励和支持。感谢我院科研与综合业务处、《中国文化遗产》编辑部以及文物出版社在图书出版阶段给予的指导和支持。

最后，要特别感谢国家文物局副局长宋新潮先生，我院院长柴晓明先生，党委书记、副院长解冰先生，副院长许言先生、乔云飞先生，原副院长唐炜先生长期以来对总报告编写和出版工作的持续关心、重视及鼓励。今后，我们还将以不断提升、更加完善的成果回馈他们的殷切希望。

由于时间仓促，编者水平有限，本报告在内容阐述、语言风格等方面难免存在疏漏之处，恳请广大读者理解与指正。

编写组
2020年12月21日